TRANZLATY

La Langue est pour tout le Monde

زبان برای همه است

L'appel de la forêt

آوای وحش

Jack London

جک لندن

Français / فارسی

*Dans le primitif
به سوی بدویت*

Buck ne lisait pas les journaux

باک روزنامه‌ها را نمی‌خواند.

S'il avait lu les journaux, il aurait su que des problèmes se préparaient.

اگر روزنامه‌ها را خوانده بود، حتماً متوجه می‌شد که دردسری در راه است.

Il y avait des problèmes non seulement pour lui-même, mais pour tous les chiens de la marée.

نه تنها برای خودش، بلکه برای هر سگ تایدواتر دردسر وجود داشت.

Tout chien musclé et aux poils longs et chauds allait avoir des ennuis.

هر سگی با عضلات قوی و موهای بلند و گرم، به دردسر می‌افتاد.

De Puget Bay à San Diego, aucun chien ne pouvait échapper à ce qui allait arriver.

از خلیج پوجت تا سن دیگو هیچ سگی نمی‌توانست از آنچه در پیش بود فرار کند.

Des hommes, tâtonnant dans l'obscurité de l'Arctique, avaient trouvé un métal jaune.

مردانی که در تاریکی قطب شمال کورمال کورمال دنبال چیزی می‌گشتند، فلزی زرد رنگ پیدا کرده بودند.

Les compagnies de navigation et de transport étaient à la recherche de cette découverte.

شرکت‌های کشتیرانی و حمل و نقل در حال پیگیری این کشف بودند.

Des milliers d'hommes se précipitaient vers le Nord.

هزاران مرد به سمت سرزمین شمالی هجوم آوردند.

Ces hommes voulaient des chiens, et les chiens qu'ils voulaient étaient des chiens lourds.

این مردها سگ می‌خواستند، و سگ‌هایی که می‌خواستند، سگ‌های سنگین‌وزن بودند.

Chiens dotés de muscles puissants pour travailler.

سگ‌هایی با عضلات قوی که با آنها می‌توان کار کرد.

Chiens avec des manteaux de fourrure pour les protéger du gel.

سگ‌هایی با پوشش پشمالو که آنها را از سرما محافظت می‌کند.

Buck vivait dans une grande maison dans la vallée ensoleillée de Santa Clara.

باک در خانه‌ای بزرگ در دره‌ی آفتاب‌گیر سانتا کلارا زندگی می‌کرد.

La maison du juge Miller s'appelait ainsi.

به خانه قاضی میلر، به خانه‌اش زنگ زدند.

Sa maison se trouvait en retrait de la route, à moitié cachée parmi les arbres.

خانه‌اش از جاده فاصله داشت و تا حدودی در میان درختان پنهان بود.

On pouvait apercevoir la large véranda qui courait autour de la maison.

می‌شد نگاهی اجمالی به ایوان وسیعی که دور تا دور خانه کشیده شده بود، انداخت.

On accédait à la maison par des allées gravillonnées.

خانه از طریق راه‌های شن‌ریزی شده به حیاط راه داشت.

Les sentiers serpentaient à travers de vastes pelouses.

مسیرها از میان چمنزارهای وسیع پیچ می‌خوردند.

Au-dessus de nos têtes se trouvaient les branches entrelacées de grands peupliers.

بالای سرشان شاخه‌های در هم تنیده‌ی درختان سپیدار بلند خودنمایی می‌کردند.

À l'arrière de la maison, les choses étaient encore plus spacieuses.

در قسمت عقب خانه، وسایل حتی جادارتر بودند.

Il y avait de grandes écuries, où une douzaine de palefreniers discutaient

اصطبل‌های بزرگی وجود داشت که در آنها دوازده داماد مشغول گپ زدن بودند.

Il y avait des rangées de maisons de serviteurs recouvertes de vigne

ردیف‌هایی از کلبه‌های خدمتکاران پوشیده از تاک وجود داشت

Et il y avait une gamme infinie et ordonnée de toilettes extérieures

و مجموعه‌ای بی‌پایان و منظم از خانه‌های کناری وجود داشت

Longues tonnelles de vigne, pâturages verts, vergers et parcelles de baies.

تاکستان‌های بلند انگور، مراتع سبز، باغ‌ها و مزارع توت.

Ensuite, il y avait l'usine de pompage du puits artésien.

سپس ایستگاه پمپاژ برای چاه آرتزین وجود داشت.

Et il y avait le grand réservoir en ciment rempli d'eau.

و مخزن بزرگ سیمانی پر از آب هم آنجا بود.

C'est ici que les garçons du juge Miller ont fait leur plongeon matinal.

اینجا پسرهای قاضی میلر شیرجه‌ی صبحگاهی‌شان را زدند.

Et ils se sont rafraîchis là-bas aussi dans l'après-midi chaud.

و آنها در بعدازظهر گرم هم آنجا خنک شدند.

Et sur ce grand domaine, Buck était celui qui régnait sur tout.

و در این قلمرو وسیع، باک کسی بود که بر تمام آن حکومت می‌کرد.

Buck est né sur cette terre et y a vécu toutes ses quatre années.

باک در این سرزمین به دنیا آمد و تمام چهار سال عمرش را اینجا زندگی کرد.

Il y avait bien d'autres chiens, mais ils n'avaient pas vraiment d'importance.

در واقع سگ‌های دیگری هم بودند، اما واقعاً اهمیتی نداشتند.

D'autres chiens étaient attendus dans un endroit aussi vaste que celui-ci.

انتظار می‌رفت سگ‌های دیگری هم در مکانی به این وسعت وجود داشته باشند.

Ces chiens allaient et venaient, ou vivaient à l'intérieur des chenils très fréquentés.

این سگ‌ها می‌آمدند و می‌رفتند، یا در لانه‌های شلوغ زندگی می‌کردند.

Certains chiens vivaient cachés dans la maison, comme Toots et Ysabel.

بعضی از سگ‌ها مثل توتس و ایزابل، مخفیانه در خانه زندگی می‌کردند.

Toots était un carlin japonais, Ysabel un chien nu mexicain.

توتس یک پاگ ژاپنی بود، ایزابل یک سگ بی‌موی مکزیکی.

Ces étranges créatures sortaient rarement de la maison.

این موجودات عجیب و غریب به ندرت از خانه بیرون می‌رفتند.

Ils n'ont pas touché le sol, ni respiré l'air libre à l'extérieur.

آنها نه زمین را لمس می‌کردند و نه هوای آزاد بیرون را استشمام می‌کردند.

Il y avait aussi les fox-terriers, au moins une vingtaine.

همچنین سگ‌های فاکس تریر، حداقل بیست تا، آنجا بودند.

Ces terriers aboyaient férocement sur Toots et Ysabel à l'intérieur.

این تریرها در داخل خانه به شدت به توتس و ایزابل پارس می‌کردند.

Toots et Ysabel sont restés derrière les fenêtres, à l'abri du danger.

توتس و ایزابل پشت پنجره‌ها ماندند تا از آسیب در امان باشند.

Ils étaient gardés par des domestiques munies de balais et de serpillères.

آنها توسط خدمتکارانی با جارو و تی محافظت می‌شدند.

Mais Buck n'était pas un chien de maison, et il n'était pas non plus un chien de chenil.

اما باک نه سگ خانگی بود و نه سگ پرورشگاهی.

L'ensemble de la propriété appartenait à Buck comme son royaume légitime.

کل ملک به عنوان قلمرو قانونی باک به او تعلق داشت.

Buck nageait dans le réservoir ou partait à la chasse avec les fils du juge.

باک در مخزن شنا می‌کرد یا با پسران قاضی به شکار می‌رفت.

Il marchait avec Mollie et Alice tôt ou tard le soir.

او در ساعات اولیه یا پایانی شب با مالی و آلیس قدم می‌زد.

Lors des nuits froides, il s'allongeait devant le feu de la bibliothèque avec le juge.

در شب‌های سرد، او به همراه قاضی، کنار آتش کتابخانه دراز می‌کشید.

Buck a promené les petits-fils du juge sur son dos robuste.

باک نوه‌های قاضی را سوار بر اسب قوی‌اش سوار می‌کرد.

Il roula dans l'herbe avec les garçons, les surveillant de près.

او با پسرها در چمن غلت می‌زد و از نزدیک از آنها محافظت می‌کرد.

Ils s'aventurèrent jusqu'à la fontaine et même au-delà des champs de baies.

آنها به سمت فواره رفتند و حتی از کنار مزارع توت هم گذشتند.

Parmi les fox terriers, Buck marchait toujours avec une fierté royale.

باک در میان سگ‌های فاکس تریر، همیشه با غرور سلطنتی راه می‌رفت.

Il ignora Toots et Ysabel, les traitant comme s'ils étaient de l'air.

او توتس و ایزابل را نادیده گرفت و با آنها مثل هوا رفتار کرد.

Buck régnait sur toutes les créatures vivantes sur les terres du juge Miller.

باک بر تمام موجودات زنده در سرزمین قاضی میلر حکومت می‌کرد.

Il régnait sur les animaux, les insectes, les oiseaux et même les humains.

او بر حیوانات، حشرات، پرندگان و حتی انسان‌ها حکومت می‌کرد.

Le père de Buck, Elmo, était un énorme et fidèle Saint-Bernard.

پدر باک، المو، یک سگ سنت برنارد تنومند و وفادار بود.

Elmo n'a jamais quitté le juge et l'a servi fidèlement.

المو هرگز قاضی را ترک نکرد و با وفاداری به او خدمت کرد.

Buck semblait prêt à suivre le noble exemple de son père.

به نظر می‌رسید باک آماده است تا از الگوی والای پدرش پیروی کند.

Buck n'était pas aussi gros, pesant cent quarante livres.

باک به آن اندازه بزرگ نبود و صد و چهل پوند وزن داشت.

Sa mère, Shep, était un excellent chien de berger écossais.

مادرش، شپ، یک سگ چوپان اسکاتلندی خوب بود.

Mais même avec ce poids, Buck marchait avec une présence royale.

اما حتی با آن وزن، باک با حضوری باشکوه قدم می‌زد.

Cela venait de la bonne nourriture et du respect qu'il recevait toujours.

این از غذای خوب و احترامی که همیشه دریافت می‌کرد، ناشی می‌شد.

Pendant quatre ans, Buck a vécu comme un noble gâté.

باک چهار سال مثل یک اشراف‌زاده‌ی لوس زندگی کرده بود.

Il était fier de lui, et même légèrement égoïste.

او به خودش افتخار می‌کرد، و حتی کمی خودخواه بود.

Ce genre de fierté était courant chez les seigneurs des régions reculées.

این نوع غرور در میان اربابان روستاهای دورافتاده رایج بود.

Mais Buck s'est sauvé de devenir un chien de maison choyé.

اما باک خودش را از تبدیل شدن به یک سگ خانگی نازپرورده نجات داد.

Il est resté mince et fort grâce à la chasse et à l'exercice.

او از طریق شکار و ورزش لاغر و قوی ماند.

Il aimait profondément l'eau, comme les gens qui se baignent dans les lacs froids.

او عمیقاً عاشق آب بود، مثل آدم‌هایی که در دریاچه‌های سرد حمام می‌کنند.

Cet amour pour l'eau a gardé Buck fort et en très bonne santé.

این عشق به آب، باک را قوی و بسیار سالم نگه داشت.

C'était le chien que Buck était devenu à l'automne 1897.

این همان سگی بود که باک در پاییز ۱۸۹۷ به آن تبدیل شده بود.

Lorsque la découverte du Klondike a attiré des hommes vers le Nord gelé.

وقتی حمله کلوندایک، مردان را به شمال یخزده کشاند.

Des gens du monde entier se sont précipités vers ce pays froid.

مردم از سراسر جهان به سرزمین سرد هجوم آوردند.

Buck, cependant, ne lisait pas les journaux et ne comprenait pas les nouvelles.

با این حال، باک نه روزنامه می‌خواند و نه اخبار را می‌فهمید.

Il ne savait pas que Manuel était un homme désagréable à fréquenter.

او نمی‌دانست که مانوئل آدم بدی برای معاشرت است.

Manuel, qui aidait au jardin, avait un problème grave.

مانوئل، که در باغ کمک می‌کرد، مشکل بزرگی داشت.

Manuel était accro aux jeux de loterie chinois.

مانوئل به قمار در لاتاری چین معتاد بود.

Il croyait également fermement en un système fixe pour gagner.

او همچنین به شدت به یک سیستم ثابت برای پیروزی اعتقاد داشت.

Cette croyance rendait son échec certain et inévitable.

آن باور، شکست او را قطعی و اجتناب‌ناپذیر کرد.

Jouer un système exige de l'argent, ce qui manquait à Manuel.

بازی کردن با سیستم، پول می‌خواهد، چیزی که مانوئل نداشت.

Son salaire suffisait à peine à subvenir aux besoins de sa femme et de ses nombreux enfants.

حقوق او به سختی کفاف همسر و فرزندان زیادش را می‌داد.

La nuit où Manuel a trahi Buck, les choses étaient normales.

شبى كه مانوئل به باك خيانت كرد، اوضاع عادى بود.

Le juge était présent à une réunion de l'Association des producteurs de raisins secs.

قاضى در جلسه انجمن كشمش‌كاران بود.

Les fils du juge étaient alors occupés à former un club d'athlétisme.

پسران قاضى در آن زمان مشغول تشكيل يك باشگاه ورزشى بودند.

Personne n'a vu Manuel et Buck sortir par le verger.

هيچ‌كس مانوئل و باك را در حال خروج از باغ نديد.

Buck pensait que cette promenade n'était qu'une simple promenade nocturne.

باك فكر مى‌كرد اين پياده‌روى فقط يك پرسه‌زنى ساده‌ى شبانه است.

Ils n'ont rencontré qu'un seul homme à la station du drapeau, à College Park.

آنها فقط يك مرد را در ايستگاه پرچم، در كالج پارك، ملاقات كردند.

Cet homme a parlé à Manuel et ils ont échangé de l'argent.

آن مرد با مانوئل صحبت كرد و آنها پول رد و بدل كردند.

« Emballez les marchandises avant de les livrer », a-t-il suggéré.

او پيشنهاد داد» :قبل از تحويل، كالاها را بسته‌بندى كن.«

La voix de l'homme était rauque et impatiente lorsqu'il parlait.

صداى مرد موقع صحبت كردن خشن و بى‌صبر بود.

Manuel a soigneusement attaché une corde épaisse autour du cou de Buck.

مانوئل با دقت طناب ضخيمى را دور گردن باك بست.

« Tournez la corde et vous l'étoufferez abondamment »

»طناب را بپيچان، و او را به شدت خفه خواهى كرد«

L'étranger émit un grognement, montrant qu'il comprenait bien.

غريبه ناله‌اى كرد كه نشان مى‌داد خوب متوجه شده است.

Buck a accepté la corde avec calme et dignité tranquille ce jour-là.

باك آن روز با آرامش و متانتِ خاموش، طناب را پذيرفت.

C'était un acte inhabituel, mais Buck faisait confiance aux hommes qu'il connaissait.

این یک عمل غیرمعمول بود، اما باک به مردانی که می‌شناخت اعتماد داشت.

Il croyait que leur sagesse allait bien au-delà de sa propre pensée.

او معتقد بود که خرد آنها بسیار فراتر از تفکر خودش است.

Mais ensuite la corde fut remise entre les mains de l'étranger.

اما سپس طناب به دست غریبه داده شد.

Buck émit un grognement sourd qui avertissait avec une menace silencieuse.

باک غرشی آرام و تهدیدآمیز سر داد.

Il était fier et autoritaire, et voulait montrer son mécontentement.

او مغرور و آمرانه رفتار می‌کرد و قصد داشت نارضایتی خود را نشان دهد.

Buck pensait que son avertissement serait compris comme un ordre.

باک معتقد بود که هشدارش به عنوان یک دستور تلقی خواهد شد.

À sa grande surprise, la corde se resserra rapidement autour de son cou épais.

در کمال تعجب، طناب دور گردن کلفتش محکم‌تر شد.

Son air fut coupé et il commença à se battre dans une rage soudaine.

نفسش بند آمد و با خشمی ناگهانی شروع به دعوا کرد.

Il s'est jeté sur l'homme, qui a rapidement rencontré Buck en plein vol.

او به سمت مرد پرید که به سرعت با باک در هوا روبرو شد.

L'homme attrapa Buck par la gorge et le fit habilement tourner dans les airs.

مرد گلوی باک را گرفت و ماهرانه او را در هوا چرخاند.

Buck a été violemment projeté au sol, atterrissant à plat sur le dos.

باک به شدت به زمین پرتاب شد و به پشت فرود آمد.

La corde l'étranglait alors cruellement tandis qu'il donnait des coups de pied sauvages.

طناب حالا بی‌رحمانه او را خفه می‌کرد، در حالی که او وحشیانه لگد می‌زد.

Sa langue tomba, sa poitrine se souleva, mais il ne reprit pas
son souffle.

زبانش بیرون افتاد، سینه‌اش به شدت بالا و پایین می‌رفت، اما نفسش بند
نمی‌آمد.

Il n'avait jamais été traité avec une telle violence de sa vie.

در تمام عمرش با چنین خشونتی با او رفتار نشده بود.

Il n'avait jamais été rempli d'une fureur aussi profonde
auparavant.

او همچنین قبلاً هرگز چنین خشم عمیقی را تجربه نکرده بود.

Mais le pouvoir de Buck s'est estompé et ses yeux sont
devenus vitreux.

اما قدرت باک رو به زوال گذاشت و چشمانش بی‌فروغ شد.

Il s'est évanoui juste au moment où un train s'arrêtait à
proximité.

درست زمانی که قطاری در همان نزدیکی توقف کرد، او از حال رفت.

Les deux hommes le jetèrent alors rapidement dans le
fourgon à bagages.

سپس آن دو مرد او را به سرعت به داخل واگن بار انداختند.

La chose suivante que Buck ressentit fut une douleur dans sa
langue enflée.

چیز بعدی که باک احساس کرد، درد در زبان متورمش بود.

Il se déplaçait dans un chariot tremblant, à peine conscient.

او در حالی که فقط کمی هوشیار بود، در یک گاری لرزان حرکت
می‌کرد.

Le cri aigu d'un sifflet de train indiqua à Buck où il se
trouvait.

صدای جیغ تیز سوت قطار، باک را از موقعیت مکانی‌اش مطلع کرد.

Il avait souvent roulé avec le juge et connaissait ce
sentiment.

او اغلب با قاضی اسب سواری کرده بود و این حس را می‌شناخت.

C'était le choc unique de voyager à nouveau dans un
fourgon à bagages.

این شوک منحصر به فرد سفر دوباره با ماشین حمل بار بود.

Buck ouvrit les yeux et son regard brûla de rage.

باک چشمانش را باز کرد و نگاهش از خشم شعله‌ور شد.

C'était la colère d'un roi fier déchu de son trône.

این خشم پادشاهی مغرور بود که از تخت سلطنت پایین کشیده شده بود.

Un homme a tenté de l'attraper, mais Buck a frappé en premier.

مردی دستش را دراز کرد تا او را بگیرد، اما باک به جای آن، اول ضربه زد.

Il enfonça ses dents dans la main de l'homme et la serra fermement.

دندان‌هایش را در دست مرد فرو کرد و محکم گرفت.

Il ne l'a pas lâché jusqu'à ce qu'il s'évanouisse une deuxième fois.

او رهایش نکرد تا اینکه برای بار دوم از هوش رفت.

« Ouais, il a des crises », murmura l'homme au bagagiste.

مرد زیر لب به باربر گفت: «بله، تشنج کرده.»

Le bagagiste avait entendu la lutte et s'était approché.

باربر صدای درگیری را شنیده بود و نزدیک شده بود.

« Je l'emmène à Frisco pour le patron », a expliqué l'homme.

مرد توضیح داد: «دارم او را برای رئیس به فریسکو می‌برم.»

« Il y a un excellent vétérinaire qui dit pouvoir les guérir. »

«یه دکتر سگ خوب اونجا هست که میگه می‌تونه درمانشون کنه».

Plus tard dans la soirée, l'homme a donné son propre récit complet.

بعداً در همان شب، آن مرد شرح حال کامل خود را ارائه داد.

Il parlait depuis un hangar derrière un saloon sur les quais.

او از آلونکی پشت یک میخانه در اسکله صحبت می‌کرد.

« Tout ce qu'on m'a donné, c'était cinquante dollars », se plaignit-il au vendeur du saloon.

او به متصدی بار شکایت کرد: «تنها چیزی که به من دادند پنجاه دلار بود.»

« Je ne le referais pas, même pour mille dollars en espèces. »

«دیگه این کارو نمی‌کنم، حتی اگه هزار دلار پول نقد هم داشته باشم».

Sa main droite était étroitement enveloppée dans un tissu ensanglanté.

دست راستش محکم در پارچه‌ای خونین پیچیده شده بود.

Son pantalon était déchiré du genou au pied.

پاچه شلوارش از زانو تا نوک پا کاملاً پاره شده بود.

« Combien a été payé l'autre idiot ? » demanda le vendeur du saloon.

«متصدی بار پرسید: «به لیوان دیگر چقدر دستمزد داده شده؟

« Cent », répondit l'homme, « il n'accepterait pas un centime de moins. »

مرد پاسخ داد» :صد، او یک سنت هم کمتر نمی‌گیرد.«

« Cela fait cent cinquante », dit le vendeur du saloon.

متصدی بار گفت» :این می‌شود صد و پنجاه تا.«

« Et il vaut tout ça, sinon je ne suis pas meilleur qu'un imbécile. »

و او ارزش همه این‌ها را دارد، وگرنه من از یک احمق هم بهتر » نیستم.«

L'homme ouvrit les emballages pour examiner sa main.

مرد بسته‌بندی را باز کرد تا دستش را بررسی کند.

La main était gravement déchirée et couverte de sang séché.

دستش به شدت پاره شده بود و خون خشک شده روی آن پوسته پوسته شده بود۔

« Si je n'ai pas l' hydrophobie… » commença-t-il à dire.

اگر دچار آب‌گریزی نشوم»...شروع کرد به گفتن «-

« Ce sera parce que tu es né pour être pendu », dit-il en riant.

خنده‌ای بلند شد» :به این خاطر است که تو برای دار زدن به دنیا آمده‌ای۔«

« Viens m'aider avant de partir », lui a-t-on demandé.

از او خواسته شد» :قبل از اینکه راه بیفتی، بیا به من کمک کن.«

Buck était dans un état second à cause de la douleur dans sa langue et sa gorge.

باک از درد زبان و گلویش گیج شده بود.

Il était à moitié étranglé et pouvait à peine se tenir debout.

او نیمه خفه شده بود و به سختی می‌توانست صاف بایستد.

Pourtant, Buck essayait de faire face aux hommes qui l'avaient blessé ainsi.

با این حال، باک سعی کرد با مردانی که او را اینقدر آزار داده بودند، روبرو شود۔

Mais ils le jetèrent à terre et l'étranglèrent une fois de plus.

اما آنها او را به زمین انداختند و دوباره خفه‌اش کردند.

Ce n'est qu'à ce moment-là qu'ils ont pu scier son lourd collier de laiton.

تنها در آن صورت می‌توانستند قلاده برنجی سنگینش را اره کنند.

Ils ont retiré la corde et l'ont poussé dans une caisse.

طناب را برداشتند و او را داخل یک جعبه انداختند.

La caisse était petite et avait la forme d'une cage en fer brut.

جعبه کوچک و به شکل یک قفس آهنی ناهموار بود.

Buck resta allongé là toute la nuit, rempli de colère et d'orgueil blessé.

باک تمام شب آنجا دراز کشید، پر از خشم و غرور جریحه‌دار شده.

Il ne pouvait pas commencer à comprendre ce qui lui arrivait.

او نمی‌توانست شروع به درک آنچه بر او می‌گذرد، کند.

Pourquoi ces hommes étranges le gardaient-ils dans cette petite caisse ?

چرا این مردان عجیب او را در این جعبه کوچک نگه می‌داشتند؟

Que voulaient-ils de lui et pourquoi cette cruelle captivité ?

آنها با او چه می‌خواستند، و چرا این اسارت ظالمانه را تحمل می‌کردند؟

Il ressentait une pression sombre, un sentiment de catastrophe qui se rapprochait.

او فشار تاریکی را احساس کرد؛ حسی از فاجعه که نزدیک‌تر می‌شد.

C'était une peur vague, mais elle pesait lourdement sur son esprit.

ترس مبهمی بود، اما به شدت بر روحش نشست.

Il a sursauté à plusieurs reprises lorsque la porte du hangar a claqué.

چندین بار وقتی در انباری به صدا درآمد، از جا پرید.

Il s'attendait à ce que le juge ou les garçons apparaissent et le sauvent.

او انتظار داشت قاضی یا پسرها ظاهر شوند و او را نجات دهند.

Mais à chaque fois, seul le gros visage du tenancier de bar apparaissait à l'intérieur.

اما هر بار فقط صورت چاق متصدی بار به داخل نگاه می‌کرد.

Le visage de l'homme était éclairé par la faible lueur d'une bougie de suif.

صورت مرد با نور ضعیف شمع پیه سوز روشن شده بود.

À chaque fois, l'aboiement joyeux de Buck se transformait en un grognement bas et colérique.

هر بار، پارس شادمانه‌ی باک به غرشی آرام و خشمگین تبدیل می‌شد.

Le tenancier du saloon l'a laissé seul pour la nuit dans la caisse

متصدی بار او را برای شب در قفس تنها گذاشت

Mais quand il se réveilla le matin, d'autres hommes arrivèrent.

اما وقتی صبح از خواب بیدار شد، مردان بیشتری داشتند می‌آمدند.

Buck comprit immédiatement dans quelle situation il se trouvait.

باک فوراً متوجه موقعیتی شد که در آن قرار گرفته بود.

Ils étaient d'autres bourreaux qu'il devait combattre et craindre.

آنها شکنجه‌گران بیشتری بودند که او مجبور بود با آنها بجنگد و از آنها بترسد.

Ces hommes avaient l'air méchants, en haillons et très mal soignés.

این مردان شرور، ژنده‌پوش و بسیار بدلباس به نظر می‌رسیدند.

Buck grogna et se jeta férocement sur eux à travers les barreaux.

باک غرید و با خشم از میان میله‌ها به سمت آنها حمله‌ور شد.

Ils se sont contentés de rire et de le frapper avec de longs bâtons en bois.

آنها فقط می‌خندیدند و با چوب‌های بلند به او ضربه می‌زدند.

Buck a mordu les bâtons, puis s'est rendu compte que c'était ce qu'ils aimaient.

باک چوب‌ها را گاز گرفت، بعد فهمید که این چیزی است که آنها دوست دارند.

Il s'allongea donc tranquillement, maussade et brûlant d'une rage silencieuse.

پس او آرام دراز کشید، عبوس و در حالی که از خشم خاموش می‌سوخت.

Ils ont soulevé la caisse dans un chariot et sont partis avec lui.

آنها جعبه را بلند کردند و داخل گاری گذاشتند و او را با خود بردند.

La caisse, avec Buck enfermé à l'intérieur, changeait souvent de mains.

جعبه، که باک درون آن قفل شده بود، اغلب دست به دست می‌شد.

Les employés du bureau express ont pris les choses en main et l'ont traité brièvement.

کارمندان دفتر اکسپرس مسئولیت را به عهده گرفتند و برای مدت کوتاهی به او رسیدگی کردند.

Puis un autre chariot transporta Buck à travers la ville bruyante.

سپس گاری دیگری باک را از میان شهر پر سر و صدا عبور داد.

Un camion l'a emmené avec des cartons et des colis sur un ferry.

یک کامیون او را با جعبه‌ها و بسته‌ها به داخل یک قایق مسافربری برد.

Après la traversée, le camion l'a déchargé dans un dépôt ferroviaire.

پس از عبور، کامیون او را در یک ایستگاه راه‌آهن پیاده کرد.

Finalement, Buck fut placé dans une voiture express en attente.

بالاخره، باک را داخل یک واگن اکسپرس که منتظرش بود، گذاشتند.

Pendant deux jours et deux nuits, les trains ont emporté la voiture express.

دو شبانه‌روز، قطارها واگن سریع‌السیر را از آنجا دور می‌کردند.

Buck n'a ni mangé ni bu pendant tout le douloureux voyage.

باک در تمام طول سفر دردناک نه چیزی خورد و نه چیزی نوشید.

Lorsque les messagers express ont essayé de l'approcher, il a grogné.

وقتی پیک‌های سریع‌السیر سعی کردند به او نزدیک شوند، غرغر کرد.

Ils ont réagi en se moquant de lui et en le taquinant cruellement.

آنها با مسخره کردن و آزار و اذیت بی‌رحمانه او پاسخ دادند.

Buck se jeta sur les barreaux, écumant et tremblant

باک در حالی که کف کرده بود و می‌لرزید، خودش را به سمت میله‌ها انداخت.

ils ont ri bruyamment et l'ont raillé comme des brutes de cour d'école.

آنها با صدای بلند می‌خندیدند و مثل قلدرهای مدرسه او را مسخره می‌کردند.

Ils aboyaient comme de faux chiens et battaient des bras.

آنها مثل سگ‌های قلابی پارس می‌کردند و دست‌هایشان را تکان می‌دادند.

Ils ont même chanté comme des coqs juste pour le contrarier davantage.

آنها حتی مثل خروس بانگ می‌زدند تا او را بیشتر ناراحت کنند.

C'était un comportement stupide, et Buck savait que c'était ridicule.

رفتار احمقانه‌ای بود و باک می‌دانست که مسخره است.

Mais cela n'a fait qu'approfondir son sentiment d'indignation et de honte.

اما این فقط احساس خشم و شرم او را تشدید کرد.

Il n'a pas été trop dérangé par la faim pendant le voyage.

در طول سفر گرسنگی زیاد اذیتش نکرد.

Mais la soif provoquait une douleur aiguë et une souffrance insupportable.

اما تشنگی درد شدید و رنج غیرقابل تحملی به همراه داشت.

Sa gorge sèche et enflammée et sa langue brûlaient de chaleur.

گلو و زبان خشک و ملتهبش از شدت گرما می‌سوخت.

Cette douleur alimentait la fièvre qui montait dans son corps fier.

این درد، تبی را که در بدن مغرورش بالا می‌گرفت، تشدید می‌کرد.

Buck était reconnaissant pour une seule chose au cours de ce procès.

باک در طول این محاکمه فقط برای یک چیز سپاسگزار بود.

La corde avait été retirée de son cou épais.

طناب از دور گردن کلفتش باز شده بود.

La corde avait donné à ces hommes un avantage injuste et cruel.

طناب به آن مردان برتری ناعادلانه و ظالمانه‌ای داده بود.

Maintenant, la corde avait disparu et Buck jura qu'elle ne reviendrait jamais.

حالا طناب رفته بود و باک قسم خورد که دیگر هرگز برنمی‌گردد.

Il a décidé qu'aucune corde ne passerait plus jamais autour de son cou.

او تصمیم گرفت که دیگر هیچ طنابی دور گردنش نیفتد.

Pendant deux longs jours et deux longues nuits, il souffrit sans nourriture.

دو شبانه‌روز طولانی، او بدون غذا رنج کشید.

Et pendant ces heures, il a développé une énorme rage en lui.

و در آن ساعات، خشم عظیمی را در درونش انباشته کرد.

Ses yeux sont devenus injectés de sang et sauvages à cause d'une colère constante.

چشمانش از خشم مداوم، خونین و وحشی شده بود.

Il n'était plus Buck, mais un démon aux mâchoires claquantes.

او دیگر باک نبود، بلکه دیوی با آرواره‌های تیز بود.

Même le juge n'aurait pas reconnu cette créature folle.

حتی قاضی هم این موجود دیوانه را نمی‌شناخت.

Les messagers express ont soupiré de soulagement lorsqu'ils ont atteint Seattle

پیک‌های سریع‌السیر وقتی به سیاتل رسیدند، نفس راحتی کشیدند.

Quatre hommes ont soulevé la caisse et l'ont amenée dans une cour arrière.

چهار مرد جعبه را بلند کردند و به حیاط خلوت بردند.

La cour était petite, entourée de murs hauts et solides.

حیاط کوچک بود و دیوارهای بلند و محکمی دور تا دور آن را احاطه کرده بود.

Un grand homme sortit, vêtu d'un pull rouge affaissé.

مردی هیکلی با پیراهن ژاکت قرمز گشاد از ماشین بیرون آمد.

Il a signé le carnet de livraison d'une écriture épaisse et audacieuse.

او با دستی کلفت و جسورانه دفتر تحویل را امضا کرد.

Buck sentit immédiatement que cet homme était son prochain bourreau.

باک فوراً احساس کرد که این مرد شکنجه‌گر بعدی اوست.

Il se jeta violemment sur les barreaux, les yeux rouges de fureur.

او با چشمانی قرمز از خشم، با خشونت به سمت میله‌ها حمله کرد.

L'homme sourit simplement sombrement et alla chercher une hachette.

مرد فقط لبخند تلخی زد و رفت تا یک تبر بیاورد.

Il portait également une massue dans sa main droite épaisse
et forte.

او همچنین یک چماق در دست راست ضخیم و قوی خود آورد.

« Tu vas le sortir maintenant ? » demanda le chauffeur,
inquiet.

«راننده با نگرانی پرسید» :الان می‌خوای ببریش بیرون؟

« Bien sûr », dit l'homme en enfonçant la hachette dans la
caisse comme levier.

مرد گفت» :البته.و تبر را با عنوان اهرم داخل جعبه فرو کرد «.

Les quatre hommes se dispersèrent instantanément et
sautèrent sur le mur de la cour.

چهار مرد فوراً پراکنده شدند و روی دیوار حیاط پریدند.

Depuis leurs endroits sûrs, ils attendaient d'assister au
spectacle.

از نقاط امن خود در بالا، منتظر تماشای این منظره بودند.

Buck se jeta sur le bois éclaté, le mordant et le secouant
violemment.

باک به سمت چوب خرد شده حمله کرد، گاز گرفت و به شدت لرزید.

Chaque fois que la hachette touchait la cage, Buck était là
pour l'attaquer.

هر بار که تبر به قفس می‌خورد، باک آنجا بود تا به آن حمله کند.

Il grogna et claqua des dents avec une rage folle, impatient
d'être libéré.

او با خشمی وحشیانه غرید و فریاد زد، مشتاق آزادی بود.

L'homme dehors était calme et stable, concentré sur sa tâche.

مردی که بیرون بود، آرام و متین، مصمم به کارش بود.

« Bon, alors, espèce de diable aux yeux rouges », dit-il
lorsque le trou fut grand.

وقتی سوراخ بزرگ شد، گفت» :پس، ای شیطان چشم‌قرمز «.

Il laissa tomber la hachette et prit le gourdin dans sa main
droite.

تبر را انداخت و چماق را در دست راستش گرفت.

Buck ressemblait vraiment à un diable ; les yeux injectés de
sang et flamboyants.

باک واقعاً شبیه یک شیطان بود؛ چشمانی خون گرفته و شعله‌ور.

Son pelage se hérissait, de la mousse s'échappait de sa
bouche, ses yeux brillaient.

موهایش سیخ شده بود، کف از دهانش بیرون زده بود و چشمانش برق می‌زد۔

Il rassembla ses muscles et se jeta directement sur le pull rouge.

عضلانش را منقبض کرد و مستقیم به سمت ژاکت قرمز پرید۔

Cent quarante livres de fureur s'abattèrent sur l'homme calme.

صد و چهل پوند خشم به سمت مرد آرام هجوم آورد۔

Juste avant que ses mâchoires ne se referment, un coup terrible le frappa.

درست قبل از اینکه فکش بسته شود، ضربه وحشتناکی به او وارد شد۔

Ses dents claquèrent l'une contre l'autre, rien d'autre que l'air

دندان‌هایش فقط با هوا به هم می‌خوردند

une secousse de douleur résonna dans son corps

موجی از درد در بدنش پیچید

Il a fait un saut périlleux en plein vol et s'est écrasé sur le dos et sur le côté.

او در هوا غلتید و به پشت و پهلو به زمین خورد۔

Il n'avait jamais ressenti auparavant le coup d'un gourdin et ne pouvait pas le saisir.

او قبلاً هرگز ضربه‌ی چماق را حس نکرده بود و نمی‌توانست آن را درک کند۔

Avec un grognement strident, mi-aboiement, mi-cri, il bondit à nouveau.

با غرشی گوش‌خراش، که نیمی پارس و نیمی جیغ بود، دوباره پرید۔

Un autre coup brutal le frappa et le projeta au sol.

ضربه محکم دیگری به او وارد شد و او را به زمین انداخت۔

Cette fois, Buck comprit : c'était la lourde massue de l'homme.

این بار باک فهمید——این ضربه از چماق سنگین مرد بود۔

Mais la rage l'aveuglait, et il n'avait aucune idée de retraite.

اما خشم کورش کرده بود و خیال عقب‌نشینی نداشت۔

Douze fois il s'est lancé et douze fois il est tombé.

دوازده بار خودش را به آب انداخت و دوازده بار هم افتاد۔

Le gourdin en bois le frappait à chaque fois avec une force impitoyable et écrasante.

چماق چوبی هر بار با نیرویی بی‌رحمانه و خردکننده او را له می‌کرد۔

Après un coup violent, il se releva en titubant, étourdi et lent.

پس از یک ضربه‌ی سهمگین، او تلوتلوخوران، گیج و آهسته، از جایش بلند شد۔

Du sang coulait de sa bouche, de son nez et même de ses oreilles.

خون از دهان، بینی و حتی گوش‌هایش جاری بود۔

Son pelage autrefois magnifique était maculé de mousse sanglante.

کتِ زمانی زیباش، حالا با کفِ خونین آغشته شده بود۔

Alors l'homme s'est avancé et a donné un coup violent au nez.

سپس مرد جلو آمد و ضربه‌ی محکمی به بینی‌اش زد۔

L'agonie était plus vive que tout ce que Buck avait jamais ressenti.

درد و رنج از هر چیزی که باک تا به حال احساس کرده بود، شدیدتر بود۔

Avec un rugissement plus bête que chien, il bondit à nouveau pour attaquer.

با غرشی که بیشتر شبیه غرش یک حیوان بود تا یک سگ، دوباره برای حمله پرید۔

Mais l'homme attrapa sa mâchoire inférieure et la tourna vers l'arrière.

اما مرد فک پایینش را گرفت و آن را به عقب چرخاند۔

Buck fit un saut périlleux et s'écrasa à nouveau violemment.

باک سرش را از روی پاشنه‌هایش برگرداند و دوباره محکم به زمین خورد۔

Une dernière fois, Buck se précipita sur lui, maintenant à peine capable de se tenir debout.

برای آخرین بار، باک به سمت او حمله کرد، حالا به سختی می‌توانست بایستد۔

L'homme a frappé avec un timing expert, délivrant le coup final.

مرد با زمان‌بندی ماهرانه ضربه زد و ضربه آخر را وارد کرد۔

Buck s'est effondré, inconscient et immobile.

باک بی‌هوش و بی‌حرکت روی زمین افتاد۔

« Il n'est pas mauvais pour dresser les chiens, c'est ce que je dis », a crié un homme.

مردی فریاد زد: «اون تو سگ‌شکنی بی‌عرضه نیست، این چیزیه که من می‌گم.»

« Druther peut briser la volonté d'un chien n'importe quel jour de la semaine. »

دروتر می‌تواند اراده‌ی یک سگ شکاری را در هر روزی از هفته بشکند.»»

« Et deux fois un dimanche ! » a ajouté le chauffeur.

راننده اضافه کرد: «و دو بار هم یکشنبه‌ها.»»

Il monta dans le chariot et fit claquer les rênes pour partir.

او سوار گاری شد و افسار را فشرد تا برود.

Buck a lentement repris le contrôle de sa conscience

باک به آرامی کنترل هوشیاری خود را به دست آورد

mais son corps était encore trop faible et brisé pour bouger.

اما بدنش هنوز خیلی ضعیف و شکسته بود و نمی‌توانست حرکت کند.

Il resta allongé là où il était tombé, regardant l'homme au pull rouge.

همان جایی که افتاده بود دراز کشیده بود و مرد ژاکت قرمزپوش را تماشا می‌کرد.

« Il répond au nom de Buck », dit l'homme en lisant à haute voix.

مرد در حالی که با صدای بلند می‌خواند گفت: «او به نام باک پاسخ می‌دهد.»»

Il a cité la note envoyée avec la caisse de Buck et les détails.

او از یادداشتی که همراه جعبه باک و جزئیات آن ارسال شده بود، نقل قول کرد.

« Eh bien, Buck, mon garçon », continua l'homme d'un ton amical,

«،مرد با لحنی دوستانه ادامه داد» :خب، باک، پسرم

« Nous avons eu notre petite dispute, et maintenant c'est fini entre nous. »

ما دعوای کوچک خودمان را کردیم، و حالا دیگر بین ما تمام شده »» است.»»

« Tu as appris à connaître ta place, et j'ai appris à connaître la mienne », a-t-il ajouté.

او اضافه کرد» :تو جایگاه خودت را یاد گرفته‌ای، و من هم جایگاه خودم را.«

« Sois sage, tout ira bien et la vie sera agréable. »

خوب باش، همه چیز خوب پیش خواهد رفت و زندگی دلپذیر خواهد بود.«

« Mais sois méchant, et je te botterai les fesses, compris ? »

»اما بد باش، و من لهت می‌کنم، فهمیدی؟«

Tandis qu'il parlait, il tendit la main et tapota la tête douloureuse de Buck.

همینطور که حرف می‌زد، دستش را دراز کرد و سر دردناک باک را نوازش کرد.

Les cheveux de Buck se dressèrent au contact de l'homme, mais il ne résista pas.

با لمس مرد، موهای باک سیخ شد، اما مقاومتی نکرد.

L'homme lui apporta de l'eau, que Buck but à grandes gorgées.

مرد برایش آب آورد که باک آن را جرعه جرعه نوشید.

Puis vint la viande crue, que Buck dévora morceau par morceau.

بعد گوشت خام از راه رسید، که باک تکه تکه آن را بلعید.

Il savait qu'il était battu, mais il savait aussi qu'il n'était pas brisé.

او می‌دانست که شکست خورده است، اما این را هم می‌دانست که نشکسته است.

Il n'avait aucune chance contre un homme armé d'une matraque.

او در برابر مردی که مسلح به چماق بود، هیچ شانسی نداشت.

Il avait appris la vérité et il n'a jamais oublié cette leçon.

او حقیقت را آموخته بود و هرگز آن درس را فراموش نکرد.

Cette arme était le début de la loi dans le nouveau monde de Buck.

آن سلاح، آغاز قانون در دنیای جدید باک بود.

C'était le début d'un ordre dur et primitif qu'il ne pouvait nier.

این آغاز یک نظم خشن و بدوی بود که او نمی‌توانست آن را انکار کند.

Il accepta la vérité ; ses instincts sauvages étaient désormais éveillés.

او حقیقت را پذیرفت؛ غرایز وحشی‌اش حالا بیدار شده بودند.

Le monde était devenu plus dur, mais Buck l'a affronté avec courage.

دنیا خشن‌تر شده بود، اما باک شجاعانه با آن روبرو شد.

Il a affronté la vie avec une prudence, une ruse et une force tranquille nouvelles.

او با احتیاط، حیله‌گری و قدرتی آرام، زندگی را از نو پذیرفت.

D'autres chiens sont arrivés, attachés dans des cordes ou des caisses comme Buck l'avait été.

سگ‌های بیشتری رسیدند، مثل باک که با طناب یا جعبه بسته شده بودند.

Certains chiens sont venus calmement, d'autres ont fait rage et se sont battus comme des bêtes sauvages.

بعضی از سگ‌ها آرام می‌آمدند، بعضی دیگر خشمگین بودند و مثل حیوانات وحشی می‌جنگیدند.

Ils furent tous soumis au règne de l'homme au pull rouge.

همه آنها تحت حکومت مرد ژاکت قرمز قرار گرفتند.

À chaque fois, Buck regardait et voyait la même leçon se dérouler.

هر بار، باک تماشا می‌کرد و می‌دید که همان درس عبرت از او گرفته می‌شود.

L'homme avec la massue était la loi, un maître à obéir.

مردی که چماق به دست داشت، قانون بود؛ اربابی که باید از او اطاعت می‌شد.

Il n'avait pas besoin d'être aimé, mais il fallait qu'on lui obéisse.

او نیازی به دوست داشته شدن نداشت، اما باید از او اطاعت می‌شد.

Buck ne s'est jamais montré flatteur ni n'a remué la queue comme le faisaient les chiens plus faibles.

باک هیچوقت مثل سگ‌های ضعیف‌تر تملق نمی‌گفت یا دست تکان نمی‌داد.

Il a vu des chiens qui avaient été battus et qui continuaient à lécher la main de l'homme.

او سگ‌هایی را دید که کتک خورده بودند و همچنان دست مرد را لیس می‌زدند.

Il a vu un chien qui refusait d'obéir ou de se soumettre du tout.

او سگی را دید که به هیچ وجه اطاعت نمی‌کرد و تسلیم نمی‌شد.

Ce chien s'est battu jusqu'à ce qu'il soit tué dans la bataille pour le contrôle.

آن سگ آنقدر جنگید تا در نبرد برای کنترل کشته شد.

Des étrangers venaient parfois voir l'homme au pull rouge.

گاهی غریبه‌ها به دیدن مرد ژاکت قرمز می‌آمدند.

Ils parlaient sur un ton étrange, suppliant, marchandant et riant.

آنها با لحن‌های عجیبی صحبت می‌کردند، التماس می‌کردند، چانه می‌زدند و می‌خندیدند.

Lors de l'échange d'argent, ils partaient avec un ou plusieurs chiens.

وقتی پول رد و بدل می‌شد، آنها با یک یا چند سگ آنجا را ترک می‌کردند.

Buck se demandait où étaient passés ces chiens, car aucun n'était jamais revenu.

باک از خود پرسید که این سگ‌ها کجا رفتند، چون هیچ‌کدامشان دیگر برنگشتند.

la peur de l'inconnu envahissait Buck chaque fois qu'un homme étrange venait

هر بار که مرد غریبه‌ای می‌آمد، ترس از ناشناخته‌ها باک را فرا می‌گرفت.

il était content à chaque fois qu'un autre chien était pris, plutôt que lui-même.

او هر بار که سگ دیگری به جای خودش گرفته می‌شد، خوشحال می‌شد.

Mais finalement, le tour de Buck arriva avec l'arrivée d'un homme étrange.

اما سرانجام، نوبت باک با ورود مردی عجیب فرا رسید.

Il était petit, nerveux, parlait un anglais approximatif et jurait.

او ریزنقش و لاغر اندام بود و به انگلیسی دست و پا شکسته صحبت می‌کرد و فحش می‌داد.

« Sacré-Dam ! » hurla-t-il en posant les yeux sur le corps de Buck.

«-مقدس» : وقتی چشمش به هیکل باک افتاد، فریاد زد

« C'est un sacré chien tyrannique ! Hein ? Combien ? » demanda-t-il à voix haute.

با صدای بلند پرسید» :این یه سگ قلدر لعنتیه.«ها؟ چقدر؟

« Trois cents, et c'est un cadeau à ce prix-là. »

سیصد، و او با این قیمت یک هدیه است«».

« Puisque c'est de l'argent du gouvernement, tu ne devrais pas te plaindre, Perrault. »

چون پول دولته، نباید شکایت کنی، پرو«».

Perrault sourit à l'idée de l'accord qu'il venait de conclure avec cet homme.

پرو به معامله‌ای که تازه با آن مرد کرده بود، پوزخندی زد.

Le prix des chiens a grimpé en flèche en raison de la demande soudaine.

قیمت سگ‌ها به دلیل تقاضای ناگهانی، سر به فلک کشیده بود.

Trois cents dollars, ce n'était pas injuste pour une si belle bête.

سیصد دلار برای چنین جانور زیبایی ناعادلانه نبود.

Le gouvernement canadien ne perdrait rien dans cet accord

دولت کانادا در این معامله چیزی از دست نخواهد داد

Leurs dépêches officielles ne seraient pas non plus retardées en transit.

همچنین ارسال‌های رسمی آنها در حین حمل و نقل به تأخیر نمی‌افتاد.

Perrault connaissait bien les chiens et pouvait voir que Buck était quelque chose de rare.

پرو سگ‌ها را خوب می‌شناخت و متوجه شد که باک موجود نادری است.

« Un sur dix dix mille », pensa-t-il en étudiant la silhouette de Buck.

او در حالی که هیکل باک را بررسی می‌کرد، با خود فکر کرد» :یک «در ده، ده هزار.

Buck a vu l'argent changer de mains, mais n'a montré aucune surprise.

باک دید که پول دست به دست شد، اما تعجب نکرد.

Bientôt, lui et Curly, un gentil Terre-Neuve, furent emmenés.

خیلی زود او و کرلی، یک نیوفاندلندی مهربان، با خود بردند.

Ils suivirent le petit homme depuis la cour du pull rouge.

آنها مرد کوچک را از حیاط ژاکت قرمز دنبال کردند.

Ce fut la dernière fois que Buck vit l'homme avec la massue en bois.

آن آخرین باری بود که باک مرد چماق به دست را دید.

Depuis le pont du Narval, il regardait Seattle disparaître au loin.

از عرشه کشتی ناروال، سیاتل را تماشا می‌کرد که در دوردست‌ها محو می‌شد.

C'était aussi la dernière fois qu'il voyait le chaud Southland.

همچنین آخرین باری بود که او سرزمین گرم جنوب را دید.

Perrault les emmena sous le pont et les laissa à François.

پرو آنها را به زیر عرشه برد و پیش فرانسوا گذاشت.

François était un géant au visage noir, aux mains rugueuses et calleuses.

فرانسوا غولی سیاه چهره با دستانی خشن و پینه بسته بود.

Il était brun et basané; un métis franco-canadien.

او سبزه و سبزه بود؛ یک دورگه فرانسوی-کانادایی.

Pour Buck, ces hommes étaient d'un genre qu'il n'avait jamais vu auparavant.

از نظر باک، این مردان از نوعی بودند که او قبلاً هرگز ندیده بود.

Il allait connaître beaucoup d'autres hommes de ce genre dans les jours qui suivirent.

او در روزهای آینده با بسیاری از این مردان آشنا خواهد شد.

Il ne s'est pas attaché à eux, mais il a appris à les respecter.

او به آنها علاقه‌ای پیدا نکرد، اما کم‌کم به آنها احترام گذاشت.

Ils étaient justes et sages, et ne se laissaient pas facilement tromper par un chien.

آنها عادل و خردمند بودند و به راحتی فریب هیچ سگی را نمی‌خوردند.

Ils jugeaient les chiens avec calme et ne les punissaient que lorsqu'ils le méritaient.

آنها سگ‌ها را با آرامش قضاوت می‌کردند و فقط زمانی که سزاوار بودند، آنها را تنبیه می‌کردند.

Sur le pont inférieur du Narwhal, Buck et Curly ont rencontré deux chiens.

در عرشه پایینی کشتی ناروال، باک و کرلی با دو سگ آشنا شدند.

L'un d'eux était un grand chien blanc venu du lointain et glacial Spitzberg.

یکی از آنها سگ سفید بزرگی از اسپیتزبرگِ یخی دوردست بود.

Il avait autrefois navigué avec un baleinier et rejoint un groupe d'enquête.

او زمانی با یک صیاد نهنگ سفر دریایی کرده و به یک گروه نقشه‌برداری پیوسته بود.

Il était amical d'une manière sournoise, sournoise et rusée.

او به شیوه‌ای زیرکانه، پنهانی و حیله‌گرانه دوستانه رفتار می‌کرد.

Lors de leur premier repas, il a volé un morceau de viande dans la poêle de Buck.

در اولین وعده غذایی‌شان، او تکه‌ای گوشت از تابه باک دزدید.

Buck sauta pour le punir, mais le fouet de François frappa en premier.

باک از جا پرید تا او را تنبیه کند، اما شلاق فرانسوا اول از همه به او ضربه زد.

Le voleur blanc hurla et Buck récupéra l'os volé.

دزد سفید پوست فریاد زد و باک استخوان دزدیده شده را پس گرفت.

Cette équité impressionna Buck, et François gagna son respect.

این انصاف باک را تحت تأثیر قرار داد و فرانسوا احترام او را جلب کرد.

L'autre chien ne lui a pas adressé de salut et n'en a pas voulu en retour.

سگ دیگر هیچ سلامی نکرد و در عوض هم سلامی نخواست.

Il ne volait pas de nourriture et ne reniflait pas les nouveaux arrivants avec intérêt.

او نه غذا می‌دزدید و نه با علاقه تازه‌واردها را بو می‌کشید.

Ce chien était sinistre et calme, sombre et lent.

این سگ، عبوس و ساکت، غمگین و کند حرکت بود.

Il a averti Curly de rester à l'écart en la regardant simplement.

او با نگاه خیره به کرلی، به او هشدار داد که از او دور بماند.

Son message était clair : laissez-moi tranquille ou il y aura des problèmes.

پیام او واضح بود؛ مرا تنها بگذارید وگرنه دردسر درست می‌شود.

Il s'appelait Dave et il remarquait à peine son environnement.

او را دیو صدا می‌زدند و به سختی متوجه اطرافش می‌شد.

Il dormait souvent, mangeait tranquillement et bâillait de temps en temps.

او اغلب می‌خوابید، آرام غذا می‌خورد و هر از گاهی خمیازه می‌کشید.

Le navire ronronnait constamment avec le battement de l'hélice en dessous.

کشتی با صدای ملخ در حال حرکتِ زیرینش، مدام زمزمه می‌کرد.

Les jours passèrent sans grand changement, mais le temps devint plus froid.

روزها با کمی تغییر می‌گذشتند، اما هوا سردتر می‌شد.

Buck pouvait le sentir dans ses os et remarqua que les autres le faisaient aussi.

باک می‌توانست این را با تمام وجودش حس کند و متوجه شد که دیگران هم همین حس را دارند.

Puis un matin, l'hélice s'est arrêtée et tout est redevenu calme.

سپس یک روز صبح، پروانه از کار افتاد و همه چیز آرام گرفت.

Une énergie parcourut le vaisseau ; quelque chose avait changé.

انرژی‌ای سراسر کشتی را فرا گرفت؛ چیزی تغییر کرده بود.

François est descendu, les a attachés en laisse et les a remontés.

فرانسوا پایین آمد، قلاده‌هایشان را بست و بالا آورد.

Buck sortit et trouva le sol doux, blanc et froid.

باک بیرون آمد و زمین را نرم، سفید و سرد یافت.

Il sursauta en arrière, alarmé, et renifla, totalement confus.

او با وحشت به عقب پرید و با گیجی کامل پوزخندی زد.

Une étrange substance blanche tombait du ciel gris.

چیزهای سفید عجیبی از آسمان خاکستری در حال سقوط بودند.

Il se secoua, mais les flocons blancs continuaient à atterrir sur lui.

خودش را تکان داد، اما دانه‌های سفید همچنان رویش فرود می‌آمدند.

Il renifla soigneusement la substance blanche et lécha quelques morceaux glacés.

او ماده سفید را با دقت بو کشید و چند تکه یخی را لیس زد.

La poudre brûla comme du feu, puis disparut de sa langue.

باروت مثل آتش سوخت، سپس از روی زبانش ناپدید شد.

Buck essaya à nouveau, intrigué par l'étrange froideur qui disparaissait.

باک دوباره امتحان کرد، از سردی عجیب و غریبِ رو به زوال گیج شده بود۔

Les hommes autour de lui rirent et Buck se sentit gêné.

مردان اطرافش خندیدند و باک خجالت کشید۔

Il ne savait pas pourquoi, mais il avait honte de sa réaction.

نمی دانست چرا، اما از واکنش خودش شرمنده بود۔

C'était sa première expérience avec la neige, et cela le dérouta.

این اولین تجربه او با برف بود و همین موضوع او را گیج کرد۔

*La loi du gourdin et des crocs
قانون چماق و نیش*

Le premier jour de Buck sur la plage de Dyea ressemblait à un terrible cauchemar.

اولین روز باک در ساحل دینا مثل یک کابوس وحشتناک بود.

Chaque heure apportait de nouveaux chocs et des changements inattendus pour Buck.

هر ساعت شوک‌های جدید و تغییرات غیرمنتظره‌ای برای باک به همراه داشت.

Il avait été arraché à la civilisation et jeté dans un chaos sauvage.

او از تمدن بیرون کشیده شده و به هرج و مرج وحشیانه‌ای پرتاب شده بود.

Ce n'était pas une vie ensoleillée et paresseuse, faite d'ennui et de repos.

این زندگی، زندگی شاد و آرامی نبود که در آن کسالت و استراحت موج بزند.

Il n'y avait pas de paix, pas de repos, et pas un instant sans danger.

هیچ آرامشی، هیچ استراحتی و هیچ لحظه‌ای بدون خطر نبود.

La confusion régnait sur tout et le danger était toujours proche.

آشفتگی بر همه چیز حاکم بود و خطر همیشه نزدیک بود.

Buck devait rester vigilant car ces hommes et ces chiens étaient différents.

باک مجبور بود هوشیار بماند، چون این مردها و سگ‌ها با هم فرق داشتند.

Ils n'étaient pas originaires des villes ; ils étaient sauvages et sans pitié.

آنها اهل شهر نبودند؛ وحشی و بی‌رحم بودند.

Ces hommes et ces chiens ne connaissaient que la loi du gourdin et des crocs.

این مردان و سگ‌ها فقط قانون چماق و دندان نیش را می‌دانستند.

Buck n'avait jamais vu de chiens se battre comme ces huskies sauvages.

باک هرگز ندیده بود که سگ‌ها مثل این هاسکی‌های وحشی با هم دعوا کنند.

Sa première expérience lui a appris une leçon qu'il n'oublierait jamais.

اولین تجربه‌اش درسی به او داد که هرگز فراموش نخواهد کرد.

Il a eu de la chance que ce ne soit pas lui, sinon il serait mort aussi.

شانس آورد که خودش نبود، وگرنه او هم می‌مرد.

Curly était celui qui souffrait tandis que Buck regardait et apprenait.

کرلی کسی بود که رنج می‌کشید در حالی که باک تماشا می‌کرد و درس می‌گرفت.

Ils avaient installé leur campement près d'un magasin construit en rondins.

آنها نزدیک انباری که از کنده‌های درخت ساخته شده بود، اردو زده بودند.

Curly a essayé d'être amical avec un grand husky ressemblant à un loup.

کرلی سعی کرد با یک سگ هاسکی بزرگ و گرگ مانند دوستانه رفتار کند.

Le husky était plus petit que Curly, mais avait l'air sauvage et méchant.

هاسکی از کرلی کوچکتر بود، اما وحشی و بدجنس به نظر می‌رسید.

Sans prévenir, il a sauté et lui a ouvert le visage.

بدون هیچ هشداری، پرید و صورتش را شکافت.

Ses dents lui coupèrent l'œil jusqu'à sa mâchoire en un seul mouvement.

دندان‌هایش با یک حرکت از چشم او تا فکش را برید.

C'est ainsi que les loups se battaient : ils frappaient vite et sautaient loin.

گرگ‌ها این‌طور می‌جنگیدند—سریع حمله می‌کردند و می‌پریدند.

Mais il y avait plus à apprendre que de cette seule attaque.

اما چیزهای بیشتری برای یادگیری از آن حمله وجود داشت.

Des dizaines de huskies se sont précipités et ont formé un cercle silencieux.

ده‌ها سگ هاسکی به سرعت وارد شدند و در سکوت دایره‌ای تشکیل دادند.

Ils regardaient attentivement et se léchaient les lèvres avec faim.

آنها با دقت تماشا می‌کردند و لب‌هایشان را از روی ولع می‌لیسیدند.

Buck ne comprenait pas leur silence ni leurs regards avides.

باک نه سکوت آنها را درک می‌کرد و نه نگاه مشتاقشان را.

Curly s'est précipité pour attaquer le husky une deuxième fois.

کرلی برای بار دوم به هاسکی حمله کرد.

Il a utilisé sa poitrine pour la renverser avec un mouvement puissant.

او با یک حرکت قوی از سینه‌اش استفاده کرد تا او را سرنگون کند.

Elle est tombée sur le côté et n'a pas pu se relever.

او به پهلو افتاد و دیگر نتوانست بلند شود.

C'est ce que les autres attendaient depuis le début.

این همان چیزی بود که بقیه مدت‌ها منتظرش بودند.

Les huskies ont sauté sur elle, hurlant et grognant avec frénésie.

سگ‌های هاسکی در حالی که دیوانه‌وار جیغ می‌زدند و خرناس می‌کشیدند، به سمتش پریدند.

Elle a crié alors qu'ils l'enterraient sous un tas de chiens.

او جیغ می‌کشید وقتی که او را زیر انبوهی از سگ‌ها دفن می‌کردند.

L'attaque fut si rapide que Buck resta figé sur place sous le choc.

حمله آنقدر سریع بود که باک از شدت شوک در جایش خشکش زد.

Il vit Spitz tirer la langue d'une manière qui ressemblait à un rire.

او دید که اسپیتز زبانش را به شکلی که شبیه خنده بود، بیرون آورد.

François a attrapé une hache et a couru droit vers le groupe de chiens.

فرانسوا تبری برداشت و مستقیماً به سمت گروه سگ‌ها دوید.

Trois autres hommes ont utilisé des gourdins pour aider à repousser les huskies.

سه مرد دیگر با چماق به هاسکی‌ها کمک کردند تا آنها را دور کنند.

En seulement deux minutes, le combat était terminé et les chiens avaient disparu.

تنها در عرض دو دقیقه، دعوا تمام شد و سگ‌ها رفتند.

Curly gisait morte dans la neige rouge et piétinée, son corps déchiré.

کرلی در برف قرمز و لگدمال شده، مرده افتاده بود و بدنش تکه تکه شده بود.

Un homme à la peau sombre se tenait au-dessus d'elle, maudissant la scène brutale.

مردی تیره‌پوست بالای سر او ایستاده بود و به آن صحنه‌ی وحشیانه فحش می‌داد.

Le souvenir est resté avec Buck et a hanté ses rêves la nuit.

این خاطره با باک ماند و شب‌ها خواب‌هایش را تسخیر می‌کرد.

C'était comme ça ici : pas d'équité, pas de seconde chance.

اینجا اوضاع همین بود؛ نه انصافی، نه شانس دوباره‌ای.

Une fois qu'un chien tombait, les autres le tuaient sans pitié.

به محض اینکه سگی از پا درمی‌آمد، بقیه بی‌رحمانه او را می‌کشتند.

Buck décida alors qu'il ne se permettrait jamais de tomber.

باک آن موقع تصمیم گرفت که هرگز اجازه ندهد زمین بخورد.

Spitz tira à nouveau la langue et rit du sang.

اسپیتز دوباره زبانش را بیرون آورد و به خون خندید.

À partir de ce moment-là, Buck détesta Spitz de tout son cœur.

از آن لحظه به بعد، باک با تمام وجود از اسپیتز متنفر شد.

Avant que Buck ne puisse se remettre de la mort de Curly, quelque chose de nouveau s'est produit.

قبل از اینکه باک بتواند از مرگ کرلی بهبود یابد، اتفاق جدیدی افتاد.

François s'est approché et a attaché quelque chose autour du corps de Buck.

فرانسوا آمد و چیزی را دور بدن باک بست.

C'était un harnais comme ceux utilisés sur les chevaux du ranch.

این یک افسار بود، مثل افسارهایی که در مزرعه برای اسب‌ها استفاده می‌شد.

Comme Buck avait vu les chevaux travailler, il devait maintenant travailler aussi.

همانطور که باک دیده بود اسب‌ها کار می‌کنند، حالا خودش هم مجبور به کار کردن بود.

Il a dû tirer François sur un traîneau dans la forêt voisine.

او مجبور شد فرانسوا را با سورتمه به جنگل نزدیک بکشد.

Il a ensuite dû ramener une lourde charge de bois de chauffage.

سپس مجبور شد بار سنگینی از هیزم را عقب بکشد.

Buck était fier, donc cela lui faisait mal d'être traité comme un animal de travail.

باک مغرور بود، بنابراین از اینکه با او مثل یک حیوان کار رفتار می‌شد، ناراحت می‌شد.

Mais il était sage et n'a pas essayé de lutter contre la nouvelle situation.

اما او عاقل بود و سعی نکرد با شرایط جدید بجنگد.

Il a accepté sa nouvelle vie et a donné le meilleur de lui-même dans chaque tâche.

او زندگی جدیدش را پذیرفت و در هر وظیفه‌ای نهایت تلاشش را کرد.

Tout ce qui concernait ce travail lui était étrange et inconnu.

همه چیز در مورد کار برایش عجیب و ناآشنا بود.

François était strict et exigeait l'obéissance sans délai.

فرانسوا سختگیر بود و اطاعت بی‌درنگ را مطالبه می‌کرد.

Son fouet garantissait que chaque ordre soit exécuté immédiatement.

شلاق او تضمین می‌کرد که هر دستوری فوراً اجرا شود.

Dave était le conducteur du traîneau, le chien le plus proche du traîneau derrière Buck.

دیو چرخزن بود، سگی که پشت سر باک به سورتمه نزدیک‌تر بود.

Dave mordait Buck sur les pattes arrière s'il faisait une erreur.

اگر باک اشتباه می‌کرد، دیو پاهای عقبش را گاز می‌گرفت.

Spitz était le chien de tête, compétent et expérimenté dans ce rôle.

اسپیتز سگ راهنما بود، در این نقش ماهر و باتجربه.

Spitz ne pouvait pas atteindre Buck facilement, mais il le corrigea quand même.

اسپیتز نتوانست به راحتی به باک برسد، اما با این حال او را اصلاح کرد.

Il grognait durement ou tirait le traîneau d'une manière qui enseignait à Buck.

او با خشونت غرغر می‌کرد یا سورتمه را به روش‌هایی می‌کشید که به
باک یاد می‌داد.

Grâce à cette formation, Buck a appris plus vite que ce qu'ils
avaient imaginé.

تحت این آموزش، باک سریع‌تر از آنچه که هر یک از آنها انتظار
داشتند، یاد گرفت.

Il a travaillé dur et a appris de François et des autres chiens.

او سخت کار کرد و از فرانسوا و سگ‌های دیگر چیزهای زیادی یاد
گرفت.

À leur retour, Buck connaissait déjà les commandes clés.

وقتی برگشتند، باک از قبل دستورات کلیدی را می‌دانست.

Il a appris à s'arrêter au son « ho » de François.

او یاد گرفت که با شنیدن صدای »هو« از فرانسوا بایستد.

Il a appris quand il a dû tirer le traîneau et courir.

او یاد گرفت وقتی که باید سورتمه را بکشد و بدود.

Il a appris à tourner largement dans les virages du sentier
sans difficulté.

او یاد گرفت که در پیچ‌های مسیر، بدون مشکل، به سرعت دور بزند.

Il a également appris à éviter Dave lorsque le traîneau
descendait rapidement.

او همچنین یاد گرفت که وقتی سورتمه با سرعت به سمت پایین
سرازیری می‌رفت، از دیو دوری کند.

« Ce sont de très bons chiens », dit fièrement François à
Perrault.

فرانسوا با افتخار به پرو گفت: »آنها سگ‌های خیلی خوبی هستند.«

« Ce Buck tire comme un dingue, je lui apprends vite fait. »

»اون باک خیلی قویه ــ من خیلی سریع بهش یاد میدم«.

Plus tard dans la journée, Perrault est revenu avec deux
autres chiens husky.

بعداً در همان روز، پرو با دو سگ هاسکی دیگر برگشت.

Ils s'appelaient Billee et Joe, et ils étaient frères.

اسم آنها بیلی و جو بود و برادر بودند.

Ils venaient de la même mère, mais ne se ressemblaient pas
du tout.

آنها از یک مادر بودند، اما اصلاً شبیه هم نبودند.

Billee était de nature douce et très amicale avec tout le monde.

بیلی خوش‌خلق و با همه خیلی صمیمی بود.

Joe était tout le contraire : calme, en colère et toujours en train de grogner.

جو برعکس بود ـ ساکت، عصبانی و همیشه غرغرو.

Buck les a accueillis de manière amicale et s'est montré calme avec eux deux.

باک با رویی دوستانه از آنها استقبال کرد و با هر دو آرام بود.

Dave ne leur prêta aucune attention et resta silencieux comme d'habitude.

دیو به آنها توجهی نکرد و طبق معمول ساکت ماند.

Spitz a attaqué d'abord Billee, puis Joe, pour montrer sa domination.

اسپیتز ابتدا به بیلی و سپس به جو حمله کرد تا تسلط خود را نشان دهد.

Billee remua la queue et essaya d'être amical avec Spitz.

بیلی دمش را تکان داد و سعی کرد با اسپیتز دوستانه رفتار کند.

Lorsque cela n'a pas fonctionné, il a essayé de s'enfuir à la place.

وقتی این کار جواب نداد، سعی کرد فرار کند.

Il a pleuré tristement lorsque Spitz l'a mordu fort sur le côté.

وقتی اسپیتز پهلویش را محکم گاز گرفت، با ناراحتی گریه کرد.

Mais Joe était très différent et refusait d'être intimidé.

اما جو خیلی متفاوت بود و حاضر نشد مورد آزار و اذیت قرار بگیرد.

Chaque fois que Spitz s'approchait, Joe se retournait pour lui faire face rapidement.

هر بار که اسپیتز نزدیک می‌شد، جو سریع می‌چرخید تا رو به او بایستد.

Sa fourrure se hérissa, ses lèvres se retroussèrent et ses dents claquèrent sauvagement.

موهایش سیخ شد، لب‌هایش جمع شد و دندان‌هایش وحشیانه به هم خورد.

Les yeux de Joe brillaient de peur et de rage, défiant Spitz de frapper.

چشمان جو از ترس و خشم برق زد و اسپیتز را به حمله کردن واداشت.

Spitz abandonna le combat et se détourna, humilié et en colère.

اسپیتز از مبارزه دست کشید و تحقیر شده و عصبانی، رویش را برگرداند.

Il a déversé sa frustration sur le pauvre Billee et l'a chassé.

او عصبانیتش را سر بیلی بیچاره خالی کرد و او را از خود راند.

Ce soir-là, Perrault ajouta un chien de plus à l'équipe.

آن شب، پرو یک سگ دیگر به تیم اضافه کرد.

Ce chien était vieux, maigre et couvert de cicatrices de guerre.

این سگ پیر، لاغر و پوشیده از زخم‌های نبرد بود.

L'un de ses yeux manquait, mais l'autre brillait de puissance.

یکی از چشمانش کور بود، اما چشم دیگرش برق می‌زد.

Le nom du nouveau chien était Solleks, ce qui signifiait « celui qui est en colère ».

اسم سگ جدید سولکس بود، به معنی خشمگین.

Comme Dave, Solleks ne demandait rien aux autres et ne donnait rien en retour.

سولکس، مانند دیو، چیزی از دیگران نخواست و چیزی هم نداد.

Lorsque Solleks entra lentement dans le camp, même Spitz resta à l'écart.

وقتی سولکس به آرامی وارد اردوگاه شد، حتی اسپیتز هم از آنها دوری کرد.

Il avait une étrange habitude que Buck a eu la malchance de découvrir.

او عادت عجیبی داشت که باک بدشانس بود که آن را کشف کرد.

Solleks détestait qu'on l'approche du côté où il était aveugle.

سولکس از اینکه کسی از سمتی که نابینا بود به او نزدیک شود، متنفر بود.

Buck ne le savait pas et a fait cette erreur par accident.

باک این را نمی‌دانست و تصادفاً آن اشتباه را مرتکب شد.

Solleks se retourna et frappa l'épaule de Buck profondément et rapidement.

سولکس چرخید و ضربه‌ای عمیق و سریع به شانه‌ی باک زد.

À partir de ce moment, Buck ne s'est plus jamais approché du côté aveugle de Solleks.

از آن لحظه به بعد، باک دیگر هرگز به نقطه کور سولکس نزدیک هم نشد.

Ils n'ont plus jamais eu de problèmes pendant le reste de leur temps ensemble.

آنها دیگر در تمام مدتی که با هم بودند، هرگز مشکلی نداشتند.

Solleks voulait seulement être laissé seul, comme le calme Dave.

سولکس فقط می‌خواست تنها باشد، مثل دیوِ آرام.

Mais Buck apprendra plus tard qu'ils avaient chacun un autre objectif secret.

اما باک بعداً فهمید که هر کدام از آنها هدف مخفی دیگری هم دارند.

Cette nuit-là, Buck a dû faire face à un nouveau défi troublant : comment dormir.

آن شب باک با یک چالش جدید و نگران‌کننده روبرو شد - چگونه بخوابد.

La tente brillait chaleureusement à la lumière des bougies dans le champ enneigé.

چادر با نور شمع در میان برفزار به گرمی می‌درخشید.

Buck entra, pensant qu'il pourrait se reposer là comme avant.

باک به داخل رفت، با این فکر که می‌تواند مثل قبل آنجا استراحت کند.

Mais Perrault et François lui criaient dessus et lui jetaient des casseroles.

اما پرو و فرانسوا سرش داد زدند و تابه پرتاب کردند.

Choqué et confus, Buck s'est enfui dans le froid glacial.

باک، شوکه و گیج، به سمت سرمای شدید دوید.

Un vent glacial piquait son épaule blessée et lui gelait les pattes.

باد تندی شانه‌ی زخمی‌اش را گزید و پنجه‌هایش را یخ زد.

Il s'est allongé dans la neige et a essayé de dormir à la belle étoile.

او روی برف دراز کشید و سعی کرد در فضای باز بخوابد.

Mais le froid l'obligea bientôt à se relever, tremblant terriblement.

اما سرما خیلی زود او را مجبور کرد که در حالی که به شدت می‌لرزید، دوباره بلند شود.

Il erra dans le camp, essayant de trouver un endroit plus chaud.

او در اردوگاه پرسه می‌زد و سعی می‌کرد جای گرمتری پیدا کند.

Mais chaque coin était aussi froid que le précédent.

اما هر گوشه به همان سردیِ گوشه‌ی قبل بود.

Parfois, des chiens sauvages sautaient sur lui dans
l'obscurité.

گاهی سگ‌های وحشی از تاریکی به سمتش می‌پریدند.

Buck hérissa sa fourrure, montra ses dents et grogna en
signe d'avertissement.

باک موهایش را سیخ کرد، دندان‌هایش را نشان داد و با لحنی
هشداردهنده غرید.

Il apprenait vite et les autres chiens reculaient rapidement.

او سریع یاد می‌گرفت و سگ‌های دیگر سریع عقب‌نشینی می‌کردند.

Il n'avait toujours pas d'endroit où dormir et ne savait pas
quoi faire.

با این حال، او جایی برای خوابیدن نداشت و نمی‌دانست چه کار کند.

Finalement, une pensée lui vint : aller voir ses coéquipiers.

بالاخره فکری به ذهنش رسید - سری به هم‌تیمی‌هایش بزند.

Il est retourné dans leur région et a été surpris de les trouver
partis.

او به منطقه آنها برگشت و با کمال تعجب دید که آنها رفته‌اند.

Il chercha à nouveau dans le camp, mais ne parvint toujours
pas à les trouver.

دوباره اردوگاه را جستجو کرد، اما هنوز آنها را پیدا نکرد.

Il savait qu'ils ne pouvaient pas être dans la tente, sinon il le
serait aussi.

او می‌دانست که آنها نمی‌توانند در چادر باشند، وگرنه خودش هم آنجا
خواهد بود.

Alors, où étaient passés tous les chiens dans ce camp gelé ?

پس این همه سگ توی این کمپ یخ‌زده کجا رفته بودند؟

Buck, froid et misérable, tournait lentement autour de la
tente.

باک، سرد و رنجور، به آرامی دور چادر چرخید.

Soudain, ses pattes avant s'enfoncèrent dans la neige molle
et le surprit.

ناگهان، پاهای جلویی‌اش در برف نرم فرو رفت و او را از جا پراند.

Quelque chose se tortilla sous ses pieds et il sursauta en
arrière, effrayé.

چیزی زیر پایش لغزید و از ترس به عقب پرید.

Il grogna et grogna, ne sachant pas ce qui se cachait sous la
neige.

او غرید و غرید، بی‌آنکه بداند زیر برف‌ها چه چیزی نهفته است.

Puis il entendit un petit aboiement amical qui apaisa sa peur.

سپس صدای پارس دوستانه و آرامی شنید که ترسش را فرو نشاند.

Il renifla l'air et s'approcha pour voir ce qui était caché.

هوا را بو کشید و نزدیک‌تر آمد تا ببیند چه چیزی پنهان شده است.

Sous la neige, recroquevillée en boule chaude, se trouvait la petite Billee.

بیلی کوچولو زیر برف، خودش را مثل یک توپ گرم جمع کرده بود.

Billee remua la queue et lécha le visage de Buck pour le saluer.

بیلی دمش را تکان داد و صورت باک را لیسید تا به او سلام کند.

Buck a vu comment Billee avait fabriqué un endroit pour dormir dans la neige.

باک دید که بیلی چطور توی برف‌ها جای خواب درست کرده بود.

Il avait creusé et utilisé sa propre chaleur pour rester au chaud.

او زمین را کنده بود و از گرمای خودش برای گرم ماندن استفاده می‌کرد.

Buck avait appris une autre leçon : c'est ainsi que les chiens dormaient.

باک درس دیگری هم آموخته بود ـ سگ‌ها این‌طور می‌خوابیدند.

Il a choisi un endroit et a commencé à creuser son propre trou dans la neige.

او جایی را انتخاب کرد و شروع به کندن گودالی در برف کرد.

Au début, il bougeait trop et gaspillait de l'énergie.

اولش، خیلی زیاد این‌ور و آن‌ور می‌رفت و انرژی‌اش را هدر می‌داد.

Mais bientôt son corps réchauffa l'espace et il se sentit en sécurité.

اما خیلی زود بدنش فضا را گرم کرد و احساس امنیت کرد.

Il se recroquevilla étroitement et, peu de temps après, il s'endormit profondément.

او محکم در خودش جمع شد و خیلی زود به خواب عمیقی فرو رفت.

La journée avait été longue et dure, et Buck était épuisé.

روز طولانی و سختی بود و باک خسته بود.

Il dormait profondément et confortablement, même si ses rêves étaient fous.

او عمیق و راحت خوابید، هرچند رویاهایش دیوانه‌وار بودند.

Il grognait et aboyait dans son sommeil, se tordant pendant qu'il rêvait.

او در خواب غرغر می‌کرد و پارس می‌کرد و در خواب به خود می‌پیچید.

Buck ne s'est réveillé que lorsque le camp était déjà en train de prendre vie.

باک تا زمانی که اردوگاه دوباره جان نگرفته بود، از خواب بیدار نشد.

Au début, il ne savait pas où il était ni ce qui s'était passé.

اولش نمی‌دانست کجاست و چه اتفاقی افتاده است.

La neige était tombée pendant la nuit et avait complètement enseveli son corps.

برف تمام شب باریده بود و جسد او را کاملاً دفن کرده بود.

La neige se pressait autour de lui, serrée de tous côtés.

برف از هر طرف، دور تا دورش را گرفته بود و به او فشار می‌آورد.

Soudain, une vague de peur traversa tout le corps de Buck.

ناگهان موجی از ترس تمام وجود باک را فرا گرفت.

C'était la peur d'être piégé, une peur venue d'instincts profonds.

ترس از به دام افتادن بود، ترسی برخاسته از غرایز عمیق.

Bien qu'il n'ait jamais vu de piège, la peur vivait en lui.

اگرچه او هرگز تله‌ای ندیده بود، اما ترس در درونش زنده بود.

C'était un chien apprivoisé, mais maintenant ses vieux instincts sauvages se réveillaient.

او سگی رام بود، اما حالا غرایز وحشی قدیمی‌اش بیدار شده بودند.

Les muscles de Buck se tendirent et sa fourrure se dressa sur tout son dos.

عضلات باک منقبض شدند و خزهایش تمام پشتش سیخ شد.

Il grogna férocement et bondit droit dans la neige.

او با خشم غرید و مستقیماً از میان برف‌ها بالا پرید.

La neige volait dans toutes les directions alors qu'il faisait irruption dans la lumière du jour.

وقتی او به روشنایی روز رسید، برف از هر طرف به هوا برخاست.

Avant même d'atterrir, Buck vit le camp s'étendre devant lui.

باک حتی قبل از فرود آمدن، اردوگاه را دید که پیش رویش گسترده شده بود.

Il se souvenait de tout ce qui s'était passé la veille, d'un seul coup.

او همه چیز را از روز قبل، همه و همه را یکجا به یاد آورد.

Il se souvenait d'avoir flâné avec Manuel et d'avoir fini à cet endroit.

او قدم زدن با مانوئل و رسیدن به این مکان را به یاد آورد.

Il se souvenait avoir creusé le trou et s'être endormi dans le froid.

یادش آمد که گودال را کنده و در سرما خوابش برده است.

Maintenant, il était réveillé et le monde sauvage qui l'entourait était clair.

حالا او بیدار شده بود و دنیای وحشی اطرافش برایش واضح بود.

Un cri de François salua l'apparition soudaine de Buck.

فریادی از فرانسوا، ظهور ناگهانی باک را اعلام کرد.

« Qu'est-ce que j'ai dit ? » cria le conducteur du chien à Perrault.

«سگبان با صدای بلند به پرو فریاد زد: من چی گفتم؟»

« Ce Buck apprend vraiment très vite », a ajouté François.

فرانسوا اضافه کرد: «اون باک مطمئناً خیلی سریع یاد می‌گیره.»

Perrault hocha gravement la tête, visiblement satisfait du résultat.

پرو با جدیت سر تکان داد، مشخص بود که از نتیجه راضی است.

En tant que courrier pour le gouvernement canadien, il transportait des dépêches.

او به عنوان پیک دولت کانادا، نامه‌ها را حمل می‌کرد.

Il était impatient de trouver les meilleurs chiens pour son importante mission.

او مشتاق بود بهترین سگ‌ها را برای ماموریت مهمش پیدا کند.

Il se sentait particulièrement heureux maintenant que Buck faisait partie de l'équipe.

حالا که باک عضوی از تیم بود، احساس خوشحالی خاصی می‌کرد.

Trois autres huskies ont été ajoutés à l'équipe en une heure.

سه سگ هاسکی دیگر ظرف یک ساعت به تیم اضافه شدند.

Cela porte le nombre total de chiens dans l'équipe à neuf.

این تعداد کل سگ‌های تیم را به نه نفر رساند.

En quinze minutes, tous les chiens étaient dans leurs harnais.

ظرف پانزده دقیقه همه سگ‌ها قلاده‌هایشان را به گردن آویختند.

L'équipe de traîneaux remontait le sentier en direction du canyon de Dyea.

تیم سورتمه‌سواری در حال بالا رفتن از مسیر به سمت دینا کانیون بود.

Buck était heureux de partir, même si le travail à venir était difficile.

باک از رفتن خوشحال بود، هرچند کار پیش رو سخت بود.

Il s'est rendu compte qu'il ne détestait pas particulièrement le travail ou le froid.

او متوجه شد که از کار یا سرما به طور خاص بیزار نیست.

Il a été surpris par l'empressement qui a rempli toute l'équipe.

او از اشتیاقی که کل تیم را پر کرده بود، شگفت‌زده شد.

Encore plus surprenant fut le changement qui s'était produit chez Dave et Solleks.

حتی تعجب‌آورتر، تغییری بود که در دیو و سولکس ایجاد شده بود.

Ces deux chiens étaient complètement différents lorsqu'ils étaient attelés.

این دو سگ وقتی مهار شدند کاملاً متفاوت بودند.

Leur passivité et leur manque d'intérêt avaient complètement disparu.

انفعال و بی‌توجهی آنها کاملاً از بین رفته بود.

Ils étaient alertes et actifs, et désireux de bien faire leur travail.

آنها هوشیار و فعال بودند و مشتاق بودند که کارشان را به خوبی انجام دهند.

Ils s'irritaient violemment à tout ce qui pouvait provoquer un retard ou une confusion.

آنها از هر چیزی که باعث تأخیر یا سردرگمی می‌شد، به شدت عصبانی می‌شدند.

Le travail acharné sur les rênes était le centre de tout leur être.

کار سخت روی افسار، تمام وجودشان را در بر گرفته بود.

Tirer un traîneau semblait être la seule chose qu'ils appréciaient vraiment.

به نظر می‌رسید کشیدن سورتمه تنها چیزی بود که واقعاً از آن لذت می‌بردند.

Dave était à l'arrière du groupe, le plus proche du traîneau lui-même.

دیو در انتهای گروه، نزدیک‌ترین فاصله به خود سورتمه، بود۔

Buck a été placé devant Dave, et Solleks a dépassé Buck.

باک جلوی دیو قرار گرفت و سولکس از باک جلو زد۔

Le reste des chiens était aligné devant eux en file indienne.

بقیه سگ‌ها در یک ردیف جلوتر به دار آویخته شده بودند۔

La position de tête à l'avant était occupée par Spitz.

جایگاه رهبری در جلو توسط اسپیتز پر شد۔

Buck avait été placé entre Dave et Solleks pour l'instruction.

باک برای آموزش بین دیو و سولکس قرار داده شده بود۔

Il apprenait vite et ils étaient des professeurs fermes et compétents.

او خیلی زود یاد می‌گرفت و آنها معلم‌های قاطع و توانمندی بودند۔

Ils n'ont jamais permis à Buck de rester longtemps dans l'erreur.

آنها هرگز اجازه ندادند باک مدت زیادی در اشتباه بماند۔

Ils ont enseigné leurs leçons avec des dents acérées quand c'était nécessaire.

آنها در صورت نیاز با دندان‌های تیز درس‌هایشان را تدریس می‌کردند۔

Dave était juste et faisait preuve d'une sagesse calme et sérieuse.

دیو منصف بود و نوعی خردمندی آرام و جدی از خود نشان می‌داد۔

Il n'a jamais mordu Buck sans une bonne raison de le faire.

او هیچ‌وقت بدون دلیل موجه باک را گاز نمی‌گرفت۔

Mais il n'a jamais manqué de mordre lorsque Buck avait besoin d'être corrigé.

اما وقتی باک به اصلاح نیاز داشت، او هرگز از گاز گرفتن دست نکشید۔

Le fouet de François était toujours prêt et soutenait leur autorité.

شلاق فرانسوا همیشه آماده بود و از اقتدار آنها پشتیبانی می‌کرد۔

Buck a vite compris qu'il valait mieux obéir que riposter.

باک خیلی زود فهمید که اطاعت کردن بهتر از مقابله به مثل کردن است۔

Un jour, lors d'un court repos, Buck s'est emmêlé dans les rênes.

یک بار، در طول یک استراحت کوتاه، باک در افسار اسب گیر کرد۔

Il a retardé le départ et a perturbé le mouvement de l'équipe.

او شروع را به تأخير انداخت و حرکت تیم را گیج کرد.

Dave et Solleks se sont jetés sur lui et lui ont donné une raclée.

دیو و سولکس به سمتش حمله کردند و حسابی کتکش زدند.

L'enchevêtrement n'a fait qu'empirer, mais Buck a bien appris sa leçon.

گره فقط بدتر شد، اما باک درسش را خوب یاد گرفت.

Dès lors, il garda les rênes tendues et travailla avec soin.

از آن به بعد، افسار را محکم نگه داشت و با دقت کار کرد.

Avant la fin de la journée, Buck avait maîtrisé une grande partie de sa tâche.

قبل از پایان روز، باک بخش زیادی از کارش را انجام داده بود.

Ses coéquipiers ont presque arrêté de le corriger ou de le mordre.

همتیمی‌هایش تقریباً دیگر او را سرزنش یا سرزنش نمی‌کردند.

Le fouet de François claquait de moins en moins souvent dans l'air.

صدای شلاق فرانسوا کمتر و کمتر در هوا شنیده می‌شد.

Perrault a même soulevé les pieds de Buck et a soigneusement examiné chaque patte.

پرو حتی پاهای باک را بلند کرد و با دقت هر پنجه را بررسی کرد.

Cela avait été une journée de course difficile, longue et épuisante pour eux tous.

دویدن روز سختی بود، برای همه آنها طولانی و طاقت فرسا.

Ils remontèrent le Cañon, traversèrent Sheep Camp et passèrent devant les Scales.

آنها از طریق کانیون، از میان کمپ گوسفندان و از کنار فلس‌ها عبور کردند.

Ils ont traversé la limite des forêts, puis des glaciers et des congères de plusieurs mètres de profondeur.

آنها از مرز درختان جنگلی، سپس یخچال‌های طبیعی و توده‌های برفی به عمق چندین فوت عبور کردند.

Ils ont escaladé la grande et froide chaîne de montagnes Chilkoot Divide.

آنها از تنگه‌ی بزرگ و سرد و صعب‌العبور چیلکوت بالا رفتند.

Cette haute crête se dressait entre l'eau salée et l'intérieur gelé.

آن پشته بلند بین آب شور و قسمت داخلی یخزده قرار داشت.

Les montagnes protégeaient le Nord triste et solitaire avec de la glace et des montées abruptes.

کوه‌ها با یخ و سربالایی‌های تند، از شمال غمگین و تنها محافظت می‌کردند.

Ils ont parcouru à bon rythme une longue chaîne de lacs en aval de la ligne de partage des eaux.

آنها در امتداد زنجیره‌ای طولانی از دریاچه‌ها، پایین‌تر از مرز، اوقات خوشی را سپری کردند.

Ces lacs remplissaient les anciens cratères de volcans éteints.

آن دریاچه‌ها دهانه‌های باستانی آتشفشان‌های خاموش را پر می‌کردند.

Tard dans la nuit, ils atteignirent un grand camp au bord du lac Bennett.

اواخر آن شب، آنها به اردوگاه بزرگی در دریاچه بنت رسیدند.

Des milliers de chercheurs d'or étaient là, construisant des bateaux pour le printemps.

هزاران جوینده طلا آنجا بودند و برای بهار قایق می‌ساختند.

La glace allait bientôt se briser et ils devaient être prêts.

یخ به زودی آب می‌شد و آنها باید آماده می‌بودند.

Buck creusa son trou dans la neige et tomba dans un profond sommeil.

باک سوراخش را در برف کند و به خواب عمیقی فرو رفت.

Il dormait comme un ouvrier, épuisé par une dure journée de travail.

او مانند یک کارگر، خسته از یک روز سخت و طاقت‌فرسا، به خواب رفت.

Mais trop tôt dans l'obscurité, il fut tiré de son sommeil.

اما خیلی زود، در تاریکی، او را از خواب بیدار کردند.

Il fut à nouveau attelé avec ses compagnons et attaché au traîneau.

او دوباره به همراه دوستانش مهار شد و به سورتمه وصل شد.

Ce jour-là, ils ont parcouru quarante milles, car la neige était bien battue.

آن روز آنها چهل مایل پیشروی کردند، زیرا برف به خوبی زیر پا گذاشته شده بود.

Le lendemain, et pendant plusieurs jours après, la neige était molle.

روز بعد، و تا چند روز بعد، برف نرم بود.

Ils ont dû faire le chemin eux-mêmes, en travaillant plus dur et en avançant plus lentement.

آنها مجبور بودند خودشان مسیر را بسازند، سخت‌تر کار کنند و آهسته‌تر حرکت کنند.

Habituellement, Perrault marchait devant l'équipe avec des raquettes palmées.

معمولاً، پرو با کفش‌های برفی پرده‌دار جلوتر از تیم حرکت می‌کرد.

Ses pas ont compacté la neige, facilitant ainsi le déplacement du traîneau.

قدم‌هایش برف را فشرده می‌کرد و حرکت سورتمه را آسان‌تر می‌کرد.

François, qui dirigeait depuis le mât, prenait parfois le relais.

فرانسوا، که از روی دکل هدایت می‌کرد، گاهی اوقات سکان را به دست می‌گرفت.

Mais il était rare que François prenne les devants

اما به ندرت پیش می‌آمد که فرانسوا رهبری را به دست بگیرد

parce que Perrault était pressé de livrer les lettres et les colis.

زیرا پرو برای رساندن نامه‌ها و بسته‌ها عجله داشت.

Perrault était fier de sa connaissance de la neige, et surtout de la glace.

پرو به دانش خود در مورد برف و به خصوص یخ افتخار می‌کرد.

Cette connaissance était essentielle, car la glace d'automne était dangereusement mince.

این دانش ضروری بود، زیرا یخ پاییزی به طرز خطرناکی نازک بود.

Là où l'eau coulait rapidement sous la surface, il n'y avait pas du tout de glace.

جایی که آب به سرعت در زیر سطح جریان داشت، اصلاً یخی وجود نداشت.

Jour après jour, la même routine se répétait sans fin.

روز به روز، همان روال همیشگی و بی‌پایان تکرار می‌شد.

Buck travaillait sans relâche sur les rênes, de l'aube jusqu'à la nuit.

باک از سپیده دم تا شب بی‌وقفه افسار را در دست داشت و زحمت می‌کشید.

Ils quittèrent le camp dans l'obscurité, bien avant le lever du soleil.

آنها در تاریکی، مدت‌ها قبل از طلوع خورشید، اردوگاه را ترک کردند.

Au moment où le jour se leva, ils avaient déjà parcouru de nombreux kilomètres.

وقتی هوا روشن شد، کیلومترها از آنها عقب مانده بود.

Ils ont installé leur campement après la tombée de la nuit, mangeant du poisson et creusant dans la neige.

آنها بعد از تاریکی هوا اردو زدند، ماهی خوردند و در برف‌ها نقب زدند.

Buck avait toujours faim et n'était jamais vraiment satisfait de sa ration.

باک همیشه گرسنه بود و هیچ‌وقت واقعاً از جیره‌اش راضی نبود.

Il recevait une livre et demie de saumon séché chaque jour.

او هر روز یک و نیم پوند ماهی سالمون خشک دریافت می‌کرد.

Mais la nourriture semblait disparaître en lui, laissant la faim derrière elle.

اما به نظر می‌رسید غذا در درونش ناپدید شده و گرسنگی را پشت سر گذاشته است.

Il souffrait constamment de la faim et rêvait de plus de nourriture.

او از گرسنگی مداوم رنج می‌برد و رویای غذای بیشتر را در سر می‌پروراند.

Les autres chiens n'ont pris qu'une livre, mais ils sont restés forts.

سگ‌های دیگر فقط یک پوند غذا دریافت کردند، اما قوی ماندند.

Ils étaient plus petits et étaient nés dans le mode de vie du Nord.

آنها کوچک‌تر بودند و در زندگی شمالی متولد شده بودند.

Il perdit rapidement la méticulosité qui avait marqué son ancienne vie.

او به سرعت آن وسواس و دقتی را که در زندگی گذشته‌اش داشت، از دست داد.

Il avait été un mangeur délicat, mais maintenant ce n'était plus possible.

او قبلاً غذاهای لذیذ می‌خورد، اما حالا دیگر این امکان برایش وجود نداشت.

Ses camarades ont terminé premiers et lui ont volé sa ration inachevée.

رفقایش زودتر از بقیه تمام کردند و جیره ناتمامش را دزدیدند.

Une fois qu'ils ont commencé, il n'y avait aucun moyen de défendre sa nourriture contre eux.

وقتی شروع کردند، دیگر هیچ راهی برای دفاع از غذایش در برابرشان وجود نداشت.

Pendant qu'il combattait deux ou trois chiens, les autres volaient le reste.

در حالی که او با دو یا سه سگ درگیر بود، بقیه سگ‌ها بقیه را دزدیدند.

Pour résoudre ce problème, il a commencé à manger aussi vite que les autres.

برای رفع این مشکل، او شروع کرد به همان سرعتی که بقیه غذا می‌خوردند.

La faim le poussait tellement qu'il prenait même de la nourriture qui n'était pas la sienne.

گرسنگی آنقدر به او فشار آورد که حتی غذایی غیر از غذای خودش را هم خورد.

Il observait les autres et apprenait rapidement de leurs actions.

او دیگران را تماشا می‌کرد و به سرعت از اعمال آنها درس می‌گرفت.

Il a vu Pike, un nouveau chien, voler une tranche de bacon à Perrault.

او پایک، سگ جدید، را دید که یک تکه بیکن از پرو دزدید.

Pike avait attendu que Perrault ait le dos tourné pour voler le bacon.

پایک صبر کرده بود تا پرالت پشتش را به او کند و بعد بیکن را بدزدد.

Le lendemain, Buck a copié Pike et a volé tout le morceau.

روز بعد، باک از روی پایک کپی کرد و کل آن تکه را دزدید.

Un grand tumulte s'ensuivit, mais Buck ne fut pas suspecté.

غوغای بزرگی به پا شد، اما کسی به باک مظنون نشد.

Dub, un chien maladroit qui se faisait toujours prendre, a été puni à la place.

داب، سگ دست و پا چلفتی که همیشه گیر می‌افتاد، به جای او تنبیه شد.

Ce premier vol a fait de Buck un chien apte à survivre dans le Nord.

آن اولین دزدی، باک را به عنوان سگی مناسب برای زنده ماندن در شمال معرفی کرد.

Il a montré qu'il pouvait s'adapter à de nouvelles conditions et apprendre rapidement.

او نشان داد که می‌تواند به سرعت با شرایط جدید سازگار شود و یاد بگیرد.

Sans une telle adaptabilité, il serait mort rapidement et gravement.

بدون چنین سازگاری، او به سرعت و به طرز بدی می‌مرد.

Cela a également marqué l'effondrement de sa nature morale et de ses valeurs passées.

همچنین نشانگر فروپاشی طبیعت اخلاقی و ارزش‌های گذشته او بود.

Dans le Southland, il avait vécu sous la loi de l'amour et de la bonté.

در سرزمین جنوبی، او تحت قانون عشق و مهربانی زندگی کرده بود.

Là, il était logique de respecter la propriété et les sentiments des autres chiens.

در آنجا احترام به مالکیت و احساسات سگ‌های دیگر منطقی بود.

Mais le Northland suivait la loi du gourdin et la loi du croc.

اما سرزمین شمالی از قانون چماق و قانون نیش پیروی می‌کرد.

Quiconque respectait les anciennes valeurs ici était stupide et échouerait.

هر کسی که اینجا به ارزش‌های قدیمی احترام می‌گذاشت، احمق بود و شکست می‌خورد.

Buck n'a pas réfléchi à tout cela dans son esprit.

باک همه اینها را در ذهنش استدلال نکرد.

Il était en forme et s'est donc adapté sans avoir besoin de réfléchir.

او سرحال بود، و بنابراین بدون نیاز به فکر کردن، خودش را وفق داد.

De toute sa vie, il n'avait jamais fui un combat.

در تمام عمرش، هرگز از مبارزه فرار نکرده بود.

Mais la massue en bois de l'homme au pull rouge a changé cette règle.

اما چماق چوبی مرد ژاکت قرمزپوش این قانون را تغییر داد.

Il suivait désormais un code plus profond et plus ancien, inscrit dans son être.

حالا او از یک قانون قدیمی‌تر و عمیق‌تر که در وجودش نوشته شده بود، پیروی می‌کرد.

Il ne volait pas par plaisir, mais par faim.

او از روی لذت دزدی نمی‌کرد، بلکه از درد گرسنگی دزدی می‌کرد.

Il n'a jamais volé ouvertement, mais il a volé avec ruse et prudence.

او هرگز آشکارا دزدی نمی‌کرد، بلکه با زیرکی و دقت دزدی می‌کرد.

Il a agi par respect pour la massue en bois et par peur du croc.

او از روی احترام به چماق چوبی و ترس از نیش عمل کرد.

En bref, il a fait ce qui était plus facile et plus sûr que de ne pas le faire.

خلاصه اینکه، او کاری را انجام داد که آسان‌تر و ایمن‌تر از انجام ندادنش بود.

Son développement – ou peut-être son retour à ses anciens instincts – fut rapide.

پیشرفت او - یا شاید بازگشتش به غرایز قدیمی - سریع بود.

Ses muscles se durcirent jusqu'à devenir aussi forts que du fer.

عضلاتش آنقدر سفت شدند که انگار مثل آهن محکم شده بودند.

Il ne se souciait plus de la douleur, à moins qu'elle ne soit grave.

او دیگر به درد اهمیتی نمی‌داد، مگر اینکه خیلی جدی بود.

Il est devenu efficace à l'intérieur comme à l'extérieur, ne gaspillant rien du tout.

او از درون و بیرون کارآمد شد و هیچ چیز را هدر نداد.

Il pouvait manger des choses viles, pourries ou difficiles à digérer.

او می‌توانست چیزهایی را بخورد که بد، فاسد یا هضمشان سخت بود.

Quoi qu'il mange, son estomac utilisait jusqu'au dernier morceau de valeur.

هر چه می‌خورد، معده‌اش تا آخرین ذره‌ی ارزشش را مصرف می‌کرد.

Son sang transportait les nutriments loin dans son corps puissant.

خون او مواد مغذی را در بدن قدرتمندش به دوردست‌ها منتقل می‌کرد.

Cela a créé des tissus solides qui lui ont donné une endurance incroyable.

این باعث ایجاد بافت‌های قوی شد که به او استقامت باورنکردنی بخشید.

Sa vue et son odorat sont devenus beaucoup plus sensibles qu'avant.

حس بینایی و بویایی او بسیار حساس‌تر از قبل شد.

Son ouïe est devenue si fine qu'il pouvait détecter des sons faibles pendant son sommeil.

شنوایی او آنقدر تیز شد که می‌توانست صداهای ضعیف را در خواب تشخیص دهد.

Il savait dans ses rêves si les sons signifiaient sécurité ou danger.

او در خواب‌هایش می‌دانست که آیا صداها به معنای امنیت هستند یا خطر.

Il a appris à mordre la glace entre ses orteils avec ses dents.

یاد گرفت که یخ بین انگشتان پایش را با دندان گاز بگیرد.

Si un point d'eau gelait, il brisait la glace avec ses jambes.

اگر جوی آب یخ می‌زد، او با پاهایش یخ را می‌شکست.

Il se cabra et frappa violemment la glace avec ses membres antérieurs raides.

او دوباره بلند شد و با پاهای جلویی سفتش محکم به یخ کوبید.

Sa capacité la plus frappante était de prédire les changements de vent pendant la nuit.

قابل توجه‌ترین توانایی او پیش‌بینی تغییرات باد در طول شب بود.

Même lorsque l'air était calme, il choisissait des endroits abrités du vent.

حتی وقتی هوا آرام بود، او نقاطی را انتخاب می‌کرد که از باد در امان باشند.

Partout où il creusait son nid, le vent du lendemain le passait à côté de lui.

هر جا که لانه‌اش را حفر می‌کرد، باد روز بعد از کنارش می‌گذشت.

Il finissait toujours par se blottir et se protéger, sous le vent.

او همیشه در نهایت دنج و محفوظ، و در پناه نسیم خنک، می‌ماند.

Buck n'a pas seulement appris par l'expérience : son instinct est également revenu.

باک نه تنها از طریق تجربه یاد گرفت، بلکه غرایزش نیز بازگشتند.

Les habitudes des générations domestiquées ont commencé à disparaître.

عادات نسل‌های اهلی‌شده شروع به از بین رفتن کرد.

De manière vague, il se souvenait des temps anciens de sa race.

او به شیوه‌های مبهمی دوران باستان نژاد خود را به یاد می‌آورد.

Il repensa à l'époque où les chiens sauvages couraient en meute dans les forêts.

او به زمانی فکر کرد که سگ‌های وحشی دسته‌جمعی در جنگل‌ها می‌دویدند.

Ils avaient poursuivi et tué leur proie en la poursuivant.

آنها طعمه خود را تعقیب کرده و هنگام دویدن کشته بودند.

Il était facile pour Buck d'apprendre à se battre avec force et rapidité.

برای باک آسانُ بود که یاد بگیرد چگونه با چنگ و دندان و سرعت بجنگد.

Il utilisait des coupures, des entailles et des coups rapides, tout comme ses ancêtres.

او درست مانند اجدادش از بریدن، بریدن‌های ناگهانی و ضربات سریع استفاده می‌کرد.

Ces ancêtres se sont réveillés en lui et ont réveillé sa nature sauvage.

آن اجداد در درون او به جنبش درآمدند و طبیعت وحشی او را بیدار کردند.

Leurs anciennes compétences lui avaient été transmises par le sang.

مهارت‌های قدیمی آنها از طریق نسل به او منتقل شده بود.

Leurs tours étaient désormais à lui, sans besoin de pratique ni d'effort.

ترفندهای آنها حالا مال او بود، بدون نیاز به تمرین یا تلاش.

Lors des nuits calmes et froides, Buck levait le nez et hurlait.

در شب‌های سرد و بی‌حرکت، باک بینی‌اش را بالا می‌گرفت و زوزه می‌کشید.

Il hurla longuement et profondément, comme le faisaient les loups autrefois.

او زوزه‌های طولانی و عمیقی کشید، همان‌طور که گرگ‌ها مدت‌ها پیش زوزه می‌کشیدند.

À travers lui, ses ancêtres morts pointaient leur nez et hurlaient.

اجداد مردهاش از طریق او بینی‌هایشان را به سمتش نشانه گرفتند و زوزه کشیدند.

Ils ont hurlé à travers les siècles avec sa voix et sa forme.

آنها در طول قرن‌ها با صدا و شکل او زوزه می‌کشیدند.

Ses cadences étaient les leurs, de vieux cris qui parlaient de chagrin et de froid.

آهنگ صدایش، صدای خودشان بود، فریادهای قدیمی که از غم و سرما حکایت می‌کردند.

Ils chantaient l'obscurité, la faim et le sens de l'hiver.

آنها از تاریکی، از گرسنگی و معنای زمستان آواز خواندند.

Buck a prouvé que la vie est façonnée par des forces qui nous dépassent.

باک ثابت کرد که چگونه زندگی توسط نیروهایی فراتر از خود شکل می‌گیرد،

L'ancienne chanson s'éleva à travers Buck et s'empara de son âme.

آن آهنگ باستانی در وجود باک طنین انداخت و روحش را تسخیر کرد.

Il s'est retrouvé parce que les hommes avaient trouvé de l'or dans le Nord.

او خودش را پیدا کرد، چون مردانی در شمال طلا پیدا کرده بودند.

Et il s'est retrouvé parce que Manuel, l'aide du jardinier, avait besoin d'argent.

و خودش را پیدا کرد چون مانوئل، دستیار باغبان، به پول نیاز داشت.

*La Bête Primordiale Dominante
جانور غالب اولیه *

La bête primordiale dominante était aussi forte que jamais en Buck.

هیولای ازلی غالب، در وجود باک، مثل همیشه قوی بود۔

Mais la bête primordiale dominante sommeillait en lui.

اما آن هیولای ازلی غالب، در او خفته بود۔

La vie sur le sentier était dure, mais elle renforçait la bête qui sommeillait en Buck.

زندگی در مسیر های کوهستانی سخت بود، اما هیولای درون باک را تقویت می‌کرد۔

Secrètement, la bête devenait de plus en plus forte chaque jour.

مخفیانه، آن هیولا هر روز قوی‌تر و قوی‌تر می‌شد۔

Mais cette croissance intérieure est restée cachée au monde extérieur.

اما آن رشد درونی از دید دنیای بیرون پنهان ماند۔

Une force primordiale, calme et tranquille, se construisait à l'intérieur de Buck.

یک نیروی اولیه‌ی آرام و بی‌صدا در درون باک دز حال شکل‌گیری بود۔

Une nouvelle ruse a donné à Buck l'équilibre, le calme, le contrôle et l'équilibre.

حیله‌گری جدید به باک تعادل، آرامش و کنترل وقار بخشید۔

Buck s'est concentré sur son adaptation, sans jamais se sentir complètement détendu.

باک سخت روی سازگاری تمرکز کرد، و هرگز احساس آرامش کامل نکرد۔

Il évitait les conflits, ne déclenchait jamais de bagarres et ne cherchait jamais les ennuis.

او از درگیری اجتناب می‌کرد، هرگز دعوا راه نمی‌انداخت و دنبال دردسر هم نمی‌گشت۔

Une réflexion lente et constante façonnait chaque mouvement de Buck.

اندیشه‌ای آرام و پیوسته، هر حرکت باک را شکل می‌داد۔

Il évitait les choix irréfléchis et les décisions soudaines et imprudentes.

از انتخاب‌های عجولانه و تصمیمات ناگهانی و نسنجیده پرهیز می‌کرد.

Bien que Buck détestait profondément Spitz, il ne lui montrait aucune agressivité.

اگرچه باک عمیقاً از اسپیتز متنفر بود، اما هیچ پرخاشگری به او نشان نداد.

Buck n'a jamais provoqué Spitz et a gardé ses actions contenues.

باک هرگز اسپیتز را تحریک نکرد و اعمالش را مهار کرد.

Spitz, de son côté, sentait le danger grandissant chez Buck.

از طرف دیگر، اسپیتز خطر رو به رشدی را در باک حس کرد.

Il considérait Buck comme une menace et un sérieux défi à son pouvoir.

او باک را تهدیدی و چالشی جدی برای قدرت خود می دید.

Il profitait de chaque occasion pour grogner et montrer ses dents acérées.

او از هر فرصتی برای غریدن و نشان دادن دندان‌های تیزش استفاده می‌کرد.

Il essayait de déclencher le combat mortel qui devait avoir lieu.

او سعی داشت نبرد مرگباری را که قرار بود اتفاق بیفتد، آغاز کند.

Au début du voyage, une bagarre a failli éclater entre eux.

در اوایل سفر، نزدیک بود بین آنها دعوایی در بگیرد.

Mais un accident inattendu a empêché le combat d'avoir lieu.

اما یک حادثه غیرمنتظره مانع از وقوع این مبارزه شد.

Ce soir-là, ils installèrent leur campement sur le lac Le Barge, extrêmement froid.

آن شب آنها در کنار دریاچه بسیار سرد لو بارج اردو زدند.

La neige tombait fort et le vent soufflait comme un couteau.

برف شدیدی می‌بارید و باد مثل چاقو همه جا را می‌برید.

La nuit était venue trop vite et l'obscurité les entourait.

شب خیلی سریع از راه رسیده بود و تاریکی آنها را احاطه کرده بود.

Ils n'auraient pas pu choisir un pire endroit pour se reposer.

آنها به سختی می‌توانستند جای بدتری را برای استراحت انتخاب کنند.

Les chiens cherchaient désespérément un endroit où se coucher.

سگ‌ها با ناامیدی دنبال جایی برای دراز کشیدن می‌گشتند.

Un haut mur de roche s'élevait abruptement derrière le petit groupe.

یک دیوار صخره‌ای بلند با شیب تندی پشت سر گروه کوچک قد علم کرده بود.

La tente avait été laissée à Dyea pour alléger la charge.

باقی مانده بود (Dyea) چادر برای سبک‌تر شدن بار، در دایه.

Ils n'avaient pas d'autre choix que d'allumer le feu sur la glace elle-même.

آنها چاره‌ای جز روشن کردن آتش روی خود یخ نداشتند.

Ils étendent leurs robes de nuit directement sur le lac gelé.

آنها لباس خواب خود را مستقیماً روی دریاچه یخ زده پهن کردند.

Quelques bâtons de bois flotté leur ont donné un peu de feu.

چند تکه چوب آب آورده کمی آتش به آنها می‌داد.

Mais le feu s'est allumé sur la glace et a fondu à travers elle.

اما آتش روی یخ برپا شده بود و از میان آن آب می‌شد.

Finalement, ils mangeaient leur dîner dans l'obscurité.

سرانجام آنها شام خود را در تاریکی خوردند.

Buck s'est recroquevillé près du rocher, à l'abri du vent froid.

باک کنار صخره چمباتمه زد، پناه گرفته از باد سرد.

L'endroit était si chaud et sûr que Buck détestait déménager.

آن مکان آنقدر گرم و امن بود که باک از رفتن به آنجا بیزار بود.

Mais François avait réchauffé le poisson et distribuait les rations.

اما فرانسوا ماهی‌ها را گرم کرده بود و داشت جیره غذایی پخش می‌کرد.

Buck finit de manger rapidement et retourna dans son lit.

باک سریع غذایش را تمام کرد و به رختخوابش برگشت.

Mais Spitz était maintenant allongé là où Buck avait fait son lit.

اما اسپیتز حالا جایی که باک تختش را پهن کرده بود، دراز کشیده بود.

Un grognement sourd avertit Buck que Spitz refusait de bouger.

غرشی آرام به باک هشدار داد که اسپیتز از حرکت خودداری می‌کند.

Jusqu'à présent, Buck avait évité ce combat avec Spitz.

تا این لحظه، باک از این مبارزه با اسپیتز اجتناب کرده بود.

Mais au plus profond de Buck, la bête s'est finalement libérée.

اما در اعماق وجود باک، هیولا بالاخره آزاد شد.

Le vol de son lieu de couchage était trop difficile à tolérer.

دزدیده شدن محل خوابش غیرقابل تحمل بود.

Buck se lança sur Spitz, plein de colère et de rage.

باک، پر از خشم و غضب، خودش را به سمت اسپیتز پرتاب کرد.

Jusqu'à présent, Spitz pensait que Buck n'était qu'un gros chien.

تا همین اواخر، اسپیتز فکر نمی‌کرد باک فقط یک سگ بزرگ است.

Il ne pensait pas que Buck avait survécu grâce à son esprit.

او فکر نمی‌کرد که باک به لطف روح او زنده مانده باشد.

Il s'attendait à la peur et à la lâcheté, pas à la fureur et à la vengeance.

او انتظار ترس و بزدلی داشت، نه خشم و انتقام.

François regarda les deux chiens sortir du nid en ruine.

فرانسوا خیره شد به هر دو سگ که از لانه‌ی ویران بیرون پریدند.

Il comprit immédiatement ce qui avait déclenché cette lutte sauvage.

او فوراً فهمید که چه چیزی باعث شروع آن کشمکش وحشیانه شده است.

« Aa-ah ! » s'écria François en soutien au chien brun.

فرانسوا در حمایت از سگ قهوه‌ای فریاد زد: «آآآه.»

« Frappez-le ! Par Dieu, punissez ce voleur sournois ! »

«کتکش بزن»تو رو خدا، اون دزد موذی رو مجازات کن ـ.»

Spitz a montré une volonté égale et une impatience folle de se battre.

اسپیتز به همان اندازه آمادگی و اشتیاق وحشی برای جنگیدن نشان داد.

Il cria de rage tout en tournant rapidement en rond, cherchant une ouverture.

او در حالی که به سرعت دور خود می‌چرخید و به دنبال روزنه می‌گشت، از خشم فریاد زد.

Buck a montré la même soif de combat et la même prudence.

باک همان عطش مبارزه و همان احتیاط را نشان داد.

Il a également encerclé son adversaire, essayant de prendre le dessus dans la bataille.

او حریفش را نیز دور خود حلقه زد و سعی کرد در نبرد دست بالا را داشته باشد.

Puis quelque chose d'inattendu s'est produit et a tout changé.

سپس اتفاقی غیرمنتظره رخ داد و همه چیز را تغییر داد.

Ce moment a retardé l'éventuelle lutte pour le leadership.

آن لحظه، مبارزه نهایی برای رهبری را به تأخیر انداخت.

De nombreux kilomètres de piste et de lutte attendaient encore avant la fin.

هنوز کیلومترها راه و سختی در انتظار پایان بود.

Perrault cria un juron tandis qu'une massue frappait un os.

پرو فریاد زد و فحش داد، در حالی که باتومی به استخوانش خورد.

Un cri aigu de douleur suivit, puis le chaos explosa tout autour.

نالهی تیزی از درد به گوش رسید، سپس هرج و مرج همه جا را فرا گرفت.

Des formes sombres se déplaçaient dans le camp ; des huskies sauvages, affamés et féroces.

موجوداتی تاریک در اردوگاه حرکت میکردند؛ هاسکیهای وحشی، گرسنه و درنده.

Quatre ou cinq douzaines de huskies avaient reniflé le camp de loin.

چهار یا پنج دوجین سگ هاسکی از دور، اردوگاه را بو کشیده بودند.

Ils s'étaient glissés discrètement pendant que les deux chiens se battaient à proximité.

آنها یواشکی وارد شده بودند در حالی که دو سگ در همان نزدیکی مشغول دعوا بودند.

François et Perrault chargèrent en brandissant des massues sur les envahisseurs.

فرانسوا و پرو با چماق به سمت مهاجمان حمله کردند.

Les huskies affamés ont montré les dents et ont riposté avec frénésie.

هاسکیهای گرسنه دندانهایشان را نشان دادند و دیوانهوار جنگیدند.

L'odeur de la viande et du pain les avait chassés de toute peur.

بوی گوشت و نان آنها را از هر ترسی رها کرده بود.

Perrault battait un chien qui avait enfoui sa tête dans la boîte à nourriture.

پرو سگی را که سرش را در ظرف غذا فرو کرده بود، کتک زد.

Le coup a été violent et la boîte s'est retournée, la nourriture s'est répandue.

ضربه محکمی خورد و جعبه واژگون شد و غذا بیرون ریخت.

En quelques secondes, une vingtaine de bêtes sauvages déchirèrent le pain et la viande.

در عرض چند ثانیه، ده‌ها حیوان وحشی نان و گوشت را پاره کردند.

Les gourdin masculins ont porté coup sur coup, mais aucun chien ne s'est détourné.

چماق‌های مردانه پشت سر هم فرود می‌آمدند، اما هیچ سگی رو برنمی‌گرداند.

Ils hurlaient de douleur, mais se battaient jusqu'à ce qu'il ne reste plus de nourriture.

آنها از درد زوزه می‌کشیدند، اما آنقدر جنگیدند تا دیگر غذایی باقی نماند.

Pendant ce temps, les chiens de traîneau avaient sauté de leurs lits enneigés.

در همین حال، سگ‌های سورتمه از تخت‌های برفی خود بیرون پریده بودند.

Ils ont été immédiatement attaqués par les huskies vicieux et affamés.

آنها فوراً مورد حمله هاسکی‌های گرسنه و وحشی قرار گرفتند.

Buck n'avait jamais vu de créatures aussi sauvages et affamées auparavant.

باک قبلاً هرگز چنین موجودات وحشی و گرسنه‌ای ندیده بود.

Leur peau pendait librement, cachant à peine leur squelette.

پوستشان شل و آویزان بود و به سختی اسکلتشان را پنهان می‌کرد.

Il y avait un feu dans leurs yeux, de faim et de folie

آتشی در چشمانشان بود، از گرسنگی و جنون

Il n'y avait aucun moyen de les arrêter, aucune résistance à leur ruée sauvage.

هیچ چیز جلودارشان نبود؛ هیچ مقاومتی در برابر هجوم وحشیانه‌شان وجود نداشت.

Les chiens de traîneau furent repoussés, pressés contre la paroi de la falaise.

سگ‌های سورتمه به عقب رانده شدند و به دیواره صخره فشرده شدند.

Trois huskies ont attaqué Buck en même temps, déchirant sa chair.

سه سگ هاسکی به یکباره به باک حمله کردند و گوشت بدنش را پاره پاره کردند.

Du sang coulait de sa tête et de ses épaules, là où il avait été coupé.

خون از سر و شانه‌هایش، جایی که بریده شده بود، جاری بود.

Le bruit remplissait le camp : grognements, cris et cris de douleur.

سر و صدا اردوگاه را پر کرد؛ غرش، زوزه و فریادهای درد.

Billee pleurait fort, comme d'habitude, prise dans la mêlée et la panique.

بیلی، مثل همیشه، در میان هیاهو و وحشت، با صدای بلند گریه می‌کرد.

Dave et Solleks se tenaient côte à côte, saignant mais provocants.

دیو و سولکس کنار هم ایستاده بودند، خون‌آلود اما جسور.

Joe s'est battu comme un démon, mordant tout ce qui s'approchait.

جو مثل یک دیو می‌جنگید و هر چیزی را که نزدیک می‌شد، گاز می‌گرفت.

Il a écrasé la jambe d'un husky d'un claquement brutal de ses mâchoires.

او با یک ضربه وحشیانه فکش، پای یک سگ هاسکی را له کرد.

Pike a sauté sur le husky blessé et lui a brisé le cou instantanément.

پایک روی هاسکی زخمی پرید و فوراً گردنش را شکست.

Buck a attrapé un husky par la gorge et lui a déchiré la veine.

باک گلوی یک سگ هاسکی را گرفت و رگش را پاره کرد.

Le sang gicla et le goût chaud poussa Buck dans une frénésie.

خون پاشیده شد و طعم گرم آن، باک را به جنون کشاند.

Il s'est jeté sur un autre agresseur sans hésitation.

او بدون هیچ تردیدی خودش را به سمت مهاجم دیگری پرتاب کرد.

Au même moment, des dents acérées s'enfoncèrent dans la gorge de Buck.

در همان لحظه، دندان‌های تیزی گلوی خود باک را فرو بردند.

Spitz avait frappé de côté, attaquant sans avertissement.

اسپیتز از پهلو حمله کرده بود و بدون هشدار حمله کرده بود.

Perrault et François avaient vaincu les chiens en volant la nourriture.

پرو و فرانسوا سگ‌هایی را که غذا می‌دزدیدند، شکست داده بودند.

Ils se sont alors précipités pour aider leurs chiens à repousser les attaquants.

حالا آنها برای کمک به سگ‌هایشان در مبارزه با مهاجمان شتافتند.

Les chiens affamés se retirèrent tandis que les hommes brandissaient leurs gourdins.

سگ‌های گرسنه عقب‌نشینی کردند، در حالی که مردان باتوم‌هایشان را به اهتزاز در می‌آوردند.

Buck s'est libéré de l'attaque, mais l'évasion a été brève.

باک از حمله جان سالم به در برد، اما فرارش کوتاه بود.

Les hommes ont couru pour sauver leurs chiens, et les huskies ont de nouveau afflué.

مردها برای نجات سگ‌هایشان دویدند و سگ‌های هاسکی دوباره هجوم آوردند.

Billee, effrayé et courageux, sauta dans la meute de chiens.

بیلی که از ترس شجاع شده بود، به میان گله سگ‌ها پرید.

Mais il s'est alors enfui sur la glace, saisi de terreur et de panique.

اما سپس او در وحشت و هراس شدید، از روی یخ فرار کرد.

Pike et Dub suivaient de près, courant pour sauver leur vie.

پایک و داب، برای نجات جانشان، با فاصله کمی از پشت سر آنها را دنبال می‌کردند.

Le reste de l'équipe s'est séparé et dispersé, les suivant.

بقیه‌ی اعضای تیم هم متفرق و پراکنده شدند و آنها را دنبال کردند.

Buck rassembla ses forces pour courir, mais vit alors un éclair.

باک تمام توانش را جمع کرد تا فرار کند، اما ناگهان برقی دید.

Spitz s'est jeté sur le côté de Buck, essayant de le faire tomber au sol.

اسپیتز به پهلوی باک حمله کرد و سعی داشت او را به زمین بیندازد.

Sous cette foule de huskies, Buck n'aurait eu aucune échappatoire.

باک زیر آن جمعیت سگ‌های هاسکی، راه فراری نداشت.

Mais Buck est resté ferme et s'est préparé au coup de Spitz.

اما باک محکم ایستاد و خود را برای ضربه اسپیتز آماده کرد.

Puis il s'est retourné et a couru sur la glace avec l'équipe en fuite.

سپس برگشت و به همراه تیم در حال فرار، روی یخ دوید.

Plus tard, les neuf chiens de traîneau se sont rassemblés à l'abri des bois.

کمی بعد، نه سگ سورتمه‌سوار در پناه جنگل جمع شدند.

Personne ne les poursuivait plus, mais ils étaient battus et blessés.

دیگر کسی آنها را تعقیب نکرد، اما آنها کتک خورده و زخمی بودند.

Chaque chien avait des blessures ; quatre ou cinq coupures profondes sur chaque corps.

هر سگ زخم‌هایی داشت؛ چهار یا پنج بریدگی عمیق روی بدن هر کدام.

Dub avait une patte arrière blessée et avait du mal à marcher maintenant.

داب پای عقبش آسیب دیده بود و حالا برای راه رفتن تقلا می‌کرد.

Dolly, le nouveau chien de Dyea, avait la gorge tranchée.

دالی، جدیدترین سگ دایه، گلویش بریده شده بود.

Joe avait perdu un œil et l'oreille de Billee était coupée en morceaux

جو یک چشمش را از دست داده بود و گوش بیلی تکه تکه شده بود

Tous les chiens ont crié de douleur et de défaite toute la nuit.

تمام سگ‌ها تمام شب از درد و شکست گریه می‌کردند.

À l'aube, ils retournèrent au camp, endoloris et brisés.

سپیده دم، زخمی و شکسته، یواشکی به اردوگاه بازگشتند.

Les huskies avaient disparu, mais le mal était fait.

سگ‌های هاسکی ناپدید شده بودند، اما خسارت وارد شده بود.

Perrault et François étaient de mauvaise humeur à cause de la ruine.

پرو و فرانسوا با عصبانیت بالای سر خرابه ایستاده بودند.

La moitié de la nourriture avait disparu, volée par les voleurs affamés.

نیمی از غذا تمام شده بود و دزدان گرسنه آن را ربوده بودند.

Les huskies avaient déchiré les fixations et la toile du traîneau.

سگ‌های هاسکی بندهای سورتمه و پارچه‌های برزنتی را پاره کرده بودند.

Tout ce qui avait une odeur de nourriture avait été complètement dévoré.

هر چیزی که بوی غذا می‌داد، کاملاً بلعیده شده بود.

Ils ont mangé une paire de bottes de voyage en peau d'élan de Perrault.

آنها یک جفت چکمه مسافرتی از پوست گوزن پرو را خوردند.

Ils ont mâché des reis en cuir et ruiné des sangles au point de les rendre inutilisables.

آنها ریس چرمی را می‌جویدند و تسمه‌ها را طوری خراب می‌کردند که دیگر قابل استفاده نبودند.

François cessa de fixer le fouet déchiré pour vérifier les chiens.

فرانسوا از خیره شدن به شلاق پاره شده دست کشید تا سگ‌ها را بررسی کند.

« Ah, mes amis », dit-il d'une voix basse et pleine d'inquiétude.

او با صدایی آرام و پر از نگرانی گفت» :آه، دوستان من.«

« Peut-être que toutes ces morsures vous transformeront en bêtes folles. »

شاید همه این گازها تو را به جانوران دیوانه تبدیل کند».«

« Peut-être que ce sont tous des chiens enragés, sacredam ! Qu'en penses-tu, Perrault ? »

شاید همه سگ‌های هار، خدای من».«نظرت چیه، پرو؟

Perrault secoua la tête, les yeux sombres d'inquiétude et de peur.

پرو، در حالی که چشمانش از نگرانی و ترس تیره شده بود، سرش را تکان داد.

Il y avait encore quatre cents milles entre eux et Dawson.

هنوز چهارصد مایل بین آنها و داوسون فاصله بود.

La folie canine pourrait désormais détruire toute chance de survie.

جنون سگ اکنون می‌تواند هرگونه شانس بقا را از بین ببرد.

Ils ont passé deux heures à jurer et à essayer de réparer le matériel.

آنها دو ساعت فحش دادند و سعی کردند تجهیزات را درست کنند.

L'équipe blessée a finalement quitté le camp, brisée et vaincue.

تیم زخمی سرانجام، شکسته و شکست خورده، اردوگاه را ترک کرد.

C'était le sentier le plus difficile jusqu'à présent, et chaque pas était douloureux.

این سخت‌ترین مسیر تا آن موقع بود، و هر قدم دردناک بود.

La rivière Thirty Mile n'était pas gelée et coulait à flots.

رودخانه سی مایلی یخ نزده بود و به طرز وحشیانه‌ای خروشان بود.

Ce n'est que dans les endroits calmes et les tourbillons que la glace parvenait à tenir.

تنها در نقاط آرام و گرداب‌های چرخان، یخ می‌توانست خود را حفظ کند.

Six jours de dur labeur se sont écoulés jusqu'à ce que les trente milles soient parcourus.

شش روز کار طاقت‌فرسا گذشت تا سی مایل طی شد.

Chaque kilomètre parcouru sur le sentier apportait du danger et une menace de mort.

هر مایل از مسیر، خطر و تهدید مرگ را به همراه داشت.

Les hommes et les chiens risquaient leur vie à chaque pas douloureux.

مردان و سگ‌ها با هر قدم دردناک، جان خود را به خطر می‌انداختند.

Perrault a franchi des ponts de glace minces à une douzaine de reprises.

پرو دوازده بار از پل‌های یخی نازک عبور کرد.

Il portait une perche et la laissait tomber sur le trou que son corps avait fait.

او چوبی را حمل کرد و آن را از روی سوراخی که بدنش ایجاد کرده بود، انداخت.

Plus d'une fois, ce poteau a sauvé Perrault de la noyade.

آن تیرک بیش از یک بار پرو را از غرق شدن نجات داد.

La vague de froid persistait, l'air était à cinquante degrés en dessous de zéro.

سرمای ناگهانی پابرجا بود، هوا پنجاه درجه زیر صفر بود.

Chaque fois qu'il tombait, Perrault devait allumer un feu pour survivre.

هر بار که در آب می‌افتاد، پرو مجبور بود برای زنده ماندن آتش روشن کند.

Les vêtements mouillés gelaient rapidement, alors il les séchait près d'une source de chaleur intense.

لباس‌های خیس سریع یخ می‌زدند، بنابراین او آنها را نزدیک به حرارت سوزان خشک کرد.

Aucune peur n'a jamais touché Perrault, et cela a fait de lui un courrier.

پرو هرگز ترسی نداشت و همین او را به یک پیک تبدیل کرد.

Il a été choisi pour le danger, et il l'a affronté avec une résolution tranquille.

او برای خطر انتخاب شده بود، و با عزمی راسخ با آن روبرو شد.

Il s'avança face au vent, son visage ratatiné et gelé.

او در حالی که صورت چروکیده‌اش از سرما یخ زده بود، به سمت باد هجوم آورد.

De l'aube naissante à la tombée de la nuit, Perrault les mena en avant.

از سپیده دم تا شامگاه، پرو آنها را به پیش راند.

Il marchait sur une étroite bordure de glace qui se fissurait à chaque pas.

او روی یخ‌های باریکی که با هر قدم ترک می‌خوردند، راه می‌رفت.

Ils n'osaient pas s'arrêter : chaque pause risquait de provoquer un effondrement mortel.

آنها جرات توقف نداشتند ـ هر مکثی خطر سقوط مرگباری را به همراه داشت.

Un jour, le traîneau s'est brisé, entraînant Dave et Buck à l'intérieur.

یک بار سورتمه از میان شکافت و دیو و باک را به داخل کشید.

Au moment où ils ont été libérés, tous deux étaient presque gelés.

زمانی که آنها را آزاد کردند، هر دو تقریباً یخ زده بودند.

Les hommes ont rapidement allumé un feu pour garder Buck et Dave en vie.

مردان به سرعت آتشی روشن کردند تا باک و دیو را زنده نگه دارند.

Les chiens étaient recouverts de glace du nez à la queue, raides comme du bois sculpté.

سگ‌ها از بینی تا دم با یخ پوشانده شده بودند، سفت و سخت مثل چوب کنده‌کاری شده.

Les hommes les faisaient courir en rond près du feu pour décongeler leurs corps.

مردها آنها را دور آتش می‌چرخاندند تا یخ بدنشان آب شود.

Ils se sont approchés si près des flammes que leur fourrure a été brûlée.

آنها آنقدر به شعله‌های آتش نزدیک شدند که موهایشان سوخت.

Spitz a ensuite brisé la glace, entraînant l'équipe derrière lui.

اسپیتز نفر بعدی بود که یخ را شکست و تیم را به دنبال خود کشید.

La cassure s'est étendue jusqu'à l'endroit où Buck tirait.

این شکستگی تا جایی که باک داشت طناب را می‌کشید، رسیده بود.

Buck se pencha en arrière, ses pattes glissant et tremblant sur le bord.

باک محکم به عقب تکیه داد، پنجه‌هایش روی لبه‌ی دیوار می‌لغزیدند و می‌لرزیدند.

Dave a également tendu vers l'arrière, juste derrière Buck sur la ligne.

دیو هم به عقب خم شد، درست پشت سر باک روی طناب.

François tirait sur le traîneau, ses muscles craquant sous l'effort.

فرانسوا سورتمه را به دنبال خود می‌کشید، عضلاتش از شدت تلاش منقبض می‌شدند.

Une autre fois, la glace du bord s'est fissurée devant et derrière le traîneau.

بار دیگر، یخ‌های لبه‌ی سورتمه، چه در جلو و چه در پشت آن، ترک خوردند.

Ils n'avaient d'autre issue que d'escalader une paroi rocheuse gelée.

آنها هیچ راه فراری نداشتند جز اینکه از دیواره‌ی صخره‌ای یخزده بالا بروند.

Perrault a réussi à escalader le mur, mais un miracle l'a maintenu en vie.

پرو به نحوی از دیوار بالا رفت؛ معجزه‌ای او را زنده نگه داشت.

François resta en bas, priant pour avoir le même genre de chance.

فرانسوا پایین ماند و برای همان نوع شانس دعا کرد.

Ils ont attaché chaque sangle, chaque amarrage et chaque traçage en une seule longue corde.

آنها هر بند، طناب و ردپا را به یک طناب بلند گره زدند.

Les hommes ont hissé chaque chien, un par un, jusqu'au sommet.

مردها هر سگ را یکی یکی به بالا کشیدند.

François est monté en dernier, après le traîneau et toute la charge.

فرانسوا آخرین نفر، بعد از سورتمه و کل بار، بالا رفت.

Commença alors une longue recherche d'un chemin pour descendre des falaises.

سپس جستجوی طولانیِ برای یافتن مسیری به پایین از صخره‌ها آغاز شد.

Ils sont finalement descendus en utilisant la même corde qu'ils avaient fabriquée.

آنها سرانجام با استفاده از همان طنابی که ساخته بودند، فرود آمدند.

La nuit tombait alors qu'ils retournaient au lit de la rivière, épuisés et endoloris.

شب فرا رسید و آنها خسته و کوفته به بستر رودخانه بازگشتند.

La journée entière ne leur avait permis de gagner qu'un quart de mile.

آنها یک روز کامل را صرف پیمودن تنها یک چهارم مایل کرده بودند.

Au moment où ils atteignirent le Hootalinqua, Buck était épuisé.

زمانی که به هوتالینکوا رسیدند، باک دیگر از پا افتاده بود.

Les autres chiens ont tout autant souffert des conditions du sentier.

سگ‌های دیگر هم به همان اندازه از شرایط مسیر رنج می‌بردند.

Mais Perrault avait besoin de récupérer du temps et les poussait chaque jour.

اما پرو نیاز به بازیابی زمان داشت و هر روز آنها را به جلو هل می‌داد.

Le premier jour, ils ont parcouru trente miles jusqu'à Big Salmon.

روز اول آنها سی مایل تا بیگ سالمون سفر کردند.

Le lendemain, ils parcoururent trente-cinq milles jusqu'à Little Salmon.

روز بعد آنها سی و پنج مایل تا لیتل سالمون سفر کردند.

Le troisième jour, ils ont parcouru quarante longs kilomètres gelés.

در روز سوم، آنها چهل مایل یخزده را طی کردند.

À ce moment-là, ils approchaient de la colonie de Five Fingers.

در آن زمان، آنها به آبادی فایو فینگرز نزدیک شده بودند.

Les pieds de Buck étaient plus doux que les pieds durs des huskies indigènes.

پاهای باک نرم‌تر از پاهای سفت هاسکی‌های بومی بود.

Ses pattes étaient devenues plus fragiles au fil des générations civilisées.

پنجه‌هایش در طول نسل‌های متمدن بسیاری، نرم و لطیف شده بودند.

Il y a longtemps, ses ancêtres avaient été apprivoisés par des hommes de la rivière ou des chasseurs.

مدت‌ها پیش، اجداد او توسط مردان رودخانه یا شکارچیان رام شده بودند.

Chaque jour, Buck boitait de douleur, marchant sur des pattes à vif et douloureuses.

باک هر روز از درد می‌لنگید و روی پنجه‌های زخمی و دردناک راه می‌رفت.

Au camp, Buck tomba comme une forme sans vie sur la neige.

در اردوگاه، باک مانند جسمی بی‌جان روی برف افتاد.

Bien qu'affamé, Buck ne s'est pas levé pour manger son repas du soir.

باک با اینکه خیلی گرسنه بود، برای خوردن شامش بلند نشد.

François apporta sa ration à Buck, en déposant du poisson près de son museau.

فرانسوا جیره غذایی باک را برایش آورد و ماهی‌ها را از پوزه‌اش بیرون گذاشت.

Chaque nuit, le chauffeur frottait les pieds de Buck pendant une demi-heure.

هر شب راننده نیم ساعت پاهای باک را ماساژ می‌داد.

François a même découpé ses propres mocassins pour en faire des chaussures pour chiens.

فرانسوا حتی کفش‌های پاشنه‌بلند خودش را هم می‌برید تا برایش پاپوش سگ درست کند.

Quatre chaussures chaudes ont apporté à Buck un grand et bienvenu soulagement.

چهار کفش گرم به باک آرامشی فراوان و خوشایند بخشید.

Un matin, François oublia ses chaussures et Buck refusa de se lever.

یک روز صبح، فرانسوا کفش‌ها را فراموش کرد و باک از خواب بیدار نشد.

Buck était allongé sur le dos, les pieds en l'air, les agitant pitoyablement.

باک به پشت دراز کشیده بود، پاهایش را در هوا گرفته بود و با ترحم آنها را تکان می‌داد.

Même Perrault sourit à la vue de l'appel dramatique de Buck.

حتی پرو هم با دیدن التماس دراماتیک باک پوزخندی زد.

Bientôt, les pieds de Buck devinrent durs et les chaussures purent être jetées.

خیلی زود پاهای باک سفت شدند و کفش‌ها را می‌شد دور انداخت.

À Pelly, pendant le temps du harnais, Dolly laissait échapper un hurlement épouvantable.

در پلی، در زمان مهار اسب، دالی زوزه وحشتناکی کشید.

Le cri était long et rempli de folie, secouant chaque chien.

فریاد طولانی و پر از جنون بود و هر سگی را به لرزه می‌انداخت.

Chaque chien se hérissait de peur sans en connaître la raison.

هر سگی از ترس مو به تن می‌پیچید، بی‌آنکه دلیلش را بداند.

Dolly était devenue folle et s'était jetée directement sur Buck.

دالی دیوانه شده بود و خودش را مستقیماً به سمت باک پرتاب کرد.

Buck n'avait jamais vu la folie, mais l'horreur remplissait son cœur.

باک هرگز دیوانگی ندیده بود، اما وحشت قلبش را پر کرده بود.

Sans réfléchir, il se retourna et s'enfuit, complètement paniqué.

بدون هیچ فکری، برگشت و با وحشت مطلق فرار کرد.

Dolly le poursuivit, les yeux fous, la salive s'échappant de ses mâchoires.

دالی با چشمانی وحشی و بزاق دهانی که از دهانش جاری بود، او را تعقیب کرد.

Elle est restée juste derrière Buck, sans jamais gagner ni reculer.

او درست پشت سر باک حرکت می‌کرد، نه جلو می‌رفت و نه عقب می‌نشست.

Buck courut à travers les bois, le long de l'île, sur de la glace déchiquetée.

باک از میان جنگل‌ها، پایین جزیره، و روی یخ‌های ناهموار دوید.

Il traversa vers une île, puis une autre, revenant vers la rivière.

او از یک جزیره عبور کرد، سپس به جزیره دیگری رفت و دوباره به سمت رودخانه برگشت.

Dolly le poursuivait toujours, son grognement le suivant de près à chaque pas.

دالی همچنان او را تعقیب می‌کرد و با هر قدم غرغرکنان از پشت سرش می‌آمد.

Buck pouvait entendre son souffle et sa rage, même s'il n'osait pas regarder en arrière.

باک می‌توانست صدای نفس‌ها و خشم او را بشنود، هرچند جرأت نداشت به عقب نگاه کند.

François cria de loin, et Buck se tourna vers la voix.

فرانسوا از دور فریاد زد و باک به سمت صدا برگشت.

Encore à bout de souffle, Buck courut, plaçant tout espoir en François.

باک که هنوز نفس نفس می‌زد، از کنارش گذشت و تمام امیدش را به فرانسوا بست.

Le conducteur du chien leva une hache et attendit que Buck passe à toute vitesse.

سگبان تبری بلند کرد و منتظر ماند تا باک از آنجا عبور کند.

La hache s'abattit rapidement et frappa la tête de Dolly avec une force mortelle.

تبر به سرعت پایین آمد و با نیرویی مرگبار به سر دالی برخورد کرد.

Buck s'est effondré près du traîneau, essoufflé et incapable de bouger.

باک در نزدیکی سورتمه از حال رفت، خس خس می‌کرد و قادر به حرکت نبود.

Ce moment a donné à Spitz l'occasion de frapper un ennemi épuisé.

آن لحظه به اسپیتز فرصتی داد تا به دشمن خسته‌اش ضربه بزند.

Il a mordu Buck à deux reprises, déchirant la chair jusqu'à l'os blanc.

دو بار باک را گاز گرفت و گوشت را تا استخوان سفیدش پاره پاره کرد.

Le fouet de François claqua, frappant Spitz avec toute sa force et sa fureur.

شلاق فرانسوا با صدای ترق تروق، با تمام قدرت و شدت به اسپیتز
ضربه زد.

Buck regarda avec joie Spitz recevoir sa raclée la plus dure
jusqu'à présent.

باک با شادی تماشا می‌کرد که اسپیتز سخت‌ترین کتک عمرش را خورد.

« C'est un diable, ce Spitz », murmura sombrement Perrault
pour lui-même.

پرو با لحنی تیره با خودش زمزمه کرد» :اون اسپیتز یه شیطانه.«

« Un jour prochain, ce maudit chien tuera Buck, je le jure. »

به زودی، آن سگ نفرین‌شده باک را خواهد کشت - قسم می‌خورم«-»

« Ce Buck a deux démons en lui », répondit François en
hochant la tête.

فرانسوا با تکان دادن سر پاسخ داد» :آن باک دو شیطان در درونش
دارد.«

« Quand je regarde Buck, je sais que quelque chose de féroce
l'attend. »

وقتی باک را تماشا می‌کنم، می‌دانم که چیزی درنده در او منتظر »
است.«

« Un jour, il deviendra fou comme le feu et mettra Spitz en
pièces. »

یه روزی، مثل آتیش عصبانی میشه و اسپیتز رو تیکه تیکه می‌کنه«-»

« Il va mâcher ce chien et le recracher sur la neige gelée. »

اون سگ رو گاز میگیره و روی برف یخ زده تفش می‌کنه«-»

« Bien sûr que non, je le sais au plus profond de moi. »

مطمئناً، من این را از اعماق وجودم می‌دانم«-»

À partir de ce moment-là, les deux chiens étaient engagés
dans une guerre.

از آن لحظه به بعد، دو سگ درگیر جنگ شدند.

Spitz a dirigé l'équipe et a conservé le pouvoir, mais Buck a
contesté cela.

اسپیتز تیم را رهبری می‌کرد و قدرت را در دست داشت، اما باک این را
به چالش می‌کشید.

Spitz a vu son rang menacé par cet étrange étranger du Sud.

اسپیتز جایگاه خود را در معرض خطر این غریبه‌ی عجیب و غریب
اهل جنوب می‌دید.

Buck ne ressemblait à aucun autre chien du sud que Spitz
avait connu auparavant.

باک با هیچ یک از سگ‌های جنوبی که اسپیتز قبلاً می‌شناخت، فرق داشت.

La plupart d'entre eux ont échoué, trop faibles pour survivre au froid et à la faim.

بیشتر آنها شکست خوردند—آنقدر ضعیف بودند که نمی‌توانستند در سرما و گرسنگی دوام بیاورند.

Ils sont morts rapidement à cause du travail, du gel et de la lenteur de la famine.

آنها به سرعت زیر کار طاقت‌فرسا، یخبندان و قحطي تدریجی جان باختند.

Buck se démarquait : plus fort, plus intelligent et plus sauvage chaque jour.

باک متمایز بود—هر روز قوی‌تر، باهوش‌تر و وحشی‌تر.

Il a prospéré dans les difficultés, grandissant jusqu'à égaler les huskies du Nord.

او با سختی‌ها رشد کرد و به اندازه هاسکی‌های شمالی بزرگ شد.

Buck avait de la force, une habileté sauvage et un instinct patient et mortel.

باک قدرت، مهارت وحشی و غریزه‌ای صبور و مرگبار داشت.

L'homme avec la massue avait fait perdre à Buck toute témérité.

مردی که چماق به دست داشت، عجول بودن را از باک بیرون کرده بود.

La fureur aveugle avait disparu, remplacée par une ruse silencieuse et un contrôle.

خشم کورکورانه از بین رفته بود و جای خود را به حیله‌گری و کنترل آرام داده بود.

Il attendait, calme et primitif, guettant le bon moment.

او منتظر ماند، آرام و با صلابت، منتظر لحظه مناسب.

Leur lutte pour le commandement est devenue inévitable et claire.

مبارزه آنها برای فرماندهی اجتناب‌ناپذیر و آشکار شد.

Buck désirait être un leader parce que son esprit l'exigeait.

باک رهبری را آرزو داشت زیرا روحیه‌اش آن را ایجاب می‌کرد.

Il était poussé par l'étrange fierté née du sentier et du harnais.

غرور عجیبی که از مسیر و مهار اسب سرچشمه می‌گرفت، او را به حرکت در می‌آورد.

Cette fierté a poussé les chiens à tirer jusqu'à ce qu'ils s'effondrent sur la neige.

آن غرور باعث می‌شد سگ‌ها آنقدر برف را بکشند تا روی برف بیفتند۔

L'orgueil les a poussés à donner toute la force qu'ils avaient.

غرور آنها را فریب داد تا تمام قدرتی را که داشتند، به کار گیرند۔

L'orgueil peut attirer un chien de traîneau jusqu'à la mort.

غرور می‌تواند یک سگ سورتمه را حتی تا سرحد مرگ فریب دهد۔

La perte du harnais a laissé les chiens brisés et sans but.

از دست دادن افسار، سگ‌ها را شکسته و بی‌هدف رها می‌کرد۔

Le cœur d'un chien de traîneau peut être brisé par la honte lorsqu'il prend sa retraite.

قلب یک سگ سورتمه‌سوار می‌تواند وقتی بازنشسته می‌شود از شرم خرد شود۔

Dave vivait avec cette fierté alors qu'il tirait le traîneau par derrière.

دیو با غروری که داشت سورتمه را از پشت می‌کشید، زندگی می‌کرد۔

Solleks, lui aussi, a tout donné avec une force et une loyauté redoutables.

سولکس نیز با قدرت و وفاداري وصف‌ناپذیر، تمام توان خود را به کار گرفت۔

Chaque matin, l'orgueil les faisait passer de l'amertume à la détermination.

هر روز صبح، غرور، آنها را از تلخکامی به عزم و اراده تبدیل می‌کرد۔

Ils ont poussé toute la journée, puis sont restés silencieux à la fin du camp.

آنها تمام روز را به سختی تلاش کردند، سپس در انتهای اردوگاه سکوت کردند۔

Cette fierté a donné à Spitz la force de battre les tire-au-flanc.

آن غرور به اسپیتز قدرت می‌داد تا کسانی را که از زیر کار شانه خالی می‌کردند، شکست دهد و به صف برساند۔

Spitz craignait Buck parce que Buck portait cette même fierté profonde.

اسپیتز از باک می‌ترسید، چون باک هم همان غرور عمیق را داشت۔

L'orgueil de Buck s'est alors retourné contre Spitz, et il ne s'est pas arrêté.

غرور باک حالا علیه اسپیتز به جوش آمده بود و او دست بردار نبود.

Buck a défié le pouvoir de Spitz et l'a empêché de punir les chiens.

باک قدرت اسپیتز را به چالش کشید و مانع از تنبیه سگ‌ها توسط او شد.

Lorsque les autres échouaient, Buck s'interposait entre eux et leur chef.

وقتی دیگران شکست خوردند، باک بین آنها و رهبرشان قرار گرفت.

Il l'a fait intentionnellement, en rendant son défi ouvert et clair.

او این کار را با قصد و نیت انجام داد و چالش خود را آشکار و واضح ساخت.

Une nuit, une forte neige a recouvert le monde d'un profond silence.

یک شب برف سنگینی دنیا را در سکوتی عمیق فرو برد.

Le lendemain matin, Pike, paresseux comme toujours, ne se leva pas pour aller travailler.

صبح روز بعد، پایک، تنبل‌تر از همیشه، برای کار از خواب بیدار نشد.

Il est resté caché dans son nid sous une épaisse couche de neige.

او در لانه‌اش زیر لایه‌ای ضخیم از برف پنهان ماند.

François a appelé et cherché, mais n'a pas pu trouver le chien.

فرانسوا فریاد زد و جستجو کرد، اما سگ را پیدا نکرد.

Spitz devint furieux et se précipita à travers le camp couvert de neige.

اسپیتز خشمگین شد و به اردوگاه پوشیده از برف یورش برد.

Il grogna et renifla, creusant frénétiquement avec des yeux flamboyants.

او غرید و بو کشید و با چشمانی شعله‌ور، دیوانه‌وار زمین را کاوید.

Sa rage était si féroce que Pike tremblait sous la neige de peur.

خشم او چنان شدید بود که پایک از ترس زیر برف می‌لرزید.

Lorsque Pike fut finalement retrouvé, Spitz se précipita pour punir le chien qui se cachait.

وقتی بالاخره پایک پیدا شد، اسپیتز برای تنبیه سگ پنهان شده به سمتش خیز برداشت.

Mais Buck s'est précipité entre eux avec une fureur égale à celle de Spitz.

اما باک با خشمی برابر با خشم اسپیتز به میان آنها پرید.

L'attaque fut si soudaine et intelligente que Spitz tomba.

این حمله آنقدر ناگهانی و هوشمندانه بود که اسپیتز از پا افتاد.

Pike, qui tremblait, puisa du courage dans ce défi.

پایک که می‌لرزید، از این سرپیچی شجاعت گرفت.

Il sauta sur le Spitz tombé, suivant l'exemple audacieux de Buck.

او با پیروی از الگوی جسورانه‌ی باک، روی اسپیتز افتاده پرید.

Buck, n'étant plus tenu par l'équité, a rejoint la grève contre Spitz.

باک، که دیگر پایبند انصاف نبود، به حمله به اسپیتز پیوست.

François, amusé mais ferme dans sa discipline, balançait son lourd fouet.

فرانسوا، سرگرم و در عین حال قاطع در انضباط، شلاق سنگینش را چرخاند.

Il frappa Buck de toutes ses forces pour mettre fin au combat.

او با تمام قدرت به باک ضربه زد تا دعوا را تمام کند.

Buck a refusé de bouger et est resté au sommet du chef tombé.

باک از حرکت خودداری کرد و بالای سر رهبر افتاده ماند.

François a ensuite utilisé le manche du fouet, frappant Buck durement.

سپس فرانسوا از دسته شلاق استفاده کرد و ضربه محکمی به باک زد.

Titubant sous le coup, Buck recula sous l'assaut.

باک که از شدت ضربه تلوتلو می‌خورد، زیر ضربه به عقب افتاد.

François frappait encore et encore tandis que Spitz punissait Pike.

فرانسوا بارها و بارها ضربه زد در حالی که اسپیتز پایک را تنبیه می‌کرد.

Les jours passèrent et Dawson City se rapprocha de plus en plus.

روزها می‌گذشت و شهر داوسون هر لحظه نزدیک‌تر می‌شد.

Buck n'arrêtait pas d'intervenir, se glissant entre le Spitz et les autres chiens.

باک مدام دخالت می‌کرد و بین اسپیتز و سگ‌های دیگر جابه‌جا می‌شد.

Il choisissait bien ses moments, attendant toujours que François parte.

او لحظاتش را خوب انتخاب می‌کرد، همیشه منتظر رفتن فرانسوا بود.

La rébellion silencieuse de Buck s'est propagée et le désordre a pris racine dans l'équipe.

شورش آرام باک گسترش یافت و بی‌نظمی در تیم ریشه دواند.

Dave et Solleks sont restés fidèles, mais d'autres sont devenus indisciplinés.

دیو و سولکس وفادار ماندند، اما دیگران سرکش شدند.

L'équipe est devenue de plus en plus agitée, querelleuse et hors de propos.

اوضاع تیم بدتر شد—بی‌قرار، ستیزه‌جو و خارج از نظم.

Plus rien ne fonctionnait correctement et les bagarres devenaient courantes.

دیگر هیچ چیز روان پیش نمی‌رفت و دعوا رایج شده بود.

Buck est resté au cœur des troubles, provoquant toujours des troubles.

باک در قلب مشکلات باقی ماند و همیشه باعث ناآرامی می‌شد.

François restait vigilant, effrayé par le combat entre Buck et Spitz.

فرانسوا از ترس دعوای بین باک و اسپیتز، هوشیار ماند.

Chaque nuit, des bagarres le réveillaient, craignant que le commencement n'arrive enfin.

هر شب، درگیری‌ها او را از خواب بیدار می‌کردند، از ترس اینکه بالاخره شروع ماجرا فرا رسیده باشد.

Il sauta de sa robe, prêt à mettre fin au combat.

او از جامه‌اش بیرون پرید، آماده بود تا دعوا را تمام کند.

Mais le moment n'arriva jamais et ils atteignirent finalement Dawson.

اما آن لحظه هرگز فرا نرسید و آنها بالاخره به داوسون رسیدند.

L'équipe est entrée dans la ville un après-midi sombre, tendu et calme.

تیم در یک بعدازظهر دلگیر، پرتنش و ساکت وارد شهر شد.

La grande bataille pour le leadership était encore en suspens dans l'air glacial.

نبرد بزرگ برای رهبری هنوز در هوای یخزده معلق بود.

Dawson était rempli d'hommes et de chiens de traîneau, tous occupés à travailler.

داوسون پر از مرد و سگ سورتمه بود که همگی مشغول کار خود بودند.

Buck regardait les chiens tirer des charges du matin au soir.

باک از صبح تا شب سگ‌ها را در حال بارکشی تماشا می‌کرد.

Ils transportaient des bûches et du bois de chauffage et acheminaient des fournitures vers les mines.

آنها کنده‌های درخت و هیزم را حمل می‌کردند و آذوقه را به معادن می‌بردند.

Là où les chevaux travaillaient autrefois dans le Southland, les chiens travaillent désormais.

جایی که زمانی در سرزمین جنوبی اسب‌ها کار می‌کردند، اکنون سگ‌ها کار می‌کردند.

Buck a vu quelques chiens du Sud, mais la plupart étaient des huskies ressemblant à des loups.

باک چند سگ از جنوب دید، اما بیشترشان هاسکی‌های گرگ‌مانند بودند.

La nuit, comme une horloge, les chiens élevaient la voix pour chanter.

شب‌ها، مثل ساعت، سگ‌ها صدایشان را با آواز بلند می‌کردند.

À neuf heures, à minuit et à nouveau à trois heures, les chants ont commencé.

ساعت نه، نیمه شب و دوباره ساعت سه، آواز خواندن شروع شد.

Buck aimait se joindre à leur chant étrange, au son sauvage et ancien.

باک عاشق پیوستن به سرود و هم‌آور آنها بود، سرودی وحشی و باستانی.

Les aurores boréales flamboyaient, les étoiles dansaient et la neige recouvrait le pays.

شفق قطبی شعله‌ور شد، ستارگان رقصیدند و برف زمین را پوشاند.

Le chant des chiens s'éleva comme un cri contre le silence et le froid glacial.

آواز سگ‌ها همچون فریادی علیه سکوت و سرمای گزنده برخاست.

Mais leur hurlement contenait de la tristesse, et non du défi, dans chaque longue note.

اما زوزه‌هایشان در هر نُتِ بلندشان، نه مبارزه‌طلبی، بلکه اندوه را در خود داشت.

Chaque cri plaintif était plein de supplications, le fardeau de la vie elle-même.

هر ناله و زاری سرشار از التماس بود؛ بار سنگین زندگی.

Cette chanson était vieille, plus vieille que les villes et plus vieille que les incendies.

آن آهنگ قدیمی بود—قدیمی‌تر از شهرها، و قدیمی‌تر از آتش‌ها.

Cette chanson était encore plus ancienne que les voix des hommes.

آن آهنگ حتی از صدای انسان‌ها هم قدیمی‌تر بود.

C'était une chanson du monde des jeunes, quand toutes les chansons étaient tristes.

این آهنگی از دنیای جوانی بود، زمانی که همه آهنگ‌ها غمگین بودند.

La chanson portait la tristesse d'innombrables générations de chiens.

این آهنگ غم و اندوه نسل‌های بی‌شماری از سگ‌ها را به همراه داشت.

Buck ressentait profondément la mélodie, gémissant de douleur enracinée dans les âges.

باک ملودی را عمیقاً حس می‌کرد، از دردی که ریشه در اعصار داشت، ناله می‌کرد.

Il sanglotait d'un chagrin aussi vieux que le sang sauvage dans ses veines.

او از غمی به قدمت خون وحشی در رگ‌هایش، هق هق می‌کرد.

Le froid, l'obscurité et le mystère ont touché l'âme de Buck.

سرما، تاریکی و رمز و راز، روح باک را لمس کرد.

Cette chanson prouvait à quel point Buck était revenu à ses origines.

آن آهنگ ثابت کرد که باک چقدر به ریشه‌هایش بازگشته است.

À travers la neige et les hurlements, il avait trouvé le début de sa propre vie.

از میان برف و زوزه، او آغاز زندگی خود را یافته بود.

Sept jours après leur arrivée à Dawson, ils repartent.

هفت روز پس از ورود به داوسون، آنها دوباره به راه افتادند.

L'équipe est descendue de la caserne jusqu'au sentier du Yukon.

تیم از پادگان به مسیر یوکان پیاده شد.

Ils ont commencé le voyage de retour vers Dyea et Salt
Water.

آنها سفر بازگشت به سوی دیهآ و سالت واتر را آغاز کردند.

Perrault portait des dépêches encore plus urgentes
qu'auparavant.

پرو، نامه‌هایی را ارسال می‌کرد که حتی از قبل هم فوری‌تر بودند.

Il était également saisi par la fierté du sentier et avait pour
objectif d'établir un record.

او همچنین دچار غرور مسیر شد و قصد داشت رکوردی ثبت کند.

Cette fois, plusieurs avantages étaient du côté de Perrault.

این بار، چندین مزیت در سمت پرو وجود داشت.

Les chiens s'étaient reposés pendant une semaine entière et
avaient repris des forces.

سگ‌ها یک هفته کامل استراحت کرده بودند و قوای خود را بازیافته
بودند.

Le sentier qu'ils avaient ouvert était maintenant damé par
d'autres.

مسیری که آنها پیموده بودند، اکنون توسط مسیرهای دیگر پر شده بود.

À certains endroits, la police avait stocké de la nourriture
pour les chiens et les hommes.

در بعضی جاها، پلیس برای سگ‌ها و مردان غذا ذخیره کرده بود.

Perrault voyageait léger, se déplaçait rapidement et n'avait
pas grand-chose pour l'alourdir.

پرو سبک سفر می‌کرد، سریع حرکت می‌کرد و وزن کمی داشت که او
را زمین‌گیر کند.

Ils ont atteint Sixty-Mile, une course de cinquante milles,
dès la première nuit.

آنها تا شب اول به شصت مایل، یک مسیر هشتاد کیلومتری، رسیدند.

Le deuxième jour, ils se sont précipités sur le Yukon en
direction de Pelly.

روز دوم، آنها با عجله از یوکان به سمت پلی بالا رفتند.

Mais ces beaux progrès ont été accompagnés de beaucoup de
difficultés pour François.

اما چنین پیشرفت خوبی برای فرانسوا با سختی‌های زیادی همراه بود.

La rébellion silencieuse de Buck avait brisé la discipline de
l'équipe.

شورش آرام باک، نظم و انضباط تیم را به هم ریخته بود.

Ils ne se rassemblaient plus comme une seule bête dans les rênes.

آنها دیگر مثل یک حیوان وحشی افسار را به دست نداشتند.

Buck avait conduit d'autres personnes à la défiance par son exemple audacieux.

باک با نمونه‌ی جسورانه‌ی خود، دیگران را به سرکشی و مخالفت سوق داده بود.

L'ordre de Spitz n'a plus été accueilli avec crainte ou respect.

فرمان اسپیتز دیگر با ترس یا احترام روبرو نشد.

Les autres ont perdu leur respect pour lui et ont osé résister à son règne.

دیگران هیبت او را از دست دادند و جرأت کردند در برابر حکومتش مقاومت کنند.

Une nuit, Pike a volé la moitié d'un poisson et l'a mangé sous les yeux de Buck.

یک شب، پایک نصف یک ماهی را دزدید و جلوی چشم باک آن را خورد.

Une autre nuit, Dub et Joe se sont battus contre Spitz et sont restés impunis.

شب دیگری، داب و جو با اسپیتز دعوا کردند و بدون مجازات ماندند.

Même Billee gémissait moins doucement et montrait une nouvelle vivacité.

حتی بیلی هم دیگر با ناز و عشوه ناله نمی‌کرد و تیزبینی جدیدی از خود نشان می‌داد.

Buck grognait sur Spitz à chaque fois qu'ils se croisaient.

هر بار که با اسپیتز روبرو می‌شدند، باک با غرغر به او نگاه می‌کرد.

L'attitude de Buck devint audacieuse et menaçante, presque comme celle d'un tyran.

رفتار باک جسورانه و تهدیدآمیز شد، تقریباً مثل یک قلدر.

Il marchait devant Spitz avec une démarche assurée, pleine de menace moqueuse.

او با غروری آمیخته با تمسخر و تهدید، پیشاپیش اسپیتز قدم می‌زد.

Cet effondrement de l'ordre s'est également propagé parmi les chiens de traîneau.

آن فروپاشی نظم در میان سگ‌های سورتمه‌سوار نیز گسترش یافت.

Ils se battaient et se disputaient plus que jamais, remplissant le camp de bruit.

آنها بیشتر از همیشه دعوا و بحث می‌کردند و اردوگاه را پر از سر و صدا کرده بودند.

La vie au camp se transformait chaque nuit en un chaos sauvage et hurlant.

زندگی در اردوگاه هر شب به هرج و مرجی وحشیانه و پرسروصدا تبدیل می‌شد.

Seuls Dave et Solleks sont restés stables et concentrés.

فقط دیو و سولکس ثابت قدم و متمرکز ماندند.

Mais même eux sont devenus colériques à cause des bagarres incessantes.

اما حتی آنها هم از دعواهای مداوم، زودرنج شدند.

François jurait dans des langues étranges et piétinait de frustration.

فرانسوا با زبان‌های ناآشنا فحش می‌داد و از روی ناامیدی پا به زمین می‌کوبید.

Il s'arrachait les cheveux et criait tandis que la neige volait sous ses pieds.

موهایش را کند و در حالی که برف زیر پایش جاری بود، فریاد زد.

Son fouet claqua sur le groupe, mais parvint à peine à les maintenir en ligne.

شلاقش با سرعت از میان گله عبور کرد اما به سختی آنها را در یک خط نگه داشت.

Chaque fois qu'il tournait le dos, les combats reprenaient.

هر وقت پشتش را می‌کرد، دوباره جنگ شروع می‌شد.

François a utilisé le fouet pour Spitz, tandis que Buck a dirigé les rebelles.

فرانسوا از شلاق برای اسپیتز استفاده کرد، در حالی که باک رهبری شورشیان را بر عهده داشت.

Chacun connaissait le rôle de l'autre, mais Buck évitait tout blâme.

هر کدام از نقش دیگری آگاه بود، اما باک از هرگونه سرزنشی طفره می‌رفت.

François n'a jamais surpris Buck en train de provoquer une bagarre ou de se dérober à son travail.

فرانسوا هیچ‌وقت باک را در حال شروع دعوا یا طفره رفتن از کارش ندید.

Buck travaillait dur sous le harnais – le travail lui faisait désormais vibrer l'esprit.

باک سخت کار می‌کرد - کار طاقت‌فرسا حالا روحش را به وجد می‌آورد.

Mais il trouvait encore plus de joie à provoquer des bagarres et du chaos dans le camp.

اما او از ایجاد دعوا و هرج و مرج در اردوگاه لذت بیشتری می‌برد.

Un soir, à l'embouchure du Tahkeena, Dub fit sursauter un lapin.

یک شب، داب در دهان تهکینا، خرگوشی را از جا پراند.

Il a raté la prise et le lièvre d'Amérique s'est enfui.

او صید را از دست داد و خرگوش کفش برفی از آنجا پرید.

En quelques secondes, toute l'équipe de traîneau s'est lancée à sa poursuite en poussant des cris sauvages.

در عرض چند ثانیه، تمام تیم سورتمه‌سوار با فریادهای وحشیانه به دنبالش دویدند.

À proximité, un camp de la police du Nord-Ouest abritait une cinquantaine de chiens huskys.

در همان نزدیکی، یک اردوگاه پلیس شمال غربی پنجاه سگ هاسکی را در خود جای داده بود.

Ils se sont joints à la chasse, descendant ensemble la rivière gelée.

آنها به شکار پیوستند و با هم از رودخانه یخ زده پایین رفتند.

Le lapin a quitté la rivière et s'est enfui dans le lit d'un ruisseau gelé.

خرگوش از رودخانه منحرف شد و از بستر یخزده‌ی نهر بالا رفت.

Le lapin sautait légèrement sur la neige tandis que les chiens peinaient à se frayer un chemin.

خرگوش به آرامی روی برف می‌پرید در حالی که سگ‌ها تقلا می‌کردند تا از میان برف‌ها عبور کنند.

Buck menait l'énorme meute de soixante chiens dans chaque virage sinueux.

باک، دسته‌ی عظیم شصت سگ را در هر پیچ پیچ هدایت می‌کرد.

Il avança, bas et impatient, mais ne put gagner du terrain.

او با اشتیاق و قدم‌های آهسته به جلو حرکت کرد، اما نتوانست چیزی به دست آورد.

Son corps brillait sous la lune pâle à chaque saut puissant.

بدنش با هر جهش قدرتمند، زیر نور ماه رنگ‌پریده برق می‌زد.

Devant, le lapin se déplaçait comme un fantôme, silencieux et trop rapide pour être attrapé.

جلوتر، خرگوش مثل یک روح حرکت می‌کرد، بی‌صدا و خیلی سریع که نمی‌توانستند بگیرندش.

Tous ces vieux instincts – la faim, le frisson – envahirent Buck.

تمام آن غرایز قدیمی - گرسنگی، هیجان - به باک هجوم آوردند.

Les humains ressentent parfois cet instinct et sont poussés à chasser avec une arme à feu et des balles.

انسان‌ها گاهی اوقات این غریزه را احساس می‌کنند و به شکار با تفنگ و گلوله سوق داده می‌شوند.

Mais Buck ressentait ce sentiment à un niveau plus profond et plus personnel.

اما باک این احساس را در سطحی عمیق‌تر و شخصی‌تر احساس می‌کرد.

Ils ne pouvaient pas ressentir la nature sauvage dans leur sang comme Buck pouvait la ressentir.

آنها نمی‌توانستند آن وحشیگری را که باک در خونشان حس می‌کرد، حس کنند.

Il chassait la viande vivante, prêt à tuer avec ses dents et à goûter le sang.

او گوشت زنده را تعقیب می‌کرد، آماده بود تا با دندان‌هایش بکشد و خون را بچشد.

Son corps se tendait de joie, voulant se baigner dans la vie rouge et chaude.

بدنش از شادی منقبض می‌شد، دلش می‌خواست در گرمای سرخ زندگی غوطه‌ور شود.

Une joie étrange marque le point le plus élevé que la vie puisse atteindre.

شادی عجیبی، بالاترین نقطه‌ای را که زندگی می‌تواند به آن برسد، نشان می‌دهد.

La sensation d'un pic où les vivants oublient même qu'ils sont en vie.

حس اوجی که در آن زنده‌ها حتی فراموش می‌کنند که زنده هستند.

Cette joie profonde touche l'artiste perdu dans une inspiration fulgurante.

این شادی عمیق، هنرمندی را که غرق در الهامات سوزان است، لمس می‌کند.

Cette joie saisit le soldat qui se bat avec acharnement et n'épargne aucun ennemi.

این شادی، سربازی را که وحشیانه می‌جنگد و از هیچ دشمنی در نمی‌گذرد، فرا می‌گیرد.

Cette joie s'empara alors de Buck alors qu'il menait la meute dans une faim primitive.

این شادی اکنون باک را فرا گرفته بود، چرا که او در گرسنگی اولیه، گله را رهبری می‌کرد.

Il hurla avec le cri ancien du loup, ravi par la chasse vivante.

او با ناله‌ی باستانی گرگ زوزه می‌کشید، از تعقیب و گریز زنده هیجان‌زده شده بود.

Buck a puisé dans la partie la plus ancienne de lui-même, perdue dans la nature.

باک به قدیمی‌ترین بخش وجودش که در طبیعت وحشی گم شده بود، دست زد.

Il a puisé au plus profond de lui-même, au-delà de la mémoire, dans le temps brut et ancien.

او به اعماق درون، به خاطرات گذشته، به زمان بکر و باستانی دست یافت.

Une vague de vie pure a traversé chaque muscle et chaque tendon.

موجی از زندگی ناب در تک تک عضلات و تاندون‌هایش موج می‌زد.

Chaque saut criait qu'il vivait, qu'il traversait la mort.

هر جهش فریاد می‌زد که او زنده است، که از میان مرگ عبور کرده است.

Son corps s'élevait joyeusement au-dessus d'une terre calme et froide qui ne bougeait jamais.

پیکرش شادمانه بر فراز سرزمینی آرام و سرد که هرگز تکان نمی‌خورد، اوج گرفت.

Spitz est resté froid et rusé, même dans ses moments les plus fous.

اسپیتز حتی در وحشی‌ترین لحظات زندگی‌اش هم خونسرد و حیله‌گر باقی ماند.

Il quitta le sentier et traversa un terrain où le ruisseau formait une large courbe.

او مسیر را ترک کرد و از خشکی عبور کرد، جایی که نهر پیچ و تاب می‌خورد.

Buck, inconscient de cela, resta sur le chemin sinueux du lapin.

باک، بی‌خبر از این موضوع، در مسیر پر پیچ و خم خرگوش ماند.

Puis, alors que Buck tournait un virage, le lapin fantomatique était devant lui.

سپس، همین که باک از یک پیچ گذشت، خرگوش روح‌مانند در مقابلش بود.

Il vit une deuxième silhouette sauter de la berge devant la proie.

او دید که شخص دومی جلوتر از طعمه از بانک بیرون پرید.

La silhouette était celle d'un Spitz, atterrissant juste sur le chemin du lapin en fuite.

آن موجود، اسپیتز بود که درست سر راه خرگوش در حال فرار فرود آمده بود.

Le lapin ne pouvait pas se retourner et a rencontré les mâchoires de Spitz en plein vol.

خرگوش نمی‌توانست بچرخد و در هوا به آرواره‌های اسپیتز برخورد کرد.

La colonne vertébrale du lapin se brisa avec un cri aussi aigu que le cri d'un humain mourant.

ستون فقرات خرگوش با جیغی به تیزی ناله‌ی یک انسان در حال مرگ شکست.

À ce bruit – la chute de la vie à la mort – la meute hurla fort.

با آن صدا ـ سقوط از زندگی به مرگ ـ گله با صدای بلند زوزه کشید.

Un chœur sauvage s'éleva derrière Buck, plein de joie sombre.

صدای کر وحشیانه‌ای از پشت سر باک برخاست، سرشار از لذتی تاریک.

Buck n'a émis aucun cri, aucun son, et a chargé directement Spitz.

باک نه فریادی زد، نه صدایی، و مستقیماً به سمت اسپیتز حمله کرد۔

Il a visé la gorge, mais a touché l'épaule à la place.

او گلو را هدف قرار داد، اما به جای آن به شانه برخورد کرد۔

Ils dégringolèrent dans la neige molle, leurs corps bloqués dans le combat.

آنها در میان برف نرم غلتیدند؛ بدن‌هایشان در نبرد قفل شده بود۔

Spitz se releva rapidement, comme s'il n'avait jamais été renversé.

اسپیتز طوری سریع از جا پرید که انگار اصلاً زمین نخورده بود۔

Il a entaillé l'épaule de Buck, puis s'est éloigné du combat.

او شانه‌ی باک را زخمی کرد، سپس از معرکه گریخت۔

À deux reprises, ses dents claquèrent comme des pièges en acier, ses lèvres se retroussèrent et devinrent féroces.

دو بار دندان‌هایش مثل تله‌های فولادی به هم خوردند، لب‌هایش جمع شده و خشمگین بودند۔

Il recula lentement, cherchant un sol ferme sous ses pieds.

او به آرامی عقب رفت و به دنبال زمین سفتی زیر پاهایش گشت۔

Buck a compris le moment instantanément et pleinement.

باک آن لحظه را فوراً و به طور کامل درک کرد۔

Le moment était venu ; le combat allait être un combat à mort.

زمانش رسیده بود؛ مبارزه، مبارزه‌ای تا سر حد مرگ بود۔

Les deux chiens tournaient en rond, grognant, les oreilles plates, les yeux plissés.

دو سگ دور هم چرخیدند، غرغر می‌کردند، گوش‌هایشان صاف و چشمانشان تنگ شده بود۔

Chaque chien attendait que l'autre montre une faiblesse ou fasse un faux pas.

هر سگ منتظر بود تا دیگری ضعف یا خطایی از خود نشان دهد۔

Pour Buck, la scène semblait étrangement connue et profondément ancrée dans ses souvenirs.

برای باک، این صحنه به طرز عجیبی آشنا و عمیقاً به یاد ماندنی بود۔

Les bois blancs, la terre froide, la bataille au clair de lune.

جنگل‌های سفید، زمین سرد، نبرد زیر نور ماه۔

Un silence pesant emplissait le pays, profond et contre nature.

سکوت سنگینی، عمیق و غیرطبیعی، سرزمین را فرا گرفته بود۔

Aucun vent ne soufflait, aucune feuille ne bougeait, aucun bruit ne brisait le silence.

نه بادی می‌وزید، نه برگی تکان می‌خورد و نه صدایی سکوت را می‌شکست.

Le souffle des chiens s'élevait comme de la fumée dans l'air glacial et calme.

نفس سگ‌ها مثل دود در هوای یخزده و ساکت بالا می‌رفت.

Le lapin a été depuis longtemps oublié par la meute de bêtes sauvages.

مدت‌ها بود که گله حیوانات وحشی، خرگوش را فراموش کرده بود.

Ces loups à moitié apprivoisés se tenaient maintenant immobiles dans un large cercle.

این گرگ‌های نیمه‌رام‌شده حالا در دایره‌ای وسیع بی‌حرکت ایستاده بودند.

Ils étaient silencieux, seuls leurs yeux brillants révélaient leur faim.

آنها ساکت بودند، فقط چشمان درخشانشان گرسنگی‌شان را آشکار می‌کرد.

Leur souffle s'éleva, regardant le combat final commencer.

نفسشان به شماره افتاد و شروع نبرد نهایی را تماشا کردند.

Pour Buck, cette bataille était ancienne et attendue, pas du tout étrange.

برای باک، این نبرد قدیمی و قابل پیش‌بینی بود، اصلاً عجیب نبود.

C'était comme un souvenir de quelque chose qui devait arriver depuis toujours.

انگار خاطره‌ای از چیزی بود که همیشه قرار بود اتفاق بیفتد.

Le Spitz était un chien de combat entraîné, affiné par d'innombrables bagarres sauvages.

اشپیتز یک سگ جنگی آموزش‌دیده بود که با دعواهای وحشی بی‌شماری ورزیده شده بود.

Du Spitzberg au Canada, il a vaincu de nombreux ennemis.

از اسپیتزبرگن تا کانادا، او دشمنان زیادی را شکست داده بود.

Il était rempli de fureur, mais n'a jamais cédé au contrôle de la rage.

او پر از خشم بود، اما هرگز کنترل خشم را از دست نداد.

Sa passion était vive, mais toujours tempérée par un instinct dur.

شور و اشتیاق او تند و تیز بود، اما همیشه با غریزه‌ای سرسخت تعدیل می‌شد.

Il n'a jamais attaqué jusqu'à ce que sa propre défense soit en place.

او هرگز حمله نمی‌کرد تا زمانی که دفاع خودش را مستقر می‌کرد.

Buck a essayé encore et encore d'atteindre le cou vulnérable de Spitz.

باک بارها و بارها تلاش کرد تا به گردن آسیب‌پذیر اسپیتز برسد.

Mais chaque coup était accueilli par un coup des dents acérées de Spitz.

اما هر ضربه با ضربه‌ای از دندان‌های تیز اسپیتز پاسخ داده می‌شد.

Leurs crocs se sont heurtés et les deux chiens ont saigné de leurs lèvres déchirées.

نیش‌هایشان به هم خورد و هر دو سگ از لب‌های پاره شده‌شان خون جاری شد.

Peu importe comment Buck s'est lancé, il n'a pas pu briser la défense.

مهم نبود باک چقدر حمله می‌کرد، نمی‌توانست خط دفاعی را بشکند.

Il devint de plus en plus furieux, se précipitant avec des explosions de puissance sauvages.

او خشمگین‌تر شد و با قدرتی وحشیانه به سمتش هجوم آورد.

À maintes reprises, Buck frappait la gorge blanche du Spitz.

باک بارها و بارها به گلوی سفید اسپیتز ضربه زد.

À chaque fois, Spitz esquivait et riposta avec une morsure tranchante.

هر بار اسپیتز جاخالی می‌داد و با یک گاز تکه‌تکه‌کننده جواب می‌داد.

Buck changea alors de tactique, se précipitant à nouveau comme pour atteindre la gorge.

سپس باک تاکتیک خود را تغییر داد و دوباره طوری هجوم برد که انگار به دنبال گلویش بُود.

Mais il s'est retiré au milieu de l'attaque, se tournant pour frapper sur le côté.

اما او در اواسط حمله عقب‌نشینی کرد و از کنار زمین شروع به حمله کرد.

Il a lancé son épaule sur Spitz, dans le but de le faire tomber.

او شانه‌اش را به سمت اسپیتز انداخت، با این هدف که او را نقش بر زمین کند.

À chaque fois qu'il essayait, Spitz esquivait et ripostait avec une frappe.

هر بار که تلاش می‌کرد، اسپیتز جاخالی می‌داد و با یک ضربه‌ی ناگهانی پاسخ می‌داد.

L'épaule de Buck était à vif alors que Spitz s'écartait après chaque coup.

شانه‌ی باک درد می‌گرفت، چون اسپیتز بعد از هر ضربه، از او می‌پرید و فرار می‌کرد.

Spitz n'avait pas été touché, tandis que Buck saignait de nombreuses blessures.

اسپیتز آسیبی ندیده بود، در حالی که باک از زخم‌های زیاد خونریزی داشت.

La respiration de Buck était rapide et lourde, son corps était couvert de sang.

نفس باک تند و سنگین شد، بدنش از خون لغزنده بود.

Le combat devenait plus brutal à chaque morsure et à chaque charge.

با هر گاز گرفتن و حمله، مبارزه وحشیانه‌تر می‌شد.

Autour d'eux, soixante chiens silencieux attendaient le premier à tomber.

دور و برشان، شصت سگ ساکت منتظر بودند تا اولین سگ بیفتد.

Si un chien tombait, la meute allait mettre fin au combat.

اگر یک سگ می‌افتاد، گله قرار بود دعوا را تمام کند.

Spitz vit Buck faiblir et commença à attaquer.

اسپیتز دید که باک ضعیف می‌شود و شروع به حمله کرد.

Il a maintenu Buck en déséquilibre, le forçant à lutter pour garder pied.

او باک را از تعادل خارج کرد و او را مجبور کرد برای حفظ تعادلش بجنگد.

Un jour, Buck trébucha et tomba, et tous les chiens se relevèrent.

یک بار باک لغزید و افتاد و همه سگ‌ها بلند شدند.

Mais Buck s'est redressé au milieu de sa chute, et tout le monde s'est affalé.

اما باک در اواسط پاییز خودش را صاف کرد و همه دوباره غرق شدند.

Buck avait quelque chose de rare : une imagination née d'un instinct profond.

باک چیزی نادر داشت ـ تخیلی که از غریزه‌ای عمیق زاده می‌شد.

Il combattait par instinct naturel, mais aussi par ruse.

او با انگیزه طبیعی می‌جنگید، اما در عین حال با حیله‌گری نیز می‌جنگید.

Il chargea à nouveau comme s'il répétait son tour d'attaque à l'épaule.

او دوباره حمله کرد، انگار که داشت ترفند حمله از شانه‌اش را تکرار می‌کرد.

Mais à la dernière seconde, il s'est laissé tomber et a balayé Spitz.

اما در آخرین ثانیه، او پایین آمد و از زیر اسپیتز عبور کرد.

Ses dents se sont bloquées sur la patte avant gauche de Spitz avec un claquement.

دندان‌هایش با صدای تق‌تقی روی پای چپ جلویی اسپیتز قفل شدند.

Spitz était maintenant instable, son poids reposant sur seulement trois pattes.

اسپیتز حالا لرزان ایستاده بود و وزنش فقط روی سه پایش بود.

Buck frappa à nouveau, essaya trois fois de le faire tomber.

باک دوباره ضربه زد، سه بار سعی کرد او را به زمین بیندازد.

À la quatrième tentative, il a utilisé le même mouvement avec succès.

در تلاش چهارم، او با موفقیت از همان حرکت استفاده کرد

Cette fois, Buck a réussi à mordre la jambe droite du Spitz.

این بار باک موفق شد پای راست اسپیتز را گاز بگیرد.

Spitz, bien que paralysé et souffrant, continuait à lutter pour survivre.

اسپیتز، اگرچه فلج و در عذاب بود، اما همچنان برای زنده ماندن تلاش می‌کرد.

Il vit le cercle de huskies se resserrer, la langue tirée, les yeux brillants.

او دید که حلقه سگ‌های هاسکی تنگ‌تر شد، زبان‌هایشان بیرون آمد و چشمانشان برق زد.

Ils attendaient de le dévorer, comme ils l'avaient fait pour les autres.

آنها منتظر بودند تا او را ببلعند، همانطور که با دیگران چنین کرده بودند.

Cette fois, il se tenait au centre, vaincu et condamné.

این بار، او در مرکز ایستاده بود؛ شکست خورده و محکوم به فنا.

Le chien blanc n'avait désormais plus aucune possibilité de s'échapper.

حالا دیگر هیچ راه فراری برای سگ سفید وجود نداشت.

Buck n'a montré aucune pitié, car la pitié n'avait pas sa place dans la nature.

باک هیچ رحمی نشان نداد، زیرا رحم و شفقت در طبیعت وحشی جایی ندارد.

Buck se déplaçait prudemment, se préparant à la charge finale.

باک با احتیاط حرکت کرد و برای حمله نهایی آماده شد.

Le cercle des huskies se referma ; il sentit leur souffle chaud.

حلقه‌ی سگ‌های هاسکی تنگ‌تر شد؛ نفس‌های گرم‌شان را حس کرد.

Ils s'accroupirent, prêts à bondir lorsque le moment viendrait.

آنها چمباتمه زدند، آماده بودند تا وقتی لحظه موعود فرا رسید، از جا بپرند.

Spitz tremblait dans la neige, grognant et changeant de position.

اسپیتز در برف می‌لرزید، غرغر می‌کرد و حالتش را تغییر می‌داد.

Ses yeux brillaient, ses lèvres se courbaient, ses dents brillaient dans une menace désespérée.

چشمانش خیره شد، لب‌هایش جمع شد و دندان‌هایش از روی تهدیدی ناامیدانه برق زدند.

Il tituba, essayant toujours de résister à la morsure froide de la mort.

او تلو تلو خورد، هنوز سعی می‌کرد از نیش سرد مرگ در امان بماند.

Il avait déjà vu cela auparavant, mais toujours du côté des gagnants.

او قبلاً هم این را دیده بود، اما همیشه از زاویه دید برنده.

Il était désormais du côté des perdants, des vaincus, de la proie, de la mort.

حالا او در سمت بازنده بود؛ شکست خورده؛ طعمه؛ مرگ.

Buck tourna en rond pour porter le coup final, le cercle de chiens se rapprochant.

باک برای ضربه آخر دور زد، حلقه سگ‌ها نزدیک‌تر شد.

Il pouvait sentir leur souffle chaud, prêt à tuer.

او می‌توانست نفس‌های گرم آنها را حس کند؛ آماده برای کشتن.

Un silence s'installa ; tout était à sa place ; le temps s'était arrêté.

سکوتی حکمفرما شد؛ همه چیز سر جایش بود؛ زمان متوقف شده بود.

Même l'air froid entre eux se figea un dernier instant.

حتی هوای سرد بینشان هم برای آخرین لحظه یخ زد.

Seul Spitz bougea, essayant de retenir sa fin amère.

فقط اسپیتز حرکت کرد و سعی داشت از پایان تلخ خود جلوگیری کند.

Le cercle des chiens se refermait autour de lui, comme l'était son destin.

حلقه‌ی سگ‌ها دورش تنگ‌تر می‌شد، سرنوشتش هم همینطور.

Il était désespéré maintenant, sachant ce qui allait se passer.

حالا دیگر کاملاً ناامید شده بود، چون می‌دانست چه اتفاقی قرار است بیفتد.

Buck bondit, épaule contre épaule une dernière fois.

باک برای آخرین بار شانه به شانه‌ی هم وارد شد.

Les chiens se sont précipités en avant, couvrant Spitz dans l'obscurité neigeuse.

سگ‌ها به جلو هجوم آوردند و اسپیتز را در تاریکی برفی پوشش دادند.

Buck regardait, debout, le vainqueur dans un monde sauvage.

باک، ایستاده و ایستاده، نظاره می‌کرد؛ پیروز در دنیایی وحشی.

La bête primordiale dominante avait fait sa proie, et c'était bien.

جانور ازلی غالب، شکار خود را انجام داده بود و این خوب بود.

*Celui qui a gagné la maîtrise
او، که به مقام استادی رسیده است*

« Hein ? Qu'est-ce que j'ai dit ? Je dis vrai quand je dis que Buck est un démon. »

خب؟ چی گفتم؟ وقتی میگم باک یه شیطانه، راست میگم».«

François a dit cela le lendemain matin après avoir constaté la disparition de Spitz.

فرانسوا این را صبح روز بعد، پس از پیدا کردن اسپیتز گمشده، گفت.

Buck se tenait là, couvert de blessures dues au combat acharné.

باک آنجا ایستاده بود، پوشیده از زخمهای ناشی از نبرد وحشیانه.

François tira Buck près du feu et lui montra les blessures.

فرانسوا باک را نزدیک آتش کشید و به جراحات اشاره کرد.

« Ce Spitz s'est battu comme le Devik », dit Perrault en observant les profondes entailles.

پرو در حالی که به زخمهای عمیق نگاه میکرد، گفت: :آن اسپیتز مثل دویکها جنگید.«

« Et ce Buck s'est battu comme deux diables », répondit aussitôt François.

فرانسوا فوراً پاسخ داد« :و اینکه باک مثل دو شیطان با هم میجنگید.«

« Maintenant, nous allons faire du bon temps ; plus de Spitz, plus de problèmes. »

حالا وقت خوبی خواهیم داشت؛ دیگر خبری از اسپیتز نیست، دیگر » دردسری نیست.«

Perrault préparait le matériel et chargeait le traîneau avec soin.

پرو داشت وسایل را جمع میکرد و سورتمه را با احتیاط بار میزد.

François a attelé les chiens en prévision de la course du jour.

فرانسوا سگها را برای دویدن آن روز مهار کرد.

Buck a trotté directement vers la position de tête autrefois détenue par Spitz.

باک مستقیماً به سمت جایگاهی که زمانی اسپیتز در آن قرار داشت، یورتمه رفت.

Mais François, sans s'en apercevoir, conduisit Solleks vers l'avant.

اما فرانسوا، بیتوجه به این موضوع، سولکس را به جلو هدایت کرد.

Aux yeux de François, Solleks était désormais le meilleur chien de tête.

به نظر فرانسوا، سولکس حالا بهترین سگِ جلودار بود.

Buck se jeta sur Solleks avec fureur et le repoussa en signe de protestation.

باک با خشم به سولکس حمله کرد و با اعتراض او را عقب راند.

Il se tenait là où Spitz s'était autrefois tenu, revendiquant la position de leader.

او در جایی که اسپیتز زمانی ایستاده بود، ایستاد و جایگاه برتر را از آن خود کرد.

« Hein ? Hein ? » s'écria François en se frappant les cuisses d'un air amusé.

فرانسوا در حالی که از روی سرگرمی به ران‌هایش می‌زد، فریاد زد :
«ها؟ ها؟»

« Regardez Buck, il a tué Spitz, et maintenant il veut prendre le poste ! »

« به باک نگاه کن – او اسپیتز را کشت، حالا می‌خواهد شغلش را بگیرد.»

« Va-t'en, Chook ! » cria-t-il, essayant de chasser Buck.

«. او فریاد زد» :برو گمشو، چوک،و سعی کرد باک را از خود دور کند «.
Mais Buck refusa de bouger et resta ferme dans la neige.

اما باک از حرکت خودداری کرد و محکم در برف ایستاد.

François attrapa Buck par la peau du cou et le tira sur le côté.

فرانسوا یقه‌ی باک را گرفت و او را به کناری کشید.

Buck grogna bas et menaçant mais n'attaqua pas.

باک غرشی آهسته و تهدیدآمیز کرد اما حمله نکرد.

François a remis Solleks en tête, tentant de régler le différend

فرانسوا سولکس را دوباره به رهبری بازگرداند و سعی کرد اختلاف را حل و فصل کند.

Le vieux chien avait peur de Buck et ne voulait pas rester.

سگ پیر از باک ترسید و نخواست بماند.

Quand François lui tourna le dos, Buck chassa à nouveau Solleks.

وقتی فرانسوا پشتش را کرد، باک دوباره سولکس را بیرون راند.

Solleks n'a pas résisté et s'est discrètement écarté une fois de plus.

سولکس مقاومتی نکرد و دوباره بی‌سروصدا کنار رفت.

François s'est mis en colère et a crié : « Par Dieu, je te répare !
»

فرانسوا عصبانی شد و فریاد زد» :به خدا قسم، خودم درستت می‌کنم.«

Il s'approcha de Buck en tenant une lourde massue à la
main.

او در حالی که چماق سنگینی در دست داشت، به سمت باک آمد.

Buck se souvenait bien de l'homme au pull rouge.

باک مرد با ژاکت قرمز را خوب به یاد داشت.

Il recula lentement, observant François, mais grognant
profondément.

او به آرامی عقب‌نشینی کرد، فرانسوا را تماشا می‌کرد، اما غرغرهای
عمیقی می‌کرد.

Il ne s'est pas précipité en arrière, même lorsque Solleks
s'est levé à sa place.

او حتی وقتی سولکس سر جایش ایستاد، عجله‌ای برای برگشتن نکرد.

Buck tourna en rond juste hors de portée, grognant de fureur
et de protestation.

باک در حالی که از خشم و اعتراض غرش می‌کرد، درست دور خودش
چرخید و به او رسید.

Il gardait les yeux fixés sur le gourdin, prêt à esquiver si
François lançait.

او چشم از گرز برنمی‌داشت، آماده بود تا اگر فرانسوا چوب را انداخت،
جاخالی بدهد.

Il était devenu sage et prudent quant aux manières des
hommes armés.

او در شیوه‌های مردان مسلح، خردمند و محتاط شده بود.

François abandonna et rappela Buck à son ancienne place.

فرانسوا منصرف شد و دوباره باک را به جای سابقش فراخواند.

Mais Buck recula prudemment, refusant d'obéir à l'ordre.

اما باک با احتیاط عقب رفت و از اطاعت دستور سر باز زد.

François le suivit, mais Buck ne recula que de quelques pas
supplémentaires.

فرانسوا دنبالش رفت، اما باک فقط چند قدم دیگر عقب‌نشینی کرد.

Après un certain temps, François jeta l'arme par frustration.

بعد از مدتی، فرانسوا با ناامیدی سلاح را به زمین انداخت.

Il pensait que Buck craignait d'être battu et qu'il allait venir tranquillement.

او فکر می‌کرد باک از کتک خوردن می‌ترسد و قرار است یواشکی بیاید.

Mais Buck n'évitait pas la punition : il se battait pour son rang.

اما باک از مجازات فرار نمی‌کرد—او برای کسب مقام و رتبه می‌جنگید.

Il avait gagné la place de chien de tête grâce à un combat à mort.

او جایگاه رهبری را از طریق مبارزه تا سر حد مرگ به دست آورده بود

il n'allait pas se contenter de moins que d'être le leader.

او به چیزی کمتر از رهبر بودن رضایت نمی‌داد.

Perrault a participé à la poursuite pour aider à attraper le Buck rebelle.

پرو در تعقیب و گریز شرکت کرد تا به گرفتن باک سرکش کمک کند.

Ensemble, ils l'ont fait courir dans le camp pendant près d'une heure.

آنها با هم، تقریباً یک ساعت او را در اطراف اردوگاه گرداندند.

Ils lui lancèrent des coups de massue, mais Buck les esquiva habilement.

آنها چماق‌هایی به سمت او پرتاب کردند، اما باک با مهارت از هر کدام جاخالی داد.

Ils l'ont maudit, lui, ses ancêtres, ses descendants et chaque cheveu de sa personne.

آنها او، اجدادش، فرزندانش و هر مویی که بر تن داشت را نفرین کردند.

Mais Buck se contenta de gronder en retour et resta hors de leur portée.

اما باک فقط غرغرکنان جواب داد و کمی دورتر از دسترس آنها ایستاد.

Il n'a jamais essayé de s'enfuir mais a délibérément tourné autour du camp.

او هرگز سعی نکرد فرار کند، بلکه عمداً دور اردوگاه می‌چرخید.

Il a clairement fait savoir qu'il obéirait une fois qu'ils lui auraient donné ce qu'il voulait.

او روشن کرد که وقتی آنچه را که می‌خواهد به او بدهند، اطاعت خواهد کرد.

François s'est finalement assis et s'est gratté la tête avec frustration.

فرانسوا بالاخره نشست و با ناامیدی سرش را خاراند.

Perrault consulta sa montre, jura et marmonna à propos du temps perdu.

پرو به ساعتش نگاه کرد، فحش داد و درباره زمان از دست رفته غرغر کرد.

Une heure s'était déjà écoulée alors qu'ils auraient dû être sur la piste.

یک ساعت از زمانی که باید در مسیر بودند، گذشته بود.

François haussa les épaules d'un air penaud en direction du coursier, qui soupira de défaite.

فرانسوا با خجالت شانه‌هایش را بالا انداخت و پیک آهی از سر شکست کشید.

François se dirigea alors vers Solleks et appela Buck une fois de plus.

سپس فرانسوا به سمت سولکس رفت و یک بار دیگر باک را صدا زد.

Buck rit comme rit un chien, mais garda une distance prudente.

باک مثل خنده‌ی سگ خندید، اما فاصله‌ی محتاطانه‌اش را حفظ کرد.

François retira le harnais de Solleks et le remit à sa place.

فرانسوا افسار سولکس را برداشت و او را به جایش برگرداند.

L'équipe de traîneau était entièrement harnachée, avec seulement une place libre.

تیم سورتمه‌سواری کاملاً مجهز به تجهیزات بود و تنها یک جای خالی داشت.

La position de tête est restée vide, clairement destinée à Buck seul.

جایگاه رهبری خالی ماند، که مشخصاً فقط برای باک در نظر گرفته شده بود.

François appela à nouveau, et à nouveau Buck rit et tint bon.

فرانسوا دوباره صدا زد و باک دوباره خندید و حرفش را پس گرفت.

« Jetez le gourdin», ordonna Perrault sans hésitation.

پرو بدون هیچ تردیدی دستور داد» :چماق را زمین بگذارید.«

François obéit et Buck trotta immédiatement en avant, fièrement.

فرانسوا اطاعت کرد و باک فوراً با غرور به جلو تاخت.

Il rit triomphalement et prit la tête.

او پیروزمندانه خندید و در جایگاه رهبری قرار گرفت.

François a sécurisé ses traces et le traîneau a été détaché.

فرانسوا رد پایش را محکم کرد و سورتمه از جا کنده شد.

Les deux hommes couraient côte à côte tandis que l'équipe s'engageait sur le sentier de la rivière.

هر دو مرد در حالی که تیم به سمت مسیر رودخانه می‌رفت، در کنار هم می‌دویدند.

François avait une haute opinion des « deux diables » de Buck,

فرانسوا از »دو شیطان «باک به نیکی یاد کرده بود،

mais il s'est vite rendu compte qu'il avait en fait sous-estimé le chien.

اما خیلی زود فهمید که در واقع سگ را دست کم گرفته بود.

Buck a rapidement pris le leadership et a fait preuve d'excellence.

باک به سرعت رهبری را به دست گرفت و با تعالی عمل کرد.

En termes de jugement, de réflexion rapide et d'action, Buck a surpassé Spitz.

باک در قضاوت، تفکر سریع و اقدام سریع، از اسپیتز پیشی گرفت.

François n'avait jamais vu un chien égal à celui que Buck présentait maintenant.

فرانسوا هرگز سگی به آن شکلی که باک نشان می‌داد، ندیده بود.

Mais Buck excellait vraiment dans l'art de faire respecter l'ordre et d'imposer le respect.

اما باک واقعاً در اجرای نظم و جلب احترام سرآمد بود.

Dave et Soļleks ont accepté le changement sans inquiétude ni protestation.

دیو و سولکس بدون نگرانی یا اعتراضی این تغییر را پذیرفتند.

Ils se concentraient uniquement sur le travail et tiraient fort sur les rênes.

آنها فقط روی کار و سخت‌کوشی در مهار امور تمرکز داشتند.

Peu leur importait de savoir qui menait, tant que le traîneau continuait d'avancer.

تا زمانی که سورتمه به حرکت خود ادامه می‌داد، برایشان اهمیتی نداشت چه کسی رهبری می‌کند.

Billee, la joyeuse, aurait pu diriger pour autant qu'ils s'en soucient.

بیلی، آن دختر شاد، می‌توانست به هر قیمتی که شده رهبری کند.

Ce qui comptait pour eux, c'était la paix et l'ordre dans les rangs.

آنچه برایشان مهم بود، آرامش و نظم در صفوف بود.

Le reste de l'équipe était devenu indiscipliné pendant le déclin de Spitz.

بقیه اعضای تیم در دوران افول اسپیتز، سرکش شده بودند.

Ils furent choqués lorsque Buck les ramena immédiatement à l'ordre.

وقتی باک فوراً آنها را سر میز آورد، شوکه شدند.

Pike avait toujours été paresseux et traînait les pieds derrière Buck.

پایک همیشه تنبل بود و باک را به زحمت می‌انداخت.

Mais maintenant, il a été sévèrement discipliné par la nouvelle direction.

اما اکنون توسط رهبری جدید به شدت تنبیه شده بود.

Et il a rapidement appris à faire sa part dans l'équipe.

و او به سرعت یاد گرفت که در تیم نقش خود را به خوبی ایفا کند.

À la fin de la journée, Pike avait travaillé plus dur que jamais.

در پایان روز، پایک سخت‌تر از همیشه کار کرد.

Cette nuit-là, au camp, Joe, le chien aigri, fut finalement maîtrisé.

آن شب در اردوگاه، جو، سگ ترشرو، بالاخره رام شد.

Spitz n'avait pas réussi à le discipliner, mais Buck n'avait pas échoué.

اسپیتز در تنبیه او شکست خورده بود، اما باک شکست نخورد.

Grâce à son poids plus important, Buck a vaincu Joe en quelques secondes.

باک با استفاده از وزن بیشترش، در عرض چند ثانیه جو را مغلوب کرد.

Il a mordu et battu Joe jusqu'à ce qu'il gémisse et cesse de résister.

او آنقدر جو را گاز گرفت و کتک زد تا اینکه جو ناله کرد و دیگر
مقاومت نکرد.

Toute l'équipe s'est améliorée à partir de ce moment-là.

از آن لحظه به بعد کل تیم پیشرفت کرد.

Les chiens ont retrouvé leur ancienne unité et leur
discipline.

سگ‌ها اتحاد و نظم سابق خود را بازیافتند.

À Rink Rapids, deux nouveaux huskies indigènes, Teek et
Koona, nous ont rejoint.

در رینک رپیدز، دو سگ هاسکی بومی جدید، تیک و کونا، به آنها
ملحق شدند.

La rapidité avec laquelle Buck les dressa étonna même
François.

آموزش سریع آنها توسط باک حتی فرانسوا را نیز شگفت زده کرد.

« Il n'y a jamais eu de chien comme ce Buck ! » s'écria-t-il
avec stupéfaction.

«او با حیرت فریاد زد: «هیچ‌وقت سگی مثل این باک وجود نداشته.

« Non, jamais ! Il vaut mille dollars, bon sang ! »

«نه، هرگز» به خدا قسم او هزار دلار می‌ارزد. -«

« Hein ? Qu'en dis-tu, Perrault ? » demanda-t-il avec fierté.

«با غرور پرسید» :چی؟ نظرت چیه، پرو؟»

Perrault hocha la tête en signe d'accord et vérifia ses notes.

پرو به نشانه‌ی موافقت سر تکان داد و یادداشت‌هایش را بررسی کرد.

Nous sommes déjà en avance sur le calendrier et gagnons
chaque jour davantage.

ما از برنامه جلوتر هستیم و هر روز بیشتر سود می‌کنیم.

Le sentier était dur et lisse, sans neige fraîche.

مسیر، سخت و هموار بود و خبری از برف تازه نبود.

Le froid était constant, oscillant autour de cinquante degrés
en dessous de zéro.

سرما یکنواخت بود و در تمام مدت پنجاه درجه زیر صفر را نشان
می‌داد.

Les hommes montaient et couraient à tour de rôle pour se
réchauffer et gagner du temps.

مردها برای اینکه گرم بمانند و وقت بگیرند، به نوبت سوار اسب
می‌شدند و می‌دویدند.

Les chiens couraient vite avec peu d'arrêts, poussant toujours vers l'avant.

سگ‌ها با سرعت می‌دویدند و چند لحظه‌ای توقف نمی‌کردند و همیشه به جلو هل می‌دادند.

La rivière Thirty Mile était en grande partie gelée et facile à traverser.

رودخانه سی مایلی عمدتاً یخ زده بود و عبور از آن آسان بود.

Ils sont sortis en un jour, ce qui leur avait pris dix jours pour venir.

آنها کاری را که ده روز طول کشیده بود تا انجام دهند، در یک روز انجام دادند.

Ils ont parcouru une distance de soixante milles du lac Le Barge jusqu'à White Horse.

آنها شصت مایل از دریاچه لو بارج تا وایت هورس دویدند.

À travers les lacs Marsh, Tagish et Bennett, ils se déplaçaient incroyablement vite.

آنها با سرعت باورنکردنی در سراسر دریاچه‌های مارش، تاگیش و بنت حرکت کردند.

L'homme qui courait était tiré derrière le traîneau par une corde.

مرد دونده سورتمه را با طناب به دنبال خود کشید.

La dernière nuit de la deuxième semaine, ils sont arrivés à destination.

در آخرین شب هفته دوم، آنها به مقصدشان رسیدند.

Ils avaient atteint ensemble le sommet du col White.

آنها با هم به بالای گردنه سفید رسیده بودند.

Ils sont descendus au niveau de la mer avec les lumières de Skaguay en dessous d'eux.

آنها در حالی که چراغ‌های اسکاگوای زیرشان بود، به سطح دریا پایین آمدند.

Il s'agissait d'une course record à travers des kilomètres de nature froide et sauvage.

این یک رکوردشکنی در پیمودن کیلومترها مسیر سرد و بیابانی بود.

Pendant quatorze jours d'affilée, ils ont parcouru en moyenne quarante miles.

آنها چهارده روز متوالی، به طور میانگین چهل مایل)حدود 40 کیلومتر (را پیمودند.

À Skaguay, Perrault et François transportaient des marchandises à travers la ville.

در اسکاگوئه، پرو و فرانسوا محموله‌ها را در سطح شهر جابجا می‌کردند.

Ils ont été acclamés et ont reçu de nombreuses boissons de la part d'une foule admirative.

جمعیت تحسین‌کننده آنها را تشویق کردند و نوشیدنی‌های زیادی به آنها تعارف کردند.

Les chasseurs de chiens et les ouvriers se sont rassemblés autour du célèbre attelage de chiens.

سگ‌رباها و کارگران دور تیم معروف جمع‌آوری سگ‌ها جمع شدند.

Puis les hors-la-loi de l'Ouest arrivèrent en ville et subirent une violente défaite.

سپس یاغیان غربی به شهر آمدند و با شکست سختی روبرو شدند.

Les gens ont vite oublié l'équipe et se sont concentrés sur un nouveau drame.

مردم خیلی زود تیم را فراموش کردند و روی درام جدید تمرکز کردند.

Puis sont arrivées les nouvelles commandes qui ont tout changé d'un coup.

سپس دستورات جدیدی از راه رسیدند که همه چیز را به یکباره تغییر دادند.

François appela Buck à lui et le serra dans ses bras avec une fierté larmoyante.

فرانسوا باک را به سوی خود فراخواند و با غروری اشکبار او را در آغوش گرفت.

Ce moment fut la dernière fois que Buck revit François.

آن لحظه آخرین باری بود که باک دوباره فرانسوا را دید.

Comme beaucoup d'hommes avant eux, François et Perrault étaient tous deux partis.

مانند بسیاری از مردان پیش از او، فرانسوا و پرو هر دو رفته بودند.

Un métis écossais a pris en charge Buck et ses coéquipiers de chiens de traîneau.

یک سگ دورگه اسکاتلندی مسئولیت باک و همتیمی‌های سگ سورتمه‌کشش را بر عهده گرفت.

Avec une douzaine d'autres équipes de chiens, ils sont retournés par le sentier jusqu'à Dawson.

آنها به همراه دوازده تیم سگ دیگر، در امتداد مسیر به داوسون بازگشتند.

Ce n'était plus une course rapide, juste un travail pénible avec une lourde charge chaque jour.

حالا دیگر کار سریع و طاقت‌فرسا نبود - فقط کار طاقت‌فرسا با بار سنگین هر روز.

C'était le train postal qui apportait des nouvelles aux chercheurs d'or près du pôle.

این قطار پستی بود که به شکارچیان طلا در نزدیکی قطب خبر می‌داد.

Buck n'aimait pas le travail mais le supportait bien, étant fier de ses efforts.

باک از کار خوشش نمی‌آمد، اما آن را به خوبی تحمل می‌کرد و به تلاش خود افتخار می‌کرد.

Comme Dave et Solleks, Buck a fait preuve de dévouement dans chaque tâche quotidienne.

باک، مانند دیو و سولکس، به تک تک کارهای روزانه‌اش پایبند بود.

Il s'est assuré que chacun de ses coéquipiers fasse sa part du travail.

او مطمئن شد که هر یک از هم‌تیمی‌هایش به اندازه سهم خود تلاش می‌کنند.

La vie sur les sentiers est devenue ennuyeuse, répétée avec la précision d'une machine.

زندگی در مسیرهای پیاده‌روی کسل‌کننده شد و با دقت یک ماشین تکرار می‌شد.

Chaque jour était le même, un matin se fondant dans le suivant.

هر روز حس یکسانی داشت، یک صبح با صبح دیگر در هم می‌آمیخت.

À la même heure, les cuisiniers se levèrent pour allumer des feux et préparer la nourriture.

در همان ساعت، آشپزها برخاستند تا آتش روشن کنند و غذا آماده کنند.

Après le petit-déjeuner, certains quittèrent le camp tandis que d'autres attelèrent les chiens.

بعد از صبحانه، بعضی‌ها کمپ را ترک کردند در حالی که بعضی دیگر سگ‌ها را مهار کردند.

Ils ont pris la route avant que le faible avertissement de l'aube ne touche le ciel.

آنها قبل از اینکه هشدار کمرنگ سپیده دم آسمان را لمس کند، به مسیر رسیدند.

La nuit, ils s'arrêtaient pour camper, chaque homme ayant une tâche précise.

شب هنگام، آنها برای اردو زدن توقف کردند و هر کدام وظیفه مشخصی داشتند.

Certains ont monté les tentes, d'autres ont coupé du bois de chauffage et ramassé des branches de pin.

بعضی‌ها چادرها را برپا کردند، بعضی دیگر هیزم شکستند و شاخه‌های کاج جمع کردند.

De l'eau ou de la glace étaient ramenées aux cuisiniers pour le repas du soir.

آب یا یخ برای غذای عصرانه به آشپزها برگردانده می‌شد.

Les chiens ont été nourris et c'était le meilleur moment de la journée pour eux.

به سگ‌ها غذا داده شد و این بهترین بخش روز برایشان بود.

Après avoir mangé du poisson, les chiens se sont détendus et se sont allongés près du feu.

سگ‌ها بعد از خوردن ماهی، نزدیک آتش استراحت کردند و لم دادند.

Il y avait une centaine d'autres chiens dans le convoi avec lesquels se mêler.

صد سگ دیگر هم در کاروان بودند که می‌شد با آنها معاشرت کرد.

Beaucoup de ces chiens étaient féroces et prompts à se battre sans prévenir.

بسیاری از آن سگ‌ها وحشی و سریع بودند و بدون هشدار قبلی می‌جنگیدند.

Mais après trois victoires, Buck a maîtrisé même les combattants les plus féroces.

اما پس از سه برد، باک حتی بر خشن‌ترین مبارزان نیز تسلط یافت.

Maintenant, quand Buck grogna et montra ses dents, ils s'écartèrent.

حالا وقتی باک غرید و دندان‌هایش را نشان داد، آنها کنار رفتند.

Mais le plus beau dans tout ça, c'est que Buck aimait s'allonger près du feu de camp vacillant.

شاید از همه بهتر، باک عاشق دراز کشیدن کنار آتش سوسوزن بود.

Il s'accroupit, les pattes arrière repliées et les pattes avant tendues vers l'avant.

او چمباتمه زد، پاهای عقبش را جمع کرد و پاهای جلویی‌اش را به جلو کشید.

Sa tête était levée tandis qu'il cligna doucement des yeux devant les flammes rougeoyantes.

سرش را بالا آورد و به آرامی پلک زد و به شعله‌های درخشان خیره شد.

Parfois, il se souvenait de la grande maison du juge Miller à Santa Clara.

گاهی اوقات خانه بزرگ قاضی میلر در سانتا کلارا را به یاد می‌آورد.

Il pensait à la piscine en ciment, à Ysabel et au carlin appelé Toots.

او به استخر سیمانی، به ایزابل و سگ پاگی به نام توتس فکر کرد.

Mais le plus souvent, il se souvenait du gourdin de l'homme au pull rouge.

اما بیشتر اوقات مردی را که چماق ژاکت قرمز به سر داشت به یاد می‌آورد.

Il se souvenait de la mort de Curly et de sa bataille acharnée contre Spitz.

او مرگ کرلی و نبرد سهمگین او با اسپیتز را به یاد آورد.

Il se souvenait aussi des bons plats qu'il avait mangés ou dont il rêvait encore.

او همچنین غذاهای خوبی را که خورده بود یا هنوز آرزویش را داشت، به یاد آورد.

Buck n'avait pas le mal du pays : la vallée chaude était lointaine et irréelle.

باک دلتنگ خانه نبود—دره گرم دور و غیرواقعی بود.

Les souvenirs de Californie n'avaient plus vraiment d'influence sur lui.

خاطرات کالیفرنیا دیگر هیچ کشش واقعی‌ای به او نمی‌دادند.

Plus forts que la mémoire étaient les instincts profondément ancrés dans sa lignée.

غرایزی که در اعماق خونش ریشه دوانده بودند، از حافظه قوی‌تر بودند.

Les habitudes autrefois perdues étaient revenues, ravivées par le sentier et la nature sauvage.

عادت‌هایی که زمانی از بین رفته بودند، دوباره بازگشته بودند و مسیر و طبیعت وحشی آنها را احیا کرده بود.

Tandis que Buck regardait la lumière du feu, cela devenait parfois autre chose.

همچنان که باک به نور آتش نگاه می‌کرد، گاهی چیز دیگری می‌شد.

Il vit à la lueur du feu un autre feu, plus vieux et plus profond que celui-ci.

او در نور آتش، آتش دیگری دید، قدیمی‌تر و عمیق‌تر از آتش فعلی.

À côté de cet autre feu se tenait accroupi un homme qui ne ressemblait pas au cuisinier métis.

کنار آن آتش دیگر، مردی چمباتمه زده بود که با آشپز دورگه فرق داشت.

Cette figurine avait des jambes courtes, de longs bras et des muscles durs et noués.

این پیکره پاهای کوتاه، بازوهای بلند و عضلاتی سخت و گره‌دار داشت.

Ses cheveux étaient longs et emmêlés, tombant en arrière à partir des yeux.

موهایش بلند و ژولیده بود و از کنار چشمانش به عقب متمایل شده بود.

Il émit des sons étranges et regarda l'obscurité avec peur.

او صداهای عجیبی از خودش درمی‌آورد و با ترس به تاریکی خیره شده بود.

Il tenait une massue en pierre basse, fermement serrée dans sa longue main rugueuse.

او یک چماق سنگی را پایین نگه داشته بود و آن را محکم در دست دراز و خشنش گرفته بود.

L'homme portait peu de vêtements ; juste une peau carbonisée qui pendait dans son dos.

مرد لباس کمی پوشیده بود؛ فقط یک پوست سوخته که از پشتش آویزان بود.

Son corps était couvert de poils épais sur les bras, la poitrine et les cuisses.

بدنش پوشیده از موهای ضخیم در سراسر بازوها، سینه و ران‌ها بود.

Certaines parties des cheveux étaient emmêlées en plaques de fourrure rugueuse.

بعضی از قسمت‌های مو به صورت تکه‌هایی از خز زبر در هم پیچیده شده بودند.

Il ne se tenait pas droit mais penché en avant des hanches jusqu'aux genoux.

او صاف نایستاده بود، بلکه از لگن تا زانو به جلو خم شده بود.

Ses pas étaient élastiques et félins, comme s'il était toujours prêt à bondir.

قدم‌هایش فنری و گربه‌مانند بود، گویی همیشه آماده‌ی جهش بود.

Il y avait une vive vigilance, comme s'il vivait dans une peur constante.

هوشیاری شدیدی وجود داشت، انگار که در ترس مداوم زندگی می‌کرد.

Cet homme ancien semblait s'attendre au danger, que le danger soit perçu ou non.

به نظر می‌رسید این مرد باستانی انتظار خطر را می‌کشید، چه خطر دیده می‌شد و چه نمی‌شد.

Parfois, l'homme poilu dormait près du feu, la tête entre les jambes.

مرد پشمالو گاهی کنار آتش می‌خوابید و سرش را بین پاهایش جمع می‌کرد.

Ses coudes reposaient sur ses genoux, ses mains jointes au-dessus de sa tête.

آرنج‌هایش را روی زانوهایش گذاشته بود و دست‌هایش را بالای سرش قلاب کرده بود.

Comme un chien, il utilisait ses bras velus pour se débarrasser de la pluie qui tombait.

مثل سگی از بازوهای پشمالویش برای دفع باران استفاده می‌کرد.

Au-delà de la lumière du feu, Buck vit deux charbons jumeaux briller dans l'obscurité.

باک، آن سوی نور آتش، دو زغال دوقلو را دید که در تاریکی می‌درخشیدند.

Toujours deux par deux, ils étaient les yeux des bêtes de proie traquantes.

همیشه دو به دو، آنها چشم حیوانات درنده‌ی در کمین بودند.

Il entendit des corps s'écraser à travers les broussailles et des bruits se faire entendre dans la nuit.

او صدای برخورد اجساد را از میان بوته‌ها و صداهایی را که در شب ایجاد می‌شد، شنید.

Allongé sur la rive du Yukon, clignant des yeux, Buck rêvait près du feu.

باک در حالی که روی ساحل یوکان دراز کشیده بود، پلک می‌زد و کنار آتش رویا می‌دید.

Les images et les sons de ce monde sauvage lui faisaient dresser les cheveux sur la tête.

مناظر و صداهای آن دنیای وحشی مو به تن آدم سیخ می‌کرد۔

La fourrure s'élevait le long de son dos, de ses épaules et de son cou.

خز در امتداد پشت، شانه‌ها و گردنش بلند شده بود۔

Il gémissait doucement ou émettait un grognement sourd au plus profond de sa poitrine.

او به آرامی ناله می‌کرد یا غرشی آرام در اعماق سینه‌اش سر می‌داد۔

Alors le cuisinier métis cria : « Hé, toi Buck, réveille-toi ! »

سپس آشپز دورگه فریاد زد: «هی، باک، بیدار شو۔»

Le monde des rêves a disparu et la vraie vie est revenue aux yeux de Buck.

دنیای رویا ناپدید شد و زندگی واقعی به چشمان باک بازگشت۔

Il allait se lever, s'étirer et bâiller, comme s'il venait de se réveiller d'une sieste.

می‌خواست بلند شود، کش و قوسی به بدنش بدهد و خمیازه بکشد، انگار که از خواب نیم‌روزی بیدار شده باشد۔

Le voyage était difficile, avec le traîneau postal qui traînait derrière eux.

سفر سختی بود، سورتمه پستی آنها را به دنبال خود می‌کشاند۔

Les lourdes charges et le travail pénible épuisaient les chiens à chaque longue journée.

بارهای سنگین و کارهای طاقت‌فرسا، سگ‌ها را در طول روز خسته می‌کرد۔

Ils arrivèrent à Dawson maigres, fatigués et ayant besoin de plus d'une semaine de repos.

آنها در حالی که لاغر، خسته و نیازمند بیش از یک هفته استراحت بودند، به داوسون رسیدند۔

Mais seulement deux jours plus tard, ils repartaient sur le Yukon.

اما تنها دو روز بعد، آنها دوباره به سمت یوکان حرکت کردند۔

Ils étaient chargés de lettres supplémentaires destinées au monde extérieur.

آنها پر از نامه‌های بیشتری بودند که قرار بود به دنیای بیرون فرستاده شوند۔

Les chiens étaient épuisés et les hommes se plaignaient constamment.

سگ‌ها خسته شده بودند و مردها مدام شکایت می‌کردند.

La neige tombait tous les jours, ramollissant le sentier et ralentissant les traîneaux.

هر روز برف می‌بارید، مسیر را نرم می‌کرد و حرکت سورتمه‌ها را کند می‌کرد.

Cela a rendu la traction plus difficile et a entraîné plus de traînée sur les patins.

این باعث کشش سخت‌تر و نیروی اصطکاک بیشتری روی دونده‌ها می‌شد.

Malgré cela, les pilotes étaient justes et se souciaient de leurs équipes.

با وجود این، رانندگان منصف بودند و به تیم‌هایشان اهمیت می‌دادند.

Chaque nuit, les chiens étaient nourris avant que les hommes ne puissent manger.

هر شب، قبل از اینکه مردان غذا بخورند، به سگ‌ها غذا داده می‌شد.

Aucun homme ne dormait avant de vérifier les pattes de son propre chien.

هیچ مردی قبل از اینکه پاهای سگ خودش را بررسی کند، نمی‌خوابید.

Cependant, les chiens s'affaiblissaient à mesure que les kilomètres s'écoulaient sur leur corps.

با این حال، سگ‌ها با پیمودن مسافت‌های طولانی، ضعیف‌تر می‌شدند.

Ils avaient parcouru mille huit cents kilomètres pendant l'hiver.

آنها در طول زمستان هزار و هشتصد مایل سفر کرده بودند.

Ils ont tiré des traîneaux sur chaque kilomètre de cette distance brutale.

آنها سورتمه‌ها را در هر مایل از آن مسافت وحشتناک می‌کشیدند.

Même les chiens de traîneau les plus robustes ressentent de la tension après tant de kilomètres.

حتی سرسخت‌ترین سگ‌های سورتمه‌سوار هم بعد از طی کردن این همه کیلومتر احساس خستگی می‌کنند.

Buck a tenu bon, a permis à son équipe de travailler et a maintenu la discipline.

باک مقاومت کرد، تیمش را به کار واداشت و نظم را حفظ کرد.

Mais Buck était fatigué, tout comme les autres pendant le long voyage.

اما باک خسته بود، درست مثل بقیه‌ی کسانی که در این سفر طولانی بودند.

Billee gémissait et pleurait dans son sommeil chaque nuit sans faute.

بیلی هر شب بدون وقفه در خواب ناله و گریه می‌کرد.

Joe devint encore plus amer et Solleks resta froid et distant.

جو حتی تلخ‌تر شد و سولکس سرد و بی‌تفاوت ماند.

Mais c'est Dave qui a le plus souffert de toute l'équipe.

اما این دیو بود که از بین کل تیم بدترین ضربه را خورد.

Quelque chose n'allait pas en lui, même si personne ne savait quoi.

چیزی در درونش اشتباه پیش رفته بود، هرچند هیچ‌کس نمی‌دانست چه چیزی.

Il est devenu de plus en plus maussade et s'en est pris aux autres avec une colère croissante.

او بدخلق‌تر شد و با خشم فزاینده‌ای به دیگران پرخاش می‌کرد.

Chaque nuit, il se rendait directement à son nid, attendant d'être nourri.

هر شب او مستقیماً به لانه‌اش می‌رفت و منتظر غذا می‌ماند.

Une fois tombé, Dave ne s'est pas relevé avant le matin.

دیو وقتی که زمین خورد، تا صبح دیگر بلند نشد.

Sur les rênes, des secousses ou des sursauts brusques le faisaient crier de douleur.

روی افسار، تکان‌ها یا لرزش‌های ناگهانی باعث می‌شد از درد فریاد بزند.

Son chauffeur a recherché la cause du sinistre, mais n'a constaté aucune blessure.

راننده‌اش علت را جستجو کرد، اما هیچ آسیبی در او پیدا نکرد.

Tous les conducteurs ont commencé à regarder Dave et ont discuté de son cas.

همه رانندگان شروع به تماشای دیو کردند و در مورد پرونده او بحث کردند.

Ils ont discuté pendant les repas et pendant leur dernière cigarette de la journée.

آنها سر غذا و موقع آخرین سیگار کشیدنشان حرف می‌زدند.

Une nuit, ils ont tenu une réunion et ont amené Dave au feu.

یک شب آنها جلسه‌ای تشکیل دادند و دیو را به آتش کشیدند.

Ils pressèrent et sondèrent son corps, et il cria souvent.

آنها بدنش را فشار می‌دادند و بررسی می‌کردند، و او اغلب فریاد می‌زد.

De toute évidence, quelque chose n'allait pas, même si aucun os ne semblait cassé.

واضح بود که مشکلی پیش آمده، هرچند به نظر نمی‌رسید استخوانی شکسته باشد.

Au moment où ils atteignirent Cassiar Bar, Dave était en train de tomber.

وقتی به کاسیار بار رسیدند، دیو داشت زمین می‌خورد.

Le métis écossais a appelé à la fin et a retiré Dave de l'équipe.

این دورگه اسکاتلندی، کار را متوقف کرد و دیو را از تیم کنار گذاشت.

Il a attaché Solleks à la place de Dave, le plus près de l'avant du traîneau.

او سولکس را در جای دیو، نزدیک‌ترین قسمت به جلوی سورتمه، بست.

Il avait l'intention de laisser Dave se reposer et courir librement derrière le traîneau en mouvement.

او می‌خواست دیو استراحت کند و آزادانه پشت سورتمه در حال حرکت بدود.

Mais même malade, Dave détestait être privé du travail qu'il avait occupé.

اما دیو حتی در حالت بیماری هم از اینکه از شغلی که قبلاً داشت، گرفته شود، متنفر بود.

Il grogna et gémit tandis que les rênes étaient retirées de son corps.

او غرغر کرد و ناله کرد وقتی افسار از بدنش کشیده شد.

Quand il vit Solleks à sa place, il pleura de douleur.

وقتی سولکس را در جای خود دید، با دلی شکسته و دردی عمیق گریست.

La fierté du travail sur les sentiers était profonde chez Dave, même à l'approche de la mort.

حتی با نزدیک شدن مرگ، غرور کار در مسیرهای کوهستانی در وجود دیو عمیقاً موج می‌زد.

Alors que le traîneau se déplaçait, Dave pataugeait dans la neige molle près du sentier.

همینطور که سورتمه حرکت می‌کرد، دیو در نزدیکی مسیر، روی برف نرم به سختی راه می‌رفت.

Il a attaqué Solleks, le mordant et le poussant du côté du traîneau.

او به سولکس حمله کرد، او را گاز گرفت و از کنار سورتمه هل داد.

Dave a essayé de sauter dans le harnais et de récupérer sa place de travail.

دیو سعی کرد به داخل مهار بپرد و محل کارش را پس بگیرد.

Il hurlait, gémissait et pleurait, déchiré entre la douleur et la fierté du travail.

او فریاد می‌زد، ناله می‌کرد و گریه می‌کرد، در حالی که بین درد و غرور در حین زایمان گیر کرده بود.

Le métis a utilisé son fouet pour essayer de chasser Dave de l'équipe.

آن دورگه با شلاقش سعی کرد دیو را از تیم دور کند.

Mais Dave ignora le coup de fouet, et l'homme ne put pas le frapper plus fort.

اما دیو به شلاق توجهی نکرد و آن مرد نتوانست ضربه محکم‌تری به او بزند.

Dave a refusé le chemin le plus facile derrière le traîneau, où la neige était tassée.

دیو از مسیر آسان‌تر پشت سورتمه، جایی که برف زیادی جمع شده بود، خودداری کرد.

Au lieu de cela, il se débattait dans la neige profonde à côté du sentier, dans la misère.

در عوض، او در برف عمیق کنار مسیر، با بدبختی دست و پنجه نرم می‌کرد.

Finalement, Dave s'est effondré, allongé dans la neige et hurlant de douleur.

سرانجام، دیو از حال رفت، روی برف‌ها افتاد و از درد ناله می‌کرد.

Il cria tandis que le long train de traîneaux le dépassait un par un.

او فریاد زد وقتی که قطار طولانی سورتمه‌ها یکی یکی از کنارش رد شدند.

Pourtant, avec ce qu'il lui restait de force, il se leva et trébucha après eux.

با این حال، با آخرین نیروی باقی مانده، بلند شد و تلوتلوخوران به دنبال آنها رفت.

Il l'a rattrapé lorsque le train s'est arrêté à nouveau et a retrouvé son vieux traîneau.

وقتی قطار دوباره توقف کرد، به او رسید و سورتمه قدیمی‌اش را پیدا کرد.

Il a dépassé les autres équipes et s'est retrouvé à nouveau aux côtés de Solleks.

او با دستپاچگی از کنار تیم‌های دیگر گذشت و دوباره کنار سولکس ایستاد.

Alors que le conducteur s'arrêtait pour allumer sa pipe, Dave saisit sa dernière chance.

همین که راننده مکث کرد تا پیپش را روشن کند، دیو آخرین شانسش را امتحان کرد.

Lorsque le chauffeur est revenu et a crié, l'équipe n'a pas avancé.

وقتی راننده برگشت و فریاد زد، تیم جلو نرفت.

Les chiens avaient tourné la tête, déconcertés par l'arrêt soudain.

سگ‌ها، گیج از توقف ناگهانی، سرشان را برگردانده بودند.

Le conducteur était également choqué : le traîneau n'avait pas avancé d'un pouce.

راننده هم شوکه شده بود—سورتمه حتی یک اینچ هم جلو نرفته بود.

Il a appelé les autres pour qu'ils viennent voir ce qui s'était passé.

او بقیه را صدا زد تا بیایند و ببینند چه اتفاقی افتاده است.

Dave avait mâché les rênes de Solleks, les brisant toutes les deux.

دیو افسار سولکس را جویده و هر دو را از هم جدا کرده بود.

Il se tenait maintenant devant le traîneau, de retour à sa position légitime.

حالا او جلوی سورتمه ایستاده بود، و دوباره در جایگاه درست خود قرار گرفته بود.

Dave leva les yeux vers le conducteur, le suppliant silencieusement de rester dans les traces.

دیو به راننده نگاه کرد و در سکوت التماس کرد که در مسیر بماند.

Le conducteur était perplexe, ne sachant pas quoi faire pour le chien en difficulté.

راننده گیج شده بود و مطمئن نبود برای سگی که تقلا می‌کرد چه کار کند.

Les autres hommes parlaient de chiens qui étaient morts après avoir été emmenés dehors.

مردهای دیگر از سگ‌هایی صحبت می‌کردند که در اثر بیرون بردن مرده بودند.

Ils ont parlé de chiens âgés ou blessés dont le cœur se brisait lorsqu'ils étaient abandonnés.

آنها از سگ‌های پیر یا زخمی می‌گفتند که وقتی تنها گذاشته می‌شدند، دلشان می‌شکست.

Ils ont convenu que c'était une preuve de miséricorde de laisser Dave mourir alors qu'il était encore dans son harnais.

آنها توافق کردند که این رحمت است که بگذارند دیو در حالی که هنوز افسارش را در دست دارد بمیرد.

Il était attaché au traîneau et Dave tirait avec fierté.

او را دوباره به سورتمه بستند و دیو با غرور آن را کشید.

Même s'il criait parfois, il travaillait comme si la douleur pouvait être ignorée.

اگرچه گاهی اوقات فریاد می‌زد، اما طوری کار می‌کرد که انگار می‌توان درد را نادیده گرفت.

Plus d'une fois, il est tombé et a été traîné avant de se relever.

بیش از یک بار او افتاد و قبل از اینکه دوباره بلند شود، کشیده شد.

Un jour, le traîneau l'a écrasé et il a boité à partir de ce moment-là.

یک بار، سورتمه از روی او گذشت و از آن لحظه به بعد او لنگید.

Il travailla néanmoins jusqu'à ce qu'il atteigne le camp, puis s'allongea près du feu.

با این حال، او تا رسیدن به اردوگاه کار کرد و سپس کنار آتش دراز کشید.

Le matin, Dave était trop faible pour voyager ou même se tenir debout.

تا صبح، دیو آنقدر ضعیف شده بود که نمی‌توانست حرکت کند یا حتی بایستد.

Au moment de l'attelage, il essaya d'atteindre son conducteur avec un effort tremblant.

در زمان آماده‌سازی مهار، با تلاشی لرزان سعی کرد به راننده‌اش برسد.

Il se força à se relever, tituba et s'effondra sur le sol enneigé.

او به زور بلند شد، تلو تلو خورد و روی زمین برفی افتاد.

À l'aide de ses pattes avant, il a traîné son corps vers la zone de harnais.

با استفاده از پاهای جلویی‌اش، بدنش را به سمت محل مهار کشید.

Il s'avança, pouce par pouce, vers les chiens de travail.

او خودش را جلو کشید، سانتی‌متر به سانتی‌متر، به سمت سگ‌های کارگر.

Ses forces l'abandonnèrent, mais il continua d'avancer dans sa dernière poussée désespérée.

نیرویش تحلیل رفت، اما با آخرین تلاش ناامیدانه‌اش به حرکت ادامه داد.

Ses coéquipiers l'ont vu haleter dans la neige, impatients de les rejoindre.

همتیمی‌هایش او را دیدند که در برف نفس نفس می‌زد و هنوز آرزوی پیوستن به آنها را داشت.

Ils l'entendirent hurler de tristesse alors qu'ils quittaient le camp.

آنها هنگام ترک اردوگاه، صدای ناله‌های غم‌انگیز او را شنیدند.

Alors que l'équipe disparaissait dans les arbres, le cri de Dave résonna derrière eux.

همین که تیم در میان درختان ناپدید شد، فریاد دیو پشت سرشان طنین‌انداز شد.

Le train de traîneaux s'est brièvement arrêté après avoir traversé un tronçon de forêt fluviale.

قطار سورتمه‌سواری پس از عبور از بخشی از جنگل‌های رودخانه، برای مدت کوتاهی توقف کرد.

Le métis écossais retourna lentement vers le camp situé derrière lui.

دورگه اسکاتلندی به آرامی به سمت اردوگاه پشت سر برگشت.

Les hommes ont arrêté de parler quand ils l'ont vu quitter le train de traîneaux.

مردها وقتی دیدند که او از قطار سورتمه پیاده می‌شود، حرفشان را قطع کردند.

Puis un coup de feu retentit clairement et distinctement de
l'autre côté du sentier.

سپس صدای شلیک گلوله‌ای واضح و تیز در سراسر مسیر طنین‌انداز
شد۔

L'homme revint rapidement et reprit sa place sans un mot.

مرد سریع برگشت و بدون هیچ حرفی سر جایش نشست۔

Les fouets claquaient, les cloches tintaient et les traîneaux
roulaient dans la neige.

شلاق‌ها به صدا درمی‌آمدند، زنگ‌ها جرینگ جرینگ می‌کردند و
سورتمه‌ها در میان برف‌ها غلت می‌خوردند۔

Mais Buck savait ce qui s'était passé, et tous les autres chiens
aussi.

اما باک می‌دانست چه اتفاقی افتاده است - و هر سگ دیگری هم
همینطور۔

*Le travail des rênes et du sentier
رنج و زحمت افسار و مسیر *

Trente jours après avoir quitté Dawson, le Salt Water Maïl atteignit Skaguay.

سی روز پس از ترک داوسون، کشتی سالت واتر میل به اسکاگوئه رسید.

Buck et ses coéquipiers ont pris la tête, arrivant dans un état pitoyable.

باک و همتیمی‌هایش در حالی که در شرایط رقت‌انگیزی رسیده بودند، پیشتاز شدند.

Buck était passé de cent quarante à cent quinze livres.

وزن باک از صد و چهل پوند به صد و پانزده پوند کاهش یافته بود.

Les autres chiens, bien que plus petits, avaient perdu encore plus de poids.

سگ‌های دیگر، هرچند کوچک‌تر بودند، وزن بدنشان حتی بیشتر کاهش یافته بود.

Pike, autrefois un faux boiteux, traînait désormais derrière lui une jambe véritablement blessée.

پایک، که زمانی فقط یک لنگ‌زن مصنوعی بود، حالا یک پای واقعاً زخمی را به دنبال خود می‌کشید.

Solleks boitait beaucoup et Dub avait une omoplate déchirée.

سولکس به شدت می‌لنگید و داب از ناحیه کتف دچار شکستگی شده بود.

Tous les chiens de l'équipe avaient mal aux pieds après des semaines passées sur le sentier gelé.

تمام سگ‌های تیم به خاطر هفته‌ها رانندگی در مسیر یخزده، پاهایشان درد می‌کرد.

Ils n'avaient plus aucun ressort dans leurs pas, seulement un mouvement lent et traînant.

دیگر رمقی در قدم‌هایشان نمانده بود، فقط حرکاتشان کند و کشیده می‌شد.

Leurs pieds heurtent durement le sentier, chaque pas ajoutant plus de tension à leur corps.

پاهایشان محکم به مسیر برخورد می‌کرد و با هر قدم، فشار بیشتری به بدنشان وارد می‌شد.

Ils n'étaient pas malades, seulement épuisés au-delà de toute guérison naturelle.

آنها بیمار نبودند، فقط آنقدر خسته بودند که دیگر به طور طبیعی بهبود نمی‌یافتند.

Ce n'était pas la fatigue d'une dure journée, guérie par une nuit de repos.

این خستگی یک روز سخت نبود که با یک شب استراحت برطرف شود.

C'était un épuisement qui s'était construit lentement au fil de mois d'efforts épuisants.

این خستگی به آرامی و طی ماه‌ها تلاش طاقت‌فرسا ایجاد شده بود.

Il ne leur restait plus aucune force de réserve : ils avaient épuisé toutes leurs forces.

هیچ نیروی ذخیره‌ای باقی نمانده بود - آنها هر چه داشتند را مصرف کرده بودند.

Chaque muscle, chaque fibre et chaque cellule de leur corps étaient épuisés et usés.

هر عضله، فیبر و سلول در بدن آنها تحلیل رفته و فرسوده شده بود.

Et il y avait une raison : ils avaient parcouru deux mille cinq cents kilomètres.

و دلیلی هم داشت - آنها دو هزار و پانصد مایل را طی کرده بودند.

Ils ne s'étaient reposés que cinq jours au cours des mille huit cents derniers kilomètres.

آنها در طول هزار و هشتصد مایل آخر، فقط پنج روز استراحت کرده بودند.

Lorsqu'ils arrivèrent à Skaguay, ils semblaient à peine capables de se tenir debout.

وقتی به اسکاگوئه رسیدند، به نظر می‌رسید که به سختی می‌توانند صاف بایستند.

Ils ont lutté pour garder les rênes serrées et rester devant le traîneau.

آنها تقلا می‌کردند تا افسار را محکم نگه دارند و از سورتمه جلوتر بمانند.

Dans les descentes, ils ont tout juste réussi à éviter d'être écrasés.

در سرازیری‌ها، آنها فقط توانستند از زیر گرفته شدن توسط ماشین جلوگیری کنند.

« Continuez, pauvres pieds endoloris », dit le chauffeur tandis qu'ils boitaient.

راننده در حالی که لنگان لنگان راه می‌رفتند گفت» :به راهت ادامه بده، «پاهای دردناک بیچاره.

« C'est la dernière ligne droite, après quoi nous aurons tous droit à un long repos, c'est sûr. »

این آخرین مرحله است، بعدش مطمئناً همه یه استراحت طولانی » خواهیم داشت.«

« Un très long repos », promit-il en les regardant avancer en titubant.

او در حالی که تلوتلو خوردن آنها را به جلو تماشا می‌کرد، قول داد : یک استراحت واقعاً طولانی»«.

Les pilotes s'attendaient à bénéficier d'une longue pause bien méritée.

رانندگان انتظار داشتند که حالا یک استراحت طولانی و ضروری داشته باشند.

Ils avaient parcouru douze cents milles avec seulement deux jours de repos.

آنها دوازده‌صد مایل را با تنها دو روز استراحت طی کرده بودند.

Par souci d'équité et de raison, ils estimaient avoir mérité un temps de détente.

انصافاً و منطقاً، آنها احساس می‌کردند که زمانی برای استراحت به دست آورده‌اند.

Mais trop de gens étaient venus au Klondike et trop peu étaient restés chez eux.

اما تعداد زیادی به کلوندایک آمده بودند و تعداد کمی در خانه مانده بودند.

Les lettres des familles ont afflué, créant des piles de courrier en retard.

سیل نامه‌های خانواده‌ها سرازیر شد و انبوهی از نامه‌های معوق ایجاد کرد.

Les ordres officiels sont arrivés : de nouveaux chiens de la Baie d'Hudson allaient prendre le relais.

دستورهای رسمی رسید - قرار بود سگ‌های جدید هادسون بی مسئولیت را بر عهده بگیرند.

Les chiens épuisés, désormais considérés comme sans valeur, devaient être éliminés.

قرار بود سگ‌های خسته که حالا بی‌ارزش نامیده می‌شدند، معدوم شوند.

Comme l'argent comptait plus que les chiens, ils allaient être vendus à bas prix.

از آنجایی که پول از سگ‌ها مهم‌تر بود، قرار بود آنها ارزان فروخته شوند.

Trois jours supplémentaires passèrent avant que les chiens ne ressentent à quel point ils étaient faibles.

سه روز دیگر گذشت تا سگ‌ها احساس کنند که چقدر ضعیف شده‌اند.

Le quatrième matin, deux hommes venus des États-Unis ont acheté toute l'équipe.

صبح روز چهارم، دو مرد آمریکایی کل تیم را خریدند.

La vente comprenait tous les chiens, ainsi que leur harnais usagé.

این حراج شامل تمام سگ‌ها، به علاوه‌ی افسار فرسوده‌شان می‌شد.

Les hommes s'appelaient mutuellement « Hal » et « Charles » lorsqu'ils concluaient l'affaire.

این دو مرد هنگام انجام معامله، یکدیگر را »هال« و »چارلز« صدا می‌زدند.

Charles était d'âge moyen, pâle, avec des lèvres molles et des pointes de moustache féroces.

چارلز میانسال، رنگ‌پریده، با لب‌های بی‌رمق و سبیل‌های پریشان بود.

Hal était un jeune homme, peut-être âgé de dix-neuf ans, portant une ceinture bourrée de cartouches.

هال مرد جوانی بود، شاید نوزده ساله، که کمربندی پر از فشنگ به کمر داشت.

La ceinture contenait un gros revolver et un couteau de chasse, tous deux inutilisés.

کمربند، یک هفت‌تیر بزرگ و یک چاقوی شکاری را در خود جای داده بود، که هر دو استفاده نشده بودند.

Cela a montré à quel point il était inexpérimenté et inapte à la vie dans le Nord.

این نشان می‌داد که او چقدر برای زندگی در شمال بی‌تجربه و نامناسب است.

Aucun des deux hommes n'appartenait à la nature sauvage ; leur présence défiait toute raison.

هیچکدام از آن دو مرد به طبیعت وحشی تعلق نداشتند؛ حضورشان با هر منطقی مغایرت داشت.

Buck a regardé l'argent échanger des mains entre l'acheteur et l'agent.

باک تماشا می‌کرد که چطور پول بین خریدار و نماینده‌ی فروش رد و بدل می‌شود۔

Il savait que les conducteurs du train postal allaient le quitter comme les autres.

او می‌دانست که رانندگان قطار پستی هم مثل بقیه از زندگی‌اش می‌روند۔

Ils suivirent Perrault et François, désormais irrévocables.

آنها از پرو و فرانسوا پیروی کردند، که اکنون دیگر به یاد نمی‌آیند۔

Buck et l'équipe ont été conduits dans le camp négligé de leurs nouveaux propriétaires.

باک و تیمش به اردوگاه شلخته‌ی صاحبان جدیدشان هدایت شدند۔

La tente s'affaissait, la vaisselle était sale et tout était en désordre.

چادر فرو ریخته بود، ظرف‌ها کثیف بودند و همه چیز به هم ریخته بود۔

Buck remarqua également une femme : Mercedes, la femme de Charles et la sœur de Hal.

باک متوجه زنی هم آنجا شد - مرسدس، همسر چارلز و خواهر هال۔

Ils formaient une famille complète, bien que loin d'être adaptée au sentier.

آنها یک خانواده کامل را تشکیل می‌دادند، هرچند که برای مسیر مناسب نبودند۔

Buck regarda nerveusement le trio commencer à emballer les fournitures.

باک با نگرانی نگاه می‌کرد که آن سه نفر شروع به بسته‌بندی وسایل کردند۔

Ils ont travaillé dur mais sans ordre, juste du grabuge et des efforts gaspillés.

آنها سخت کار می‌کردند اما بدون نظم - فقط هیاهو و تلاش بیهوده۔

La tente a été roulée dans une forme volumineuse, beaucoup trop grande pour le traîneau.

چادر لوله شده و به شکل حجیمی درآمده بود، برای سورتمه خیلی بزرگ بود۔

La vaisselle sale a été emballée sans avoir été nettoyée ni séchée du tout.

ظرف‌های کثیف بدون اینکه اصلاً شسته یا خشک شوند، بسته‌بندی شده بودند۔

Mercedes voltigeait, parlant constamment, corrigeant et intervenant.

مرسدس این‌طرف و آن‌طرف می‌رفت، مدام حرف می‌زد، حرف کسی را تصحیح می‌کرد و دخالت می‌کرد.

Lorsqu'un sac était placé à l'avant, elle insistait pour qu'il soit placé à l'arrière.

وقتی یک کیسه جلو گذاشته شد، او اصرار داشت که آن را عقب بگذارد.

Elle a mis le sac au fond, et l'instant d'après, elle en avait besoin.

او کیسه را در ته آن گذاشت و لحظه بعد به آن نیاز داشت.

Le traîneau a donc été déballé à nouveau pour atteindre le sac spécifique.

بنابراین سورتمه دوباره از بسته‌بندی خارج شد تا به آن کیسه‌ی خاص برسد.

À proximité, trois hommes se tenaient devant une tente, observant la scène se dérouler.

در همان نزدیکی، سه مرد بیرون چادری ایستاده بودند و صحنه را تماشا می‌کردند.

Ils souriaient, faisaient des clins d'œil et souriaient à la confusion évidente des nouveaux arrivants.

آنها با دیدن سردرگمی آشکار تازه واردها، لبخند زدند، چشمک زدند و پوزخند زدند.

« Vous avez déjà une charge très lourde », dit l'un des hommes.

یکی از مردها گفت» :شما همین الان هم بار سنگینی دارید.«

« Je ne pense pas que tu devrais porter cette tente, mais c'est ton choix. »

فکر نمی‌کنم لازم باشه اون چادر رو با خودت ببری، اما انتخاب با » خودته.«

« Inimaginable ! » s'écria Mercedes en levant les mains de désespoir.

مرسدس با ناامیدی دستانش را بالا برد و فریاد زد» :خوابش هم نمی‌دیدم.«

« Comment pourrais-je voyager sans une tente sous laquelle dormir ? »

»چطور می‌توانستم بدون چادر سفر کنم؟«

« C'est le printemps, vous ne verrez plus jamais de froid »,
répondit l'homme.

مرد پاسخ داد» :بهار است - دیگر هوای سرد را نخواهی دید.«

Mais elle secoua la tête et ils continuèrent à empiler des
objets sur le traîneau.

اما او سرش را تکان داد، و آنها همچنان وسایل را روی سورتمه انباشته
می‌کردند.

La charge s'élevait dangereusement alors qu'ils ajoutaient
les dernières choses.

وقتی آخرین چیزها را اضافه می‌کردند، بار به طرز خطرناکی بالا رفته
بود.

« Tu penses que le traîneau va rouler ? » demanda l'un des
hommes avec un regard sceptique.

یکی از مردها با نگاهی شکاک پرسید» :فکر می‌کنید سورتمه حرکت
خواهد کرد؟«

« Pourquoi pas ? » rétorqua Charles, vivement agacé.

چارلز با دلخوری شدیدی جواب داد» :چرا نباید این کار را بکند؟«

« Oh, ce n'est pas grave », dit rapidement l'homme,
s'éloignant de l'offense.

مرد سریع گفت» :اوه، اشکالی نداردـو از لحن تهاجمی‌اش عقب‌نشینی «
کرد.

« Je me demandais juste – ça me semblait un peu trop lourd.
»

فقط داشتم فکر می‌کردم - به نظرم یه کم زیادی سنگین اومد«.-«

Charles se détourna et attacha la charge du mieux qu'il put.

چارلز برگشت و بار را تا جایی که می‌توانست محکم بست.

Mais les attaches étaient lâches et l'emballage mal fait dans
l'ensemble.

اما بندها شل بودند و بسته‌بندی در کل ضعیف انجام شده بود.

« Bien sûr, les chiens tireront ça toute la journée », a dit un
autre homme avec sarcasme.

مرد دیگری با طعنه گفت» :البته، سگ‌ها تمام روز آن را خواهند
کشید.«

« Bien sûr », répondit froidement Hal en saisissant le long
mât du traîneau.

هال با سردی پاسخ داد» :البتهـو میله‌ی بلندِ جی-میله‌ی سورتمه را «
گرفت.

D'une main sur le poteau, il faisait tournoyer le fouet dans l'autre.

با یک دست بر تیرک، شلاق را با دست دیگر چرخاند.

« Allons-y ! » cria-t-il. « Allez ! » exhortant les chiens à démarrer.

او فریاد زد» :بریمو سگ‌ها را به شروع کردن تشویق کرد» :تکانش بدید.»

Les chiens se sont penchés sur le harnais et ont tendu pendant quelques instants.

سگ‌ها به افسار تکیه دادند و برای چند لحظه تقلا کردند.

Puis ils s'arrêtèrent, incapables de déplacer d'un pouce le traîneau surchargé.

سپس آنها ایستادند، نتوانستند سورتمه پر از بار را حتی یک اینچ هم تکان دهند.

« Ces brutes paresseuses ! » hurla Hal en levant le fouet pour les frapper.

هال فریاد زد» :تنبل‌های وحشی‌و شلاق را بالا برد تا آنها را بزند «.

Mais Mercedes s'est précipitée et a saisi le fouet des mains de Hal.

اما مرسدس به سرعت وارد شد و شلاق را از دست هال قاپید.

« Oh, Hal, n'ose pas leur faire de mal », s'écria-t-elle, alarmée.

او با وحشت فریاد زد» :اوه، هال، جرأت نکن به آنها آسیبی برسانی.»

« Promets-moi que tu seras gentil avec eux, sinon je n'irai pas plus loin. »

به من قول بده که با آنها مهربان باشی، وگرنه دیگر قدمی برنخواهم داشت.»»

« Tu ne connais rien aux chiens », lança Hal à sa sœur.

هال با عصبانیت به خواهرش گفت» :تو هیچی از سگ‌ها نمی‌دونی.»»

« Ils sont paresseux, et la seule façon de les déplacer est de les fouetter. »

آنها تنبل هستند و تنها راه برای حرکت دادنشان شلاق زدن است».»»

« Demandez à n'importe qui, demandez à l'un de ces hommes là-bas si vous doutez de moi. »

از هر کسی بپرس - اگر به من شک داری از یکی از آن مردها آنجا بپرس.»»

Mercedes regarda les spectateurs avec des yeux suppliants et pleins de larmes.

مرسدس با چشمانی اشکبار و التماس‌آمیز به تماشاگران نگاه می‌کرد.

Son visage montrait à quel point elle détestait la vue de la douleur.

چهره‌اش نشان می‌داد که چقدر از دیدن هرگونه درد و رنجی متنفر است.

« Ils sont faibles, c'est tout », dit un homme. « Ils sont épuisés. »

یکی از آنها گفت: «آنها ضعیف هستند، همین.آنها فرسوده شده‌اند.»

« Ils ont besoin de repos, ils ont travaillé trop longtemps sans pause. »

« آنها به استراحت نیاز دارند - مدت زیادی بدون استراحت از آنها کار کشیده شده است.»

« Que le repos soit maudit », murmura Hal, la lèvre retroussée.

هال با لب‌های جمع‌شده زیر لب گفت: «لعنت به آرامش ابدی.»

Mercedes haleta, clairement peinée par ce mot grossier de sa part.

مرسدس نفسش بند آمد، مشخص بود که از حرف بی‌ادبانه او رنجیده است.

Pourtant, elle est restée loyale et a immédiatement défendu son frère.

با این حال، او وفادار ماند و فوراً از برادرش دفاع کرد.

« Ne fais pas attention à cet homme », dit-elle à Hal. « Ce sont nos chiens. »

او به هال گفت: «به آن مرد اهمیت نده.آنها سگ‌های ما هستند.»

« Vous les conduisez comme bon vous semble, faites ce que vous pensez être juste. »

« شما آنها را هر طور که صلاح می‌دانید هدایت می‌کنید - کاری را که فکر می‌کنید درست است انجام دهید.»

Hal leva le fouet et frappa à nouveau les chiens sans pitié.

هال شلاق را بالا برد و دوباره بدون رحم سگ‌ها را زد.

Ils se sont précipités en avant, le corps bas, les pieds poussant dans la neige.

آنها به جلو خیز برداشتند، بدن‌هایشان پایین بود و پاهایشان در برف فرو می‌رفت.

Toutes leurs forces étaient utilisées pour tirer, mais le traîneau ne bougeait pas.

تمام قدرتشان صرف کشیدن سورتمه شد، اما سورتمه حرکت نمی‌کرد.

Le traîneau est resté coincé, comme une ancre figée dans la neige tassée.

سورتمه مثل لنگری که در برف فشرده یخ زده باشد، گیر کرده بود.

Après un deuxième effort, les chiens s'arrêtèrent à nouveau, haletants.

پس از دومین تلاش، سگ‌ها دوباره ایستادند و به سختی نفس نفس می‌زدند.

Hal leva à nouveau le fouet, juste au moment où Mercedes intervenait à nouveau.

هال دوباره شلاق را بالا برد، درست همان موقع مرسدس دوباره دخالت کرد.

Elle tomba à genoux devant Buck et lui serra le cou.

او جلوی باک زانو زد و گردنش را در آغوش گرفت.

Les larmes lui montèrent aux yeux tandis qu'elle suppliait le chien épuisé.

در حالی که از سگ خسته التماس می‌کرد، اشک در چشمانش حلقه زده بود.

« Pauvres chéris », dit-elle, « pourquoi ne tirez-vous pas plus fort ? »

«او گفت» :عزیزان بیچاره، چرا محکم‌تر نمی‌کشید؟

« Si tu tires, tu ne seras pas fouetté comme ça. »

«اگر بکشی، دیگر نمی‌توانی این‌طور شلاق بخوری»-.

Buck n'aimait pas Mercedes, mais il était trop fatigué pour lui résister maintenant.

باک از مرسدس خوشش نمی‌آمد، اما حالا خیلی خسته بود که در مقابلش مقاومت کند.

Il accepta ses larmes comme une simple partie de cette journée misérable.

او اشک‌های او را به عنوان بخشی دیگر از آن روز نحس پذیرفت.

L'un des hommes qui regardaient a finalement parlé après avoir retenu sa colère.

یکی از مردانی که نظاره‌گر بود، بالاخره پس از اینکه خشمش را فرو خورد، لب به سخن گشود.

« Je me fiche de ce qui vous arrive, mais ces chiens comptent.
»

برای من مهم نیست چه اتفاقی برای شما دوستان می‌افتد، اما آن سگ‌ها
مهم هستند.»

« Si vous voulez aider, détachez ce traîneau, il est gelé dans
la neige. »

اگر می‌خواهی کمک کنی، آن سورتمه را شل کن - از برف یخ زده»»-

« Appuyez fort sur la perche, à droite et à gauche, et brisez le
sceau de glace. »

از راست و چپ محکم به میله‌ی جی‌میل فشار بده و یخبند رو بشکن»»-

Une troisième tentative a été faite, cette fois-ci suite à la
suggestion de l'homme.

این بار به پیشنهاد مرد، تلاش سومی انجام شد.

Hal a balancé le traîneau d'un côté à l'autre, libérant les
patins.

هال سورتمه را از این سو به آن سو تکان داد و باعث شد که تیغه‌های
آن شل شوند.

Le traîneau, bien que surchargé et maladroit, a finalement
fait un bond en avant.

سورتمه، هرچند بیش از حد سنگین و دست و پا چلفتی بود، بالاخره به
جلو حرکت کرد.

Buck et les autres tiraient sauvagement, poussés par une
tempête de coups de fouet.

باک و دیگران، در حالی که طوفانی از ضربات شلاق آنها را به حرکت
در آورده بود، وحشیانه خود را می‌کشیدند-

Une centaine de mètres plus loin, le sentier courbait et
descendait en pente dans la rue.

صد یارد جلوتر، مسیر پیچ خورد و به خیابان سرازیر شد.

Il aurait fallu un conducteur expérimenté pour maintenir le
traîneau droit.

قرار بود یک راننده ماهر سورتمه را سرپا نگه دارد-

Hal n'était pas habile et le traîneau a basculé en tournant
dans le virage.

هال ماهر نبود و سورتمه هنگام پیچیدن کج شد-

Les sangles lâches ont cédé et la moitié de la charge s'est
répandue sur la neige.

تسمه‌های شل شل شدند و نیمی از بار روی برف ریخت-

Les chiens ne s'arrêtèrent pas ; le traîneau le plus léger volait sur le côté.

سگ‌ها توقف نکردند؛ سورتمه سبک‌تر به پهلو به پرواز درآمد۔

En colère à cause des mauvais traitements et du lourd fardeau, les chiens couraient plus vite.

سگ‌ها که از بدرفتاری و بار سنگین عصبانی بودند، تندتر دویدند۔

Buck, furieux, s'est mis à courir, suivi par l'équipe.

باک، با خشم، شروع به دویدن کرد و تیمش هم پشت سرش می‌دوید۔

Hal a crié « Whoa ! Whoa ! » mais l'équipe ne lui a pas prêté attention.

هال فریاد زد »وای‌وای ۔اما تیم هیچ توجهی به او نکرد «۔

Il a trébuché, est tombé et a été traîné au sol par le harnais.

پایش گیر کرد، افتاد و افسار اسب روی زمین کشیده شد۔

Le traîneau renversé l'a heurté tandis que les chiens couraient devant.

سورتمه واژگون شده به او برخورد کرد و سگ‌ها به سرعت از او جلو زدند۔

Le reste des fournitures est dispersé dans la rue animée de Skaguay.

بقیه‌ی وسایل در خیابان شلوغ اسکاگوئه پخش شده بود۔

Des personnes au grand cœur se sont précipitées pour arrêter les chiens et rassembler le matériel.

مردم مهربان هجوم آوردند تا سگ‌ها را متوقف کنند و وسایل را جمع کنند۔

Ils ont également donné des conseils, directs et pratiques, aux nouveaux voyageurs.

آنها همچنین به مسافران جدید، نصیحت‌هایی رک و صریح و کاربردی ارائه دادند۔

« Si vous voulez atteindre Dawson, prenez la moitié du chargement et doublez les chiens. »

اگر می‌خواهی به داوسون برسی، نصف بار را بردار و سگ‌ها را دو » برابر کن۔«

Hal, Charles et Mercedes écoutaient, mais sans enthousiasme.

هال، چارلز و مرسدس گوش می‌دادند، هرچند نه با اشتیاق۔

Ils ont installé leur tente et ont commencé à trier leurs provisions.

چادرشان را برپا کردند و شروع به مرتب کردن وسایلشان کردند.

Des conserves sont sorties, ce qui a fait rire les spectateurs.

کنسروها بیرون آمدند که باعث خنده‌ی تماشاگران شد.

« Des conserves sur le sentier ? Tu vas mourir de faim avant qu'elles ne fondent », a dit l'un d'eux.

یکی گفت»: غذاهای کنسروی توی مسیر؟ قبل از اینکه آب بشن از گرسنگی می‌میری-«

« Des couvertures d'hôtel ? Tu ferais mieux de toutes les jeter. »

پتوهای هتل؟ بهتره همه‌شون رو دور بریزی»-«

« Laissez tomber la tente aussi, et personne ne fait la vaisselle ici. »

چادر را هم جمع کنید، اینجا کسی ظرف نمی‌شوید»-«

« Tu crois que tu voyages dans un train Pullman avec des domestiques à bord ? »

فکر می‌کنی سوار قطار پولمن هستی و خدمتکارها هم همراهت » «هستند؟

Le processus a commencé : chaque objet inutile a été jeté de côté.

روند شروع شد - هر وسیله‌ی بی‌فایده به گوشه‌ای پرتاب شد.

Mercedes a pleuré lorsque ses sacs ont été vidés sur le sol enneigé.

مرسدس وقتی چمدان‌هایش روی زمین برفی خالی شد، گریه کرد.

Elle sanglotait sur chaque objet jeté, un par un, sans pause.

او برای هر وسیله‌ای که دور انداخته می‌شد، یکی یکی و بدون مکث، هق هق می‌کرد.

Elle jura de ne plus faire un pas de plus, même pas pendant dix Charles.

او قسم خورد که حتی یک قدم دیگر هم جلو نرود - حتی برای ده چارلز-

Elle a supplié chaque personne à proximité de la laisser garder ses objets précieux.

او از هر کسی که در آن نزدیکی بود التماس کرد که اجازه دهد چیزهای گرانبهایش را نگه دارد.

Finalement, elle s'essuya les yeux et commença à jeter même les vêtements essentiels.

بالاخره اشک‌هایش را پاک کرد و شروع به دور انداختن لباس‌های ضروری‌اش کرد.

Une fois les siennes terminées, elle commença à vider les provisions des hommes.

وقتی کارش با خودش تمام شد، شروع به خالی کردن آذوقه مردان کرد۔

Comme un tourbillon, elle a déchiré les affaires de Charles et Hal.

او مانند گردبادی، وسایل چارلز و هال را به هم ریخت۔

Même si la charge était réduite de moitié, elle était encore bien plus lourde que nécessaire.

اگرچه بار نصف شده بود، اما هنوز خیلی سنگین‌تر از حد نیاز بود۔

Cette nuit-là, Charles et Hal sont sortis et ont acheté six nouveaux chiens.

آن شب، چارلز و هال بیرون رفتند و شش سگ جدید خریدند۔

Ces nouveaux chiens ont rejoint les six originaux, plus Teek et Koona.

این سگ‌های جدید به شش سگ اصلی، به علاوه‌ی تیک و کونا، اضافه شدند۔

Ensemble, ils formaient une équipe de quatorze chiens attelés au traîneau.

آنها با هم تیمی از چهارده سگ را تشکیل دادند که به سورتمه بسته شده بودند۔

Mais les nouveaux chiens n'étaient pas aptes et mal entraînés au travail en traîneau.

اما سگ‌های جدید برای کار با سورتمه نامناسب و آموزش ندیده بودند۔

Trois des chiens étaient des pointeurs à poil court et un était un Terre-Neuve.

سه تا از سگ‌ها از نژاد پوینتر مو کوتاه و یکی از آنها از نژاد نیوفاندلند بود۔

Les deux derniers chiens étaient des bâtards sans race ni objectif clairement définis.

دو سگ آخر، سگ‌های بی‌صاحبی بودند که نژاد یا هدف مشخصی نداشتند۔

Ils n'ont pas compris le sentier et ne l'ont pas appris rapidement.

آنها مسیر را نمی‌فهمیدند، و آن را به سرعت یاد نمی‌گرفتند۔

Buck et ses compagnons les regardaient avec mépris et une profonde irritation.

باک و رفقایش با تمسخر و آزردگی عمیقی آنها را تماشا می‌کردند۔

Bien que Buck leur ait appris ce qu'il ne fallait pas faire, il ne pouvait pas leur enseigner le devoir.

اگرچه باک به آنها یاد داد که چه کاری را نباید انجام دهند، اما نمی‌توانست وظیفه‌شناسی را را آموزش دهد.

Ils n'ont pas bien supporté la vie sur les sentiers ni la traction des rênes et des traîneaux.

آنها از دنبال کردن مسیر یا کشیدن افسار و سورتمه خوششان نمی‌آمد.

Seuls les bâtards essayaient de s'adapter, et même eux manquaient d'esprit combatif.

فقط دورگه‌ها سعی در سازگاری داشتند و حتی آنها هم فاقد روحیه جنگندگی بودند.

Les autres chiens étaient confus, affaiblis et brisés par leur nouvelle vie.

سگ‌های دیگر گیج، ضعیف و از زندگی جدیدشان شکسته بودند.

Les nouveaux chiens étant désemparés et les anciens épuisés, l'espoir était mince.

با بی‌خبری سگ‌های جدید و خستگی سگ‌های قدیمی، امید کمرنگ شده بود.

L'équipe de Buck avait parcouru deux mille cinq cents kilomètres de sentiers difficiles.

تیم باک دو هزار و پانصد مایل از مسیر ناهموار را طی کرده بود.

Pourtant, les deux hommes étaient joyeux et fiers de leur grande équipe de chiens.

با این حال، آن دو مرد شاد بودند و به تیم بزرگ سگ‌هایشان افتخار می‌کردند.

Ils pensaient voyager avec style, avec quatorze chiens attelés.

آنها فکر می‌کردند که با چهارده سگِ به زنجیر کشیده شده، با سبک و سیاق سفر می‌کنند.

Ils avaient vu des traîneaux partir pour Dawson, et d'autres en arriver.

آنها دیده بودند که سورتمه‌ها به سمت داوسون حرکت می‌کردند و سورتمه‌های دیگری از آنجا می‌رسیدند.

Mais ils n'en avaient jamais vu un tiré par quatorze chiens.

اما هرگز ندیده بودند که یکی از آنها توسط چهارده سگ کشیده شود.

Il y avait une raison pour laquelle de telles équipes étaient rares dans la nature sauvage de l'Arctique.

دلیلی وجود داشت که چنین تیم‌هایی در طبیعت بکر قطب شمال نادر بودند.

Aucun traîneau ne pouvait transporter suffisamment de nourriture pour nourrir quatorze chiens pendant le voyage.

هیچ سورتمه‌ای نمی‌توانست غذای کافی برای سیر کردن چهارده سگ در طول سفر را حمل کند.

Mais Charles et Hal ne le savaient pas : ils avaient fait le calcul.

اما چارلز و هال این را نمی‌دانستند——آنها محاسبات را انجام داده بودند.

Ils ont planifié la nourriture : tant par chien, tant de jours, et c'est fait.

آنها غذا را با مداد نوشتند: فلان مقدار برای هر سگ، فلان تعداد روز، تمام شد.

Mercedes regarda leurs chiffres et hocha la tête comme si cela avait du sens.

مرسدس به ارقام آنها نگاه کرد و طوری سر تکان داد که انگار حرفش منطقی بوده است.

Tout cela lui semblait très simple, du moins sur le papier.

همه چیز برای او خیلی ساده به نظر می‌رسید، حداقل روی کاغذ.

Le lendemain matin, Buck conduisit lentement l'équipe dans la rue enneigée.

صبح روز بعد، باک تیم را به آرامی در خیابان برفی هدایت کرد.

Il n'y avait aucune énergie ni aucun esprit en lui ou chez les chiens derrière lui.

هیچ انرژی یا روحی در او یا سگ‌های پشت سرش وجود نداشت.

Ils étaient épuisés dès le départ, il n'y avait plus de réserve.

آنها از همان ابتدا کاملاً خسته بودند - دیگر نیروی ذخیره‌ای باقی نمانده بود.

Buck avait déjà effectué quatre voyages entre Salt Water et Dawson.

باک تا آن موقع چهار بار بین سالت واتر و داوسون سفر کرده بود.

Maintenant, confronté à nouveau à la même épreuve, il ne ressentait que de l'amertume.

حالا که دوباره با همان مسیر روبرو شده بود، چیزی جز تلخی احساس نمی‌کرد.

Son cœur n'y était pas, ni celui des autres chiens.

نه دلش با این کار بود و نه دل سگ‌های دیگر.

Les nouveaux chiens étaient timides et les huskies manquaient totalement de confiance.

سگ‌های جدید ترسو بودند و هاسکی‌ها هیچ اعتمادی نداشتند.

Buck sentait qu'il ne pouvait pas compter sur ces deux hommes ou sur leur sœur.

باک احساس کرد که نمی‌تواند به این دو مرد یا خواهرشان تکیه کند.

Ils ne savaient rien et ne montraient aucun signe d'apprentissage sur le sentier.

آنها هیچ چیز نمی‌دانستند و هیچ نشانه‌ای از یادگیری در مسیر نشان ندادند.

Ils étaient désorganisés et manquaient de tout sens de la discipline.

آنها بی‌نظم بودند و هیچ نظم و انضباطی نداشتند.

Il leur fallait à chaque fois la moitié de la nuit pour monter un campement bâclé.

هر بار نصف شب طول می‌کشید تا یک کمپ شلخته برپا کنند.

Et ils passèrent la moitié de la matinée suivante à tâtonner à nouveau avec le traîneau.

و نیمی از صبح روز بعد را دوباره به ور رفتن با سورتمه گذراندند.

À midi, ils s'arrêtaient souvent juste pour réparer la charge inégale.

تا ظهر، آنها اغلب فقط برای تعمیر بار ناهموار توقف می‌کردند.

Certains jours, ils parcouraient moins de dix milles au total.

بعضی روزها، آنها در مجموع کمتر از ده مایل سفر می‌کردند.

D'autres jours, ils ne parvenaient pas du tout à quitter le camp.

روزهای دیگر، آنها اصلاً موفق به ترک اردوگاه نشدند.

Ils n'ont jamais réussi à couvrir la distance alimentaire prévue.

آنها هرگز به پوشش مسافت غذایی برنامه‌ریزی‌شده نزدیک هم نشدند.

Comme prévu, ils ont très vite manqué de nourriture pour les chiens.

همانطور که انتظار می‌رفت، خیلی زود غذای سگ‌ها تمام شد.

Ils ont aggravé la situation en les suralimentant au début.

آنها با تغذیه بیش از حد در روزهای اول، اوضاع را بدتر کردند.

À chaque ration négligée, la famine se rapprochait.

این با هر جیرهبندی بیدقت، گرسنگی را نزدیکتر میکرد.

Les nouveaux chiens n'avaient pas appris à survivre avec très peu.

سگهای جدید یاد نگرفته بودند که با غذای بسیار کم زنده بمانند.

Ils mangeaient avec faim, avec un appétit trop grand pour le sentier.

آنها با ولع غذا خوردند، اشتهایشان برای مسیر بیش از حد زیاد بود.

Voyant les chiens s'affaiblir, Hal pensait que la nourriture n'était pas suffisante.

هال با دیدن ضعف سگها، معتقد بود که غذا کافی نیست.

Il a doublé les rations, rendant l'erreur encore pire.

او جیرهها را دو برابر کرد و این اشتباه را بدتر کرد.

Mercedes a aggravé le problème avec ses larmes et ses douces supplications.

مرسدس با اشکها و التماسهای ملایمش مشکل را پیچیدهتر کرد.

Comme elle n'arrivait pas à convaincre Hal, elle nourrissait les chiens en secret.

وقتی نتوانست هال را متقاعد کند، مخفیانه به سگها غذا میداد.

Elle a volé des sacs de poissons et les leur a donnés dans son dos.

او از کیسههای ماهی دزدید و پشت سر او به آنها داد.

Mais ce dont les chiens avaient réellement besoin, ce n'était pas de plus de nourriture, mais de repos.

اما چیزی که سگها واقعاً به آن نیاز داشتند، غذای بیشتر نبود، بلکه استراحت بود.

Ils progressaient mal, mais le lourd traîneau continuait à avancer.

آنها به سختی راه میرفتند، اما سورتمه سنگین هنوز به جلو کشیده میشد.

Ce poids à lui seul épuisait chaque jour leurs forces restantes.

آن وزن به تنهایی هر روز نیروی باقی مانده آنها را تحلیل میبرد.

Puis vint l'étape de la sous-alimentation, les réserves s'épuisant.

سپس با کم شدن آذوقه، مرحلهی تغذیهی ناکافی فرا رسید.

Un matin, Hal s'est rendu compte que la moitié de la nourriture pour chien avait déjà disparu.

هال یک روز صبح متوجه شد که نیمی از غذای سگ تمام شده است۔

Ils n'avaient parcouru qu'un quart de la distance totale du sentier.

آنها فقط یک چهارم کل مسیر را طی کرده بودند۔

On ne pouvait plus acheter de nourriture, quel que soit le prix proposé.

دیگر هیچ غذایی قابل خرید نبود، فرقی نمی‌کرد چه قیمتی پیشنهاد شود۔

Il a réduit les portions des chiens en dessous de la ration quotidienne standard.

او سهم سگ‌ها را کمتر از جیره استاندارد روزانه کاهش داد۔

Dans le même temps, il a exigé des voyages plus longs pour compenser la perte.

در عین حال، او خواستار سفرهای طولانی‌تر برای جبران خسارت شد۔

Mercedes et Charles ont soutenu ce plan, mais ont échoué dans son exécution.

مرسدس و چارلز از این طرح حمایت کردند، اما در اجرا شکست خوردند۔

Leur lourd traîneau et leur manque de compétences rendaient la progression presque impossible.

سورتمه سنگین و فقدان مهارت آنها، پیشروی را تقریباً غیرممکن می‌کرد۔

Il était facile de donner moins de nourriture, mais impossible de forcer plus d'efforts.

دادن غذای کمتر آسان بود، اما وادار کردن به تلاش بیشتر غیرممکن بود۔

Ils ne pouvaient pas commencer plus tôt, ni voyager pendant des heures supplémentaires.

آنها نه می‌توانستند زودتر شروع کنند و نه می‌توانستند برای ساعات اضافی سفر کنند۔

Ils ne savaient pas comment travailler les chiens, ni eux-mêmes d'ailleurs.

آنها نه می‌دانستند چطور با سگ‌ها کار کنند، و نه خودشان، در آن مورد۔

Le premier chien à mourir était Dub, le voleur malchanceux mais travailleur.

اولین سگی که مُرد، داب، دزد بدشانس اما سخت‌کوش بود۔

Bien que souvent puni, Dub avait fait sa part sans se plaindre.

اگرچه داب اغلب تنبیه می‌شد، اما بدون هیچ شکایتی بار مسئولیتش را به دوش می‌کشید۔

Son épaule blessée s'est aggravée sans qu'il soit nécessaire de prendre soin de lui et de se reposer.

شانه آسیب دیده او بدون مراقبت یا نیاز به استراحت، بدتر شد۔

Finalement, Hal a utilisé le revolver pour mettre fin aux souffrances de Dub.

سرانجام، هال از هفت‌تیر برای پایان دادن به رنج داب استفاده کرد۔

Un dicton courant dit que les chiens normaux meurent à cause des rations de husky.

یک ضرب‌المثل رایج ادعا می‌کند که سگ‌های معمولی با جیره غذایی هاسکی می‌میرند۔

Les six nouveaux compagnons de Buck n'avaient que la moitié de la part de nourriture du husky.

شش همراه جدید باک فقط نصف سهم هاسکی از غذا را داشتند۔

Le Terre-Neuve est mort en premier, puis les trois braques à poil court.

نیوفاندلند اول مُرد، بعد سه پوینتر مو کوتاه۔

Les deux bâtards résistèrent plus longtemps mais finirent par périr comme les autres.

آن دو سگ دورگه مدت بیشتری دوام آوردند اما سرانجام مانند بقیه از بین رفتند۔

À cette époque, toutes les commodités et la douceur du Southland avaient disparu.

در این زمان، تمام امکانات رفاهی و لطافت سرزمین جنوبی از بین رفته بود۔

Les trois personnes avaient perdu les dernières traces de leur éducation civilisée.

آن سه نفر آخرین نشانه‌های تربیت متمدنانه خود را از دست داده بودند۔

Dépouillé de glamour et de romantisme, le voyage dans l'Arctique est devenu brutalement réel.

سفر به قطب شمال، عاری از زرق و برق و عاشقانه، به طرز وحشیانه‌ای واقعی شد۔

C'était une réalité trop dure pour leur sens de la virilité et de la féminité.

این واقعیت برای حس مردانگی و زنانگی آنها بیش از حد خشن بود.

Mercedes ne pleurait plus pour les chiens, mais maintenant elle pleurait seulement pour elle-même.

مرسدس دیگر برای سگ‌ها گریه نمی‌کرد، بلکه حالا فقط برای خودش گریه می‌کرد.

Elle passait son temps à pleurer et à se disputer avec Hal et Charles.

او وقتش را صرف گریه و دعوا با هال و چارلز کرد.

Se disputer était la seule chose qu'ils n'étaient jamais trop fatigués de faire.

دعوا تنها کاری بود که آنها هرگز از انجام دادنش خسته نمی‌شدند.

Leur irritabilité provenait de la misère, grandissait avec elle et la surpassait.

کج‌خلقی آنها از بدبختی ناشی می‌شد، با آن رشد می‌کرد و از آن پیشی می‌گرفت.

La patience du sentier, connue de ceux qui peinent et souffrent avec bienveillance, n'est jamais venue.

صبر و شکیبایی مسیر، که برای کسانی که زحمت می‌کشند و با مهربانی رنج می‌برند، شناخته شده است، هرگز فرا نرسید.

Cette patience, qui garde la parole douce malgré la douleur, leur était inconnue.

آن صبری که در میان درد، سخن را شیرین نگه می‌دارد، برایشان ناشناخته بود.

Ils n'avaient aucune trace de patience, aucune force tirée de la souffrance avec grâce.

آنها هیچ نشانه‌ای از صبر و شکیبایی نداشتند، هیچ قدرتی که از رنج کشیدن با ظرافت حاصل شود، در آنها دیده نمی‌شد.

Ils étaient raides de douleur : leurs muscles, leurs os et leur cœur étaient douloureux.

آنها از درد خشکشان زده بود—درد در عضلات، استخوان‌ها و قلب‌هایشان.

À cause de cela, ils devinrent acerbes et prompts à prononcer des paroles dures.

به همین دلیل، زبانشان تیز شد و سخنان تندی گفتند.

Chaque jour commençait et se terminait par des voix en colère et des plaintes amères.

هر روز با صداهای خشمگین و شکایت‌های تلخ شروع و پایان می‌یافت.

Charles et Hal se disputaient chaque fois que Mercedes leur en donnait l'occasion.

چارلز و هال هر وقت مرسدس به آنها فرصتی می‌داد، با هم دعوا می‌کردند.

Chaque homme estimait avoir fait plus que sa juste part du travail.

هر مرد معتقد بود که بیش از سهم عادلانه خود از کار، کار انجام داده است.

Aucun des deux n'a jamais manqué une occasion de le dire, encore et encore.

نه هرگز فرصتی را برای گفتن این موضوع از دست نداد، بارها و بارها.

Parfois, Mercedes se rangeait du côté de Charles, parfois du côté de Hal.

گاهی اوقات مرسدس طرف چارلز را می‌گرفت، گاهی اوقات طرف هال را.

Cela a conduit à une grande et interminable querelle entre les trois.

این منجر به یک دعوای بزرگ و بی‌پایان بین این سه نفر شد.

Une dispute sur la question de savoir qui devait couper le bois de chauffage est devenue incontrôlable.

اختلاف بر سر اینکه چه کسی باید هیزم بشکند، از کنترل خارج شد.

Bientôt, les pères, les mères, les cousins et les parents décédés ont été nommés.

خیلی زود، پدران، مادران، پسرعموها و اقوام فوت شده نامگذاری شدند.

Les opinions de Hal sur l'art ou les pièces de son oncle sont devenues partie intégrante du combat.

دیدگاه‌های هال در مورد هنر یا نمایشنامه‌های عمویش بخشی از این دعوا شد.

Les convictions politiques de Charles sont également entrées dans le débat.

باورهای سیاسی چارلز نیز وارد بحث شد.

Pour Mercedes, même les ragots de la sœur de son mari semblaient pertinents.

برای مرسدس، حتی شایعات خواهر شوهرش هم بی‌ربط به نظر می‌رسید.

Elle a exprimé son opinion sur ce sujet et sur de nombreux défauts de la famille de Charles.

او در مورد آن و بسیاری از معایب خانواده چارلز نظرات خود را بیان کرد.

Pendant qu'ils se disputaient, le feu restait éteint et le camp à moitié monté.

در حالی که آنها بحث می‌کردند، آتش خاموش ماند و چادر نیمه‌کاره ماند.

Pendant ce temps, les chiens restaient froids et sans nourriture.

در همین حال، سگ‌ها سردشان بود و هیچ غذایی نداشتند.

Mercedes avait un grief qu'elle considérait comme profondément personnel.

مرسدس شکایتی داشت که آن را عمیقاً شخصی می‌دانست.

Elle se sentait maltraitée en tant que femme, privée de ses doux privilèges.

او احساس می‌کرد که به عنوان یک زن با او بدرفتاری می‌شود، و از امتیازات لطیفش محروم می‌ماند.

Elle était jolie et douce, et habituée à la chevalerie toute sa vie.

او زیبا و مهربان بود و تمام عمرش به جوانمردی عادت داشت.

Mais son mari et son frère la traitaient désormais avec impatience.

اما شوهر و برادرش حالا با بی‌صبری با او رفتار می‌کردند.

Elle avait pour habitude d'agir comme si elle était impuissante, et ils commencèrent à se plaindre.

عادت او این بود که درمانده رفتار کند، و آنها شروع به شکایت کردند.

Offensée par cela, elle leur rendit la vie encore plus difficile.

او که از این موضوع آزرده خاطر شده بود، زندگی آنها را دشوارتر کرد.

Elle a ignoré les chiens et a insisté pour conduire elle-même le traîneau.

او سگ‌ها را نادیده گرفت و اصرار داشت که خودش سوار سورتمه شود.

Bien que légère en apparence, elle pesait cent vingt livres.

اگرچه ظاهری لاغر داشت، اما وزنش صد و بیست پوند بود.

Ce fardeau supplémentaire était trop lourd pour les chiens affamés et faibles.

آن بار اضافی برای سگ‌های گرسنه و ضعیف خیلی زیاد بود.

Elle a continué à monter pendant des jours, jusqu'à ce que les chiens s'effondrent sous les rênes.

با این حال، او روزها سوارکاری کرد، تا اینکه سگ‌ها در افسار از حال رفتند.

Le traîneau s'arrêta et Charles et Hal la supplièrent de marcher.

سورتمه بی‌حرکت ایستاد و چارلز و هال از او التماس کردند که راه برود.

Ils la supplièrent et la supplièrent, mais elle pleura et les traita de cruels.

آنها التماس و التماس کردند، اما او گریه کرد و آنها را ظالم خواند.

À une occasion, ils l'ont tirée du traîneau avec force et colère.

یک بار، آنها او را با زور و خشم محض از سورتمه پایین کشیدند.

Ils n'ont plus jamais essayé après ce qui s'est passé cette fois-là.

آنها بعد از اتفاقی که آن بار افتاد، دیگر هرگز تلاش نکردند.

Elle devint molle comme un enfant gâté et s'assit dans la neige.

مثل بچه‌ای لوس، بی‌حرکت روی برف‌ها نشست.

Ils continuèrent leur chemin, mais elle refusa de se lever ou de les suivre.

آنها به راه خود ادامه دادند، اما او حاضر نشد بلند شود یا پشت سرشان برود.

Après trois milles, ils s'arrêtèrent, revinrent et la ramenèrent.

بعد از سه مایل، آنها توقف کردند، برگشتند و او را به عقب حمل کردند.

Ils l'ont rechargée sur le traîneau, en utilisant encore une fois la force brute.

آنها دوباره او را با استفاده از نیروی بی‌امانشان روی سورتمه گذاشتند.

Dans leur profonde misère, ils étaient insensibles à la souffrance des chiens.

در بدبختی عمیق خود، نسبت به رنج سگ‌ها بی‌رحم بودند.

Hal croyait qu'il fallait s'endurcir et il a imposé cette croyance aux autres.

هال معتقد بود که باید سرسخت شد و این باور را به دیگران تحمیل کرد.

Il a d'abord essayé de prêcher sa philosophie à sa sœur

او ابتدا سعی کرد فلسفه خود را برای خواهرش موعظه کند

et puis, sans succès, il prêcha à son beau-frère.

و سپس، بدون موفقیت، برای برادر همسرش موعظه کرد.

Il a eu plus de succès avec les chiens, mais seulement parce qu'il leur a fait du mal.

او با سگ‌ها موفقیت بیشتری داشت، اما فقط به این دلیل که به آنها آسیب رسانده بود.

Chez Five Fingers, la nourriture pour chiens est complètement épuisée.

در رستوران فایو فینگرز، غذای سگ کاملاً تمام شد.

Une vieille squaw édentée a vendu quelques kilos de peau de cheval congelée

یک زن سفیدپوست پیر و بی‌دندان چند پوند پوست اسب یخ‌زده فروخت

Hal a échangé son revolver contre la peau de cheval séchée.

هال تپانچه‌اش را با پوست خشک اسب عوض کرد.

La viande provenait de chevaux affamés d'éleveurs de bétail des mois auparavant.

این گوشت ماه‌ها قبل از اسب‌های گرسنه‌ی گله‌داران تهیه شده بود.

Gelée, la peau était comme du fer galvanisé ; dure et immangeable.

پوست یخ‌زده مثل آهن گالوانیزه شده بود؛ سفت و غیرقابل خوردن.

Les chiens devaient mâcher la peau sans fin pour la manger.

سگ‌ها مجبور بودند برای خوردن پوست، بی‌وقفه آن را بجوند.

Mais les cordes en cuir et les cheveux courts n'étaient guère une nourriture.

اما آن تارهای چرمی و موهای کوتاه به سختی می‌توانستند مغذی باشند.

La majeure partie de la peau était irritante et ne constituait pas véritablement de la nourriture.

بیشتر پوست آزاردهنده بود، و به هیچ وجه غذا نبود.

Et pendant tout ce temps, Buck titubait en tête, comme dans un cauchemar.

و در تمام این مدت، باک مثل یک کابوس، در جلو تلوتلو می‌خورد.

Il tirait quand il le pouvait ; quand il ne le pouvait pas, il restait allongé jusqu'à ce qu'un fouet ou un gourdin le relève.

وقتی می‌توانست، خود را می‌کشید؛ وقتی نمی‌توانست، دراز می‌کشید تا شلاق یا چماق او را بلند کند.

Son pelage fin et brillant avait perdu toute sa rigidité et son
éclat d'autrefois.

پوشش ظریف و براقش تمام سفتی و درخشندگی سابقش را از دست داده
بود۔

Ses cheveux pendaient, mous, en bataille et coagulés par le
sang séché des coups.

موهایش شل و ول، کشیده و خون خشک شده‌ی ناشی از ضربات، لخته
شده بود۔

Ses muscles se sont réduits à l'état de cordes et ses
coussinets de chair étaient tous usés.

عضلاتش مثل طناب منقبض شدند و تمام بالشتک‌های گوشتش ساییده
شدند۔

Chaque côte, chaque os apparaissait clairement à travers les
plis de la peau ridée.

هر دنده، هر استخوان به وضوح از زیر چین و چروک‌های پوست
نمایان بود۔

C'était déchirant, mais le cœur de Buck ne pouvait pas se
briser.

دلخراش بود، اما قلب باک نمی‌توانست بشکند۔

L'homme au pull rouge avait testé cela et l'avait prouvé il y a
longtemps.

مرد با ژاکت قرمز مدت‌ها پیش این را آزمایش و ثابت کرده بود۔

Comme ce fut le cas pour Buck, ce fut le cas pour tous ses
coéquipiers restants.

همان‌طور که برای باک اتفاق افتاد، برای تمام هم‌تیمی‌های باقی‌مانده‌اش
هم همین‌طور بود۔

Il y en avait sept au total, chacun étant un squelette
ambulant de misère.

در مجموع هفت نفر بودند، هر کدام اسکلت متحرکی از بدبختی۔

Ils étaient devenus insensibles au fouet, ne ressentant
qu'une douleur lointaine.

آنها بی‌حس شده بودند و فقط درد دوری را حس می‌کردند۔

Même la vue et le son leur parvenaient faiblement, comme à
travers un épais brouillard.

حتی بینایی و شنوایی هم به سختی به آنها می‌رسید، انگار از میان مه
غلیظی۔

Ils n'étaient pas à moitié vivants : c'étaient des os avec de faibles étincelles à l'intérieur.

آنها نیمه جان نبودند ـ استخوان هایی بودند با جرقه های کم نور در درونشان.

Lorsqu'ils s'arrêtèrent, ils s'effondrèrent comme des cadavres, leurs étincelles presque éteintes.

وقتی متوقف می‌شدند، مثل جسد از حال می‌رفتند، جرقه‌هایشان تقریباً از بین رفته بود.

Et lorsque le fouet ou le gourdin frappaient à nouveau, les étincelles voltigeaient faiblement.

و وقتی شلاق یا چماق دوباره زده می‌شد، جرقه‌ها به آرامی می‌لرزیدند.

Puis ils se levèrent, titubèrent en avant et traînèrent leurs membres en avant.

سپس بلند شدند، تلوتلوخوران به جلو رفتند و دست و پایشان را به جلو کشیدند.

Un jour, le gentil Billee tomba et ne put plus se relever du tout.

روزی بیلی مهربان زمین خورد و دیگر نتوانست بلند شود.

Hal avait échangé son revolver, alors il a utilisé une hache pour tuer Billee à la place.

هال هفت‌تیرش را فروخته بود، بنابراین در عوض از تبر برای کشتن بیلی استفاده کرد.

Il le frappa à la tête, puis lui coupa le corps et le traîna.

او به سر او کوبید، سپس بدنش را آزاد کرد و آن را کشید و با خود برد.

Buck vit cela, et les autres aussi ; ils savaient que la mort était proche.

باک این را دید، و دیگران هم همینطور؛ آنها می‌دانستند که مرگ نزدیک است.

Le lendemain, Koona partit, ne laissant que cinq chiens dans l'équipe affamée.

روز بعد کونا رفت و فقط پنج سگ را در تیم گرسنه باقی گذاشت.

Joe, qui n'était plus méchant, était trop loin pour se rendre compte de quoi que ce soit.

جو، که دیگر بدجنس نبود، آنقدر از کوره در رفته بود که اصلاً از خیلی چیزها خبر نداشت.

Pike, ne faisant plus semblant d'être blessé, était à peine conscient.

پایک که دیگر تظاهر به مصدومیت نمی‌کرد، به سختی هوشیار بود.

Solleks, toujours fidèle, se lamentait de ne plus avoir de force à donner.

سولکس، که هنوز وفادار بود، سوگواری می‌کرد که دیگر توانی برای بخشش ندارد.

Teek a été le plus battu parce qu'il était plus frais, mais qu'il s'estompait rapidement.

تیک بیشتر مورد ضرب و شتم قرار گرفت زیرا او تازه نفس تر بود، اما به سرعت در حال محو شدن بود.

Et Buck, toujours en tête, ne maintenait plus l'ordre ni ne le faisait respecter.

و باک، که هنوز رهبری را در دست داشت، دیگر نه نظم را رعایت می‌کرد و نه آن را اجرا می‌کرد.

À moitié aveugle à cause de sa faiblesse, Buck suivit la piste au toucher seul.

باک که از ضعف، نیمه‌بیدار بود، به تنهایی و با احساس امنیت، ردپا را دنبال کرد.

C'était un beau temps printanier, mais aucun d'entre eux ne l'a remarqué.

هوای بهاری زیبایی بود، اما هیچ کدام از آنها متوجه آن نشدند.

Chaque jour, le soleil se levait plus tôt et se couchait plus tard qu'avant.

هر روز خورشید زودتر از قبل طلوع می‌کرد و دیرتر از قبل غروب می‌کرد.

À trois heures du matin, l'aube était arrivée ; le crépuscule durait jusqu'à neuf heures.

ساعت سه بامداد، سپیده دمیده بود؛ گرگ و میش تا ساعت نه ادامه داشت.

Les longues journées étaient remplies du plein soleil printanier.

روزهای طولانی پر از درخشش کامل آفتاب بهاری بود.

Le silence fantomatique de l'hiver s'était transformé en un murmure chaleureux.

سکوت شبح‌وار زمستان به زمزمه‌ای گرم تبدیل شده بود.

Toute la terre s'éveillait, animée par la joie des êtres vivants.

تمام سرزمین از خواب بیدار می‌شد، زنده و سرزنده از شادی موجودات زنده.

Le bruit provenait de ce qui était resté mort et immobile pendant l'hiver.

صدا از چیزی می‌آمد که در طول زمستان مرده و بی‌حرکت مانده بود.

Maintenant, ces choses bougeaient à nouveau, secouant le long sommeil de gel.

حالا، آن چیزها دوباره حرکت کردند و از خواب طولانی یخبندان بیرون آمدند.

La sève montait à travers les troncs sombres des pins en attente.

شیره درخت کاج از میان تنه‌های تیره درختان کاجِ منتظر، بالا می‌آمد.

Les saules et les trembles font apparaître de jeunes bourgeons brillants sur chaque brindille.

بیدها و صنوبرها جوانه‌های جوان و درخشانی را روی هر شاخه شکوفا می‌کنند.

Les arbustes et les vignes se parent d'un vert frais tandis que les bois prennent vie.

با زنده شدن جنگل، بوته‌ها و تاک‌ها سبزه تازه‌ای به تن کردند.

Les grillons chantaient la nuit et les insectes rampaient au soleil.

شب‌ها جیرجیرک‌ها جیک‌جیک می‌کردند و حشرات در آفتاب روز می‌خزیدند.

Les perdrix résonnaient et les pics frappaient profondément dans les arbres.

کبک‌ها غریدند و دارکوب‌ها در اعماق درختان نقب زدند.

Les écureuils bavardaient, les oiseaux chantaient et les oies klaxonnaient au-dessus des chiens.

سنجاب‌ها جیک‌جیک می‌کردند، پرندگان آواز می‌خواندند و غازها بوق می‌زدند تا صدای سگ‌ها را نشنوند.

Les oiseaux sauvages arrivaient en groupes serrés, volant vers le haut depuis le sud.

مرغان وحشی دسته دسته از جنوب به سمت بالا پرواز می‌کردند.

De chaque colline venait la musique des ruisseaux cachés et impétueux.

از هر دامنه تپه‌ای، موسیقی جویبارهای پنهان و خروشان می‌آمد.

Toutes choses ont dégelé et se sont brisées, se sont pliées et ont repris leur mouvement.

همه چیز ذوب شد و شکست، خم شد و دوباره به حرکت درآمد.

Le Yukon s'efforçait de briser les chaînes de froid de la glace gelée.

یوکان برای شکستن زنجیرهای سرد یخ منجمد، تقلا می‌کرد.

La glace fondait en dessous, tandis que le soleil la faisait fondre par le dessus.

یخ از زیر آب می‌شد، در حالی که خورشید از بالا آن را ذوب می‌کرد.

Des trous d'aération se sont ouverts, des fissures se sont propagées et des morceaux sont tombés dans la rivière.

سوراخ‌های هوا باز شدند، ترک‌ها گسترش یافتند و تکه‌هایی از آنها به درون رودخانه افتادند.

Au milieu de toute cette vie débordante et flamboyante, les voyageurs titubaient.

در میان این همه زندگی پرجنب‌وجوش و شعله‌ور، مسافران تلوتلو می‌خوردند.

Deux hommes, une femme et une meute de huskies marchaient comme des morts.

دو مرد، یک زن و یک گله سگ هاسکی مثل مرده‌ها راه می‌رفتند.

Les chiens tombaient, Mercedes pleurait, mais continuait à conduire le traîneau.

سگ‌ها داشتند می‌افتادند، مرسدس گریه می‌کرد، اما همچنان سورتمه را می‌راند.

Hal jura faiblement et Charles cligna des yeux à travers ses yeux larmoyants.

هال با لحنی ضعیف فحش داد و چارلز با چشمانی اشک‌آلود پلک زد.

Ils tombèrent sur le camp de John Thornton à l'embouchure de la rivière White.

آنها در دهانه رودخانه وایت ریور به اردوگاه جان تورنتون برخوردند.

Lorsqu'ils s'arrêtèrent, les chiens s'effondrèrent, comme s'ils étaient tous morts.

وقتی ایستادند، سگ‌ها بی‌حرکت افتادند، انگار که همگی مرده بودند.

Mercedes essuya ses larmes et regarda John Thornton.

مرسدس اشک‌هایش را پاک کرد و به جان تورنتون نگاه کرد.

Charles s'assit sur une bûche, lentement et raidement, souffrant du sentier.

چارلز روی کنده‌ای نشست، آهسته و خشک، و از رد پا درد می‌کشید.

Hal parlait pendant que Thornton sculptait l'extrémité d'un manche de hache.

در حالی که تورنتون انتهای دسته‌ی یک تبر را می‌تراشید، هال صحبت می‌کرد.

Il taillait du bois de bouleau et répondait par des réponses brèves et fermes.

او چوب توس را تراشید و با پاسخ‌های کوتاه و قاطع پاسخ داد.

Lorsqu'on lui a demandé son avis, il a donné des conseils, certain qu'ils ne seraient pas suivis.

وقتی از او پرسیده شد، نصیحتی کرد، مطمئن بود که کسی به آن عمل نخواهد کرد.

Hal a expliqué : « Ils nous ont dit que la glace du sentier disparaissait. »

هال توضیح داد» :به ما گفتند که یخ مسیر در حال فرو ریختن است.«

« Ils ont dit que nous devions rester sur place, mais nous sommes arrivés à White River. »

گفتند باید همان‌جا بمانیم—اما ما به وایت ریور رسیدیم.»«

Il a terminé sur un ton moqueur, comme pour crier victoire dans les difficultés.

او با لحنی تمسخرآمیز حرفش را تمام کرد، انگار که می‌خواست در سختی‌ها ادعای پیروزی کند.

« Et ils t'ont dit la vérité », répondit doucement John Thornton à Hal.

جان تورنتون به آرامی به هال پاسخ داد» :و آنها به تو راست گفتند.«

« La glace peut céder à tout moment, elle est prête à tomber. »

یخ هر لحظه ممکن است فرو بریزد - آماده‌ی ریزش است.»«

« Seuls un peu de chance et des imbéciles ont pu arriver jusqu'ici en vie. »

فقط شانس کور و احمق‌ها می‌توانستند تا اینجا زنده بمانند.»«

« Je vous le dis franchement, je ne risquerais pas ma vie pour tout l'or de l'Alaska. »

راستش را بخواهی، من جانم را برای تمام طلای آلاسکا به خطر » نمی‌اندازم.«

« C'est parce que tu n'es pas un imbécile, je suppose », répondit Hal.

هال پاسخ داد» :فکر کنم به این خاطر است که تو احمق نیستی۔«

« Tout de même, nous irons à Dawson. » Il déroula son fouet.

با این حال، ما به داوسون میرویم»شلاقش را باز کرد «۔

« Monte là-haut, Buck ! Salut ! Debout ! Vas-y ! » cria-t-il durement.

با صدای خشن فریاد زد» :برو بالا، باک۔سلام بلند شو ۔ادامه بده ۔«

Thornton continuait à tailler, sachant que les imbéciles n'entendraient pas la raison.

تورنتون همچنان به تراشیدن ادامه میداد، چون میدانست احمقها حرف منطقی را نمیشنوند۔

Arrêter un imbécile était futile, et deux ou trois imbéciles ne changeaient rien.

متوقف کردن یک احمق بیهوده بود ۔ و دو یا سه احمق چیزی را تغییر نمیدادند۔

Mais l'équipe n'a pas bougé au son de l'ordre de Hal.

اما تیم با شنیدن فرمان هال تکان نخورد۔

Désormais, seuls les coups pouvaient les faire se relever et avancer.

حالا دیگر فقط ضربات میتوانستند آنها را بلند کنند و به جلو بکشند۔

Le fouet claquait encore et encore sur les chiens affaiblis.

شلاق بارها و بارها بر سر سگهای ضعیف کوبیده شد۔

John Thornton serra fermement ses lèvres et regarda en silence.

جان تورنتون لبهایش را محکم به هم فشرد و در سکوت تماشا کرد۔

Solleks fut le premier à se relever sous le fouet.

سولکس اولین کسی بود که زیر شلاق روی پاهایش خزید۔

Puis Teek le suivit, tremblant. Joe poussa un cri en se relevant.

سپس تیک، لرزان، به دنبالش رفت۔جو در حالی که تلوتلو میخورد، فریاد زد۔

Pike a essayé de se relever, a échoué deux fois, puis est finalement resté debout, chancelant.

پایک سعی کرد بلند شود، دو بار شکست خورد، و سرانجام لرزان ایستاد۔

Mais Buck resta là où il était tombé, sans bouger du tout cette fois.

اما باک همان جایی که افتاده بود، دراز کشیده بود و این بار اصلاً تکان نخورد.

Le fouet le frappait à plusieurs reprises, mais il ne faisait aucun bruit.

شلاق بارها و بارها به او ضربه می‌زد، اما او هیچ صدایی از خود در نمی‌آورد.

Il n'a pas bronché ni résisté, il est simplement resté immobile et silencieux.

او نه جا خورد و نه مقاومت کرد، بلکه فقط ساکت و بی‌حرکت ماند.

Thornton remua plus d'une fois, comme pour parler, mais ne le fit pas.

تورنتون بیش از یک بار تکان خورد، انگار که می‌خواست حرفی بزند، اما حرفی نزد.

Ses yeux s'humidifièrent, et le fouet continuait à claquer contre Buck.

چشمانش خیس شد و شلاق همچنان بر باک می‌کوبید.

Finalement, Thornton commença à marcher lentement, ne sachant pas quoi faire.

بالاخره تورنتون شروع به قدم زدن آهسته کرد، مطمئن نبود چه کار کند.

C'était la première fois que Buck échouait, et Hal devint furieux.

این اولین باری بود که باک شکست می‌خورد و هال خشمگین شد.

Il a jeté le fouet et a pris la lourde massue à la place.

شلاق را زمین انداخت و به جای آن چماق سنگین را برداشت.

Le gourdin en bois s'abattit violemment, mais Buck ne se releva toujours pas pour bouger.

چماق چوبی محکم فرود آمد، اما باک هنوز بلند نشد تا تکان بخورد.

Comme ses coéquipiers, il était trop faible, mais plus que cela.

او هم مثل هم‌تیمی‌هایش خیلی ضعیف بود——اما چیزی فراتر از این.

Buck avait décidé de ne pas bouger, quoi qu'il arrive.

باک تصمیم گرفته بود که فارغ از هر اتفاقی که قرار است بیفتد، تکان نخورد.

Il sentait quelque chose de sombre et de certain planer juste devant lui.

احساس کرد چیزی تاریک و مطمئن درست در مقابلش معلق است.

Cette peur l'avait saisi dès qu'il avait atteint la rive du fleuve.

به محض اینکه به ساحل رودخانه رسید، آن وحشت او را فرا گرفته بود.

Cette sensation ne l'avait pas quitté depuis qu'il sentait la glace s'amincir sous ses pattes.

این احساس از وقتی که یخ نازک را زیر پنجه‌هایش حس کرد، رهایش نکرده بود.

Quelque chose de terrible l'attendait – il le sentait juste au bout du sentier.

چیزی وحشتناک در انتظارش بود - او این را درست در انتهای مسیر حس کرد.

Il n'allait pas marcher vers cette terrible chose devant lui.

او قصد نداشت به سمت آن چیز وحشتناک پیش رو برود

Il n'allait pas obéir à un quelconque ordre qui le conduirait à cette chose.

او قرار نبود از هیچ دستوری که او را به آن چیز می‌رساند، اطاعت کند.

La douleur des coups ne l'atteignait plus guère, il était trop loin.

درد ضربات حالا دیگر به سختی او را لمس می‌کرد - او خیلی از حال رفته بود.

L'étincelle de vie vacillait faiblement, s'affaiblissant sous chaque coup cruel.

جرقه‌ی زندگی سوسو می‌زد و در زیر هر ضربه‌ی بی‌رحمانه، کم‌فروغ می‌شد.

Ses membres semblaient lointains ; tout son corps semblait appartenir à un autre.

اعضای بدنش از هم دور بودند؛ انگار تمام بدنش متعلق به دیگری بود.

Il ressentit un étrange engourdissement alors que la douleur disparaissait complètement.

وقتی درد کاملاً از بین رفت، احساس بی‌حسی عجیبی کرد.

De loin, il sentait qu'il était battu, mais il le savait à peine.

از دور، حس می‌کرد که دارند کتکش می‌زنند، اما به زحمت متوجه می‌شد.

Il pouvait entendre les coups sourds faiblement, mais ils ne faisaient plus vraiment mal.

او می‌توانست صدای ضربات را به طور ضعیفی بشنود، اما دیگر واقعاً دردناک نبودند.

Les coups ont porté, mais son corps ne semblait plus être le sien.

ضربات فرود می‌آمدند، اما بدنش دیگر شبیه بدن خودش نبود۔

Puis, soudain, sans prévenir, John Thornton poussa un cri sauvage.

سپس ناگهان، بدون هیچ هشداری، جان تورنتون فریاد وحشیانه‌ای سر داد۔

C'était inarticulé, plus le cri d'une bête que celui d'un homme.

نامفهوم بود، بیشتر به فریاد یک حیوان شباهت داشت تا یک انسان۔

Il sauta sur l'homme avec la massue et renversa Hal en arrière.

او به سمت مردی که چماق به دست داشت پرید و هال را به عقب پرت کرد۔

Hal vola comme s'il avait été frappé par un arbre, atterrissant durement sur le sol.

هال طوری پرواز کرد که انگار درختی به او خورده باشد و محکم روی زمین فرود آمد۔

Mercedes a crié de panique et s'est agrippée au visage.

مرسدس با وحشت فریاد بلندی زد و صورتش را گرفت۔

Charles se contenta de regarder, s'essuya les yeux et resta assis.

چارلز فقط نگاه کرد، اشک‌هایش را پاک کرد و همان‌جا نشست۔

Son corps était trop raide à cause de la douleur pour se lever ou aider au combat.

بدنش از درد بیش از حد خشک شده بود که بتواند بلند شود یا در مبارزه کمکی کند۔

Thornton se tenait au-dessus de Buck, tremblant de fureur, incapable de parler.

تورنتون بالای سر باک ایستاده بود، از خشم می‌لرزید و قادر به صحبت نبود۔

Il tremblait de rage et luttait pour trouver sa voix à travers elle.

از خشم می‌لرزید و تقلا می‌کرد تا صدایش را از میان آن بیرون بکشد۔

« Si tu frappes encore ce chien, je te tue », dit-il finalement.

بالاخره گفت: «اگر دوباره آن سگ را بزنی، تو را می‌کشم۔»

Hal essuya le sang de sa bouche et s'avança à nouveau.

هال خون را از دهانش پاک کرد و دوباره جلو آمد.

« C'est mon chien », murmura-t-il. « Dégage, ou je te répare. »

زیر لب غرغر کرد» :این سگ منه.از سر راهم برو کنار، وگرنه درستت می‌کنم.«

« Je vais à Dawson, et vous ne m'en empêcherez pas », a-t-il ajouté.

او اضافه کرد» :من دارم می‌رم داوسون، و تو نمی‌تونی جلومو بگیری.-«

Thornton se tenait fermement entre Buck et le jeune homme en colère.

تورنتون محکم بین باک و مرد جوان عصبانی ایستاده بود.

Il n'avait aucune intention de s'écarter ou de laisser passer Hal.

او اصلاً قصد نداشت کنار بکشد یا اجازه دهد هال از او بگذرد.

Hal sortit son couteau de chasse, long et dangereux à la main.

هال چاقوی شکاری بلند و خطرناکش را بیرون کشید.

Mercedes a crié, puis pleuré, puis ri dans une hystérie sauvage.

مرسدس جیغ کشید، بعد گریه کرد، و بعد با هیجان وصف‌ناپذیری خندید.

Thornton frappa la main de Hal avec le manche de sa hache, fort et vite.

تورنتون با دسته تبرش محکم و سریع به دست هال کوبید.

Le couteau s'est détaché de la main de Hal et a volé au sol.

چاقو از دست هال افتاد و به زمین افتاد.

Hal essaya de ramasser le couteau, et Thornton frappa à nouveau ses jointures.

هال سعی کرد چاقو را بردارد، و تورنتون دوباره به بند انگشتانش ضربه زد.

Thornton se baissa alors, attrapa le couteau et le tint.

سپس تورنتون خم شد، چاقو را قاپید و نگه داشت.

D'un coup rapide de manche de hache, il coupa les rênes de Buck.

با دو ضربه سریع دسته تبر، افسار باک را برید.

Hal n'avait plus aucune résistance et s'éloigna du chien.

هال دیگر توانی برای مبارزه نداشت و از سگ فاصله گرفت.

De plus, Mercedes avait désormais besoin de ses deux bras pour se maintenir debout.

گذشته از این، مرسدس حالا برای صاف نگه داشتن خودش به هر دو دستش نیاز داشت.

Buck était trop proche de la mort pour pouvoir à nouveau tirer un traîneau.

باک آنقدر در آستانه‌ی مرگ بود که دیگر نمی‌توانست برای کشیدن سورتمه مفید باشد.

Quelques minutes plus tard, ils se sont retirés et ont descendu la rivière.

چند دقیقه بعد، آن‌ها از ماشین پیاده شدند و به سمت پایین رودخانه رفتند.

Buck leva faiblement la tête et les regarda quitter la banque.

باک با ناتوانی سرش را بلند کرد و تماشایشان کرد که از بانک خارج شدند.

Pike a mené l'équipe, avec Solleks à l'arrière dans la roue.

پایک رهبری تیم را بر عهده داشت و سولکس در جایگاه فرمان در عقب قرار داشت.

Joe et Teek marchaient entre eux, tous deux boitant d'épuisement.

جو و تیک در حالی که هر دو از خستگی می‌لنگیدند، بین آن‌ها راه می‌رفتند.

Mercedes s'assit sur le traîneau et Hal saisit le long mât.

مرسدس روی سورتمه نشست و هال میله بلند جی‌میله را محکم گرفت.

Charles trébuchait derrière, ses pas maladroits et incertains.

چارلز با قدم‌های نامطمئن و ناشیانه، تلوتلوخوران عقب ماند.

Thornton s'agenouilla près de Buck et chercha doucement des os cassés.

تورنتون کنار باک زانو زد و به آرامی استخوان‌های شکسته را لمس کرد.

Ses mains étaient rudes mais bougeaient avec gentillesse et attention.

دستانش زمخت اما با مهربانی و مراقبت حرکت می‌کردند.

Le corps de Buck était meurtri mais ne présentait aucune blessure durable.

بدن باک کبود شده بود اما هیچ جراحت ماندگاری نشان نمی‌داد.

Ce qui restait, c'était une faim terrible et une faiblesse quasi totale.

آنچه باقی مانده بود گرسنگی وحشتناک و ضعف تقریباً کامل بود.

Au moment où cela fut clair, le traîneau était déjà loin en aval.

وقتی این موضوع روشن شد، سورتمه خیلی به سمت پایین رودخانه رفته بود.

L'homme et le chien regardaient le traîneau ramper lentement sur la glace fissurée.

مرد و سگ، سورتمه را تماشا می‌کردند که به آرامی روی یخ‌های ترک‌خورده می‌خزید.

Puis, ils virent le traîneau s'enfoncer dans un creux.

سپس، آنها دیدند که سورتمه در گودالی فرو رفت.

Le mât s'est envolé, Hal s'y accrochant toujours en vain.

تیر برق به هوا رفت، در حالی که هال هنوز بیهوده به آن چسبیده بود.

Le cri de Mercedes les atteignit à travers la distance froide.

فریاد مرسدس از میان سرمای هوا به گوششان رسید.

Charles se retourna et recula, mais il était trop tard.

چارلز برگشت و قدمی به عقب برداشت - اما خیلی دیر شده بود.

Une calotte glaciaire entière a cédé et ils sont tous tombés à travers.

یک لایه کامل یخ شکست و همه آنها از آن پایین افتادند.

Les chiens, le traîneau et les gens ont disparu dans l'eau noire en contrebas.

سگ‌ها، سورتمه و آدم‌ها در آب سیاه پایین ناپدید شدند.

Il ne restait qu'un large trou dans la glace là où ils étaient passés.

تنها یک سوراخ پهن در یخ، جایی که از آن عبور کرده بودند، باقی مانده بود.

Le fond du sentier s'était affaissé, comme Thornton l'avait prévenu.

همانطور که تورنتون هشدار داده بود، کف مسیر فرو ریخته بود.

Thornton et Buck se regardèrent, silencieux pendant un moment.

تورنتون و باک لحظه‌ای ساکت به یکدیگر نگاه کردند.

« Pauvre diable », dit doucement Thornton, et Buck lui lécha la main.

تورنتون به آرامی گفت» :ای شیطان بیچاره«و باک دستش را لیس زد.

*Pour l'amour d'un homme
به خاطر عشق یک مرد

John Thornton s'est gelé les pieds dans le froid du mois de décembre précédent.

جان تورنتون در سرمای دسامبر گذشته پاهایش یخ زد.

Ses partenaires l'ont mis à l'aise et l'ont laissé se rétablir seul.

شرکایش او را راحت گذاشتند و گذاشتند تا به تنهایی بهبود یابد.

Ils remontèrent la rivière pour rassembler un radeau de billes de bois pour Dawson.

آنها از رودخانه بالا رفتند تا برای داوسون کلی الوار جمع کنند.

Il boitait encore légèrement lorsqu'il a sauvé Buck de la mort.

وقتی باک را از مرگ نجات داد، هنوز کمی می‌لنگید.

Mais avec le temps chaud qui continue, même cette boiterie a disparu.

اما با ادامه‌ی هوای گرم، حتی آن لنگیدن هم ناپدید شد.

Allongé au bord de la rivière pendant les longues journées de printemps, Buck se reposait.

باک در روزهای بلند بهاری کنار رودخانه دراز می‌کشید و استراحت می‌کرد.

Il regardait l'eau couler et écoutait les oiseaux et les insectes.

او به آب روان نگاه می‌کرد و به صدای پرندگان و حشرات گوش می‌داد.

Lentement, Buck reprit ses forces sous le soleil et le ciel.

باک به آرامی زیر نور خورشید و آسمان، قدرتش را بازیافت.

Un repos merveilleux après avoir parcouru trois mille kilomètres.

استراحت بعد از طی کردن سه هزار مایل حس فوق‌العاده‌ای داشت.

Buck est devenu paresseux à mesure que ses blessures guérissaient et que son corps se remplissait.

باک با بهبود زخم‌هایش و پر شدن بدنش، تنبل شد.

Ses muscles se raffermirent et la chair revint recouvrir ses os.

عضلاتش سفت شدند و گوشت دوباره روی استخوان‌هایش را پوشاند.

Ils se reposaient tous : Buck, Thornton, Skeet et Nig.

همه آنها در حال استراحت بودند - باک، تورنتون، اسکیت و نیگ.

Ils attendaient le radeau qui allait les transporter jusqu'à
Dawson.

آنها منتظر قایقی بودند که قرار بود آنها را به داوسون ببرد.

Skeet était un petit setter irlandais qui s'est lié d'amitié avec
Buck.

اسکیت یک سگ کوچک ایرلندی بود که با باک دوست شد.

Buck était trop faible et malade pour lui résister lors de leur
première rencontre.

باک در اولین ملاقاتشان بیش از حد ضعیف و بیمار بود که بتواند در
برابر او مقاومت کند.

Skeet avait le trait de guérisseur que certains chiens
possèdent naturellement.

اسکیت ویژگی شفابخشی داشت که برخی از سگ‌ها به طور طبیعی از
آن برخوردارند.

Comme une mère chatte, elle lécha et nettoya les blessures à
vif de Buck.

مثل یک گربه مادر، زخم‌های زخم‌شده‌ی باک را لیس زد و تمیز کرد.

Chaque matin, après le petit-déjeuner, elle répétait son
travail minutieux.

هر روز صبح بعد از صبحانه، کار دقیق خود را تکرار می‌کرد.

Buck s'attendait à son aide autant qu'à celle de Thornton.

باک به همان اندازه که از تورنتون انتظار کمک داشت، از او هم انتظار
کمک داشت.

Nig était également amical, mais moins ouvert et moins
affectueux.

نیگ هم دوستانه رفتار می‌کرد، اما نه رک و نه مهربان.

Nig était un gros chien noir, à la fois chien de Saint-Hubert
et chien de chasse.

نیگ یک سگ سیاه بزرگ بود، نیمی از آن سگ شکاری و نیمی دیگر
سگ شکاری.

Il avait des yeux rieurs et une infinie bonne nature dans son
esprit.

چشمانی خندان و روحی بی‌پایان از نیکی داشت.

À la surprise de Buck, aucun des deux chiens n'a montré de
jalousie envers lui.

باک در کمال تعجب دید که هیچ‌کدام از سگ‌ها نسبت به او حسادتی نشان
ندادند.

Skeet et Nig ont tous deux partagé la gentillesse de John Thornton.

هم اسکیت و هم نیگ مهربانی جان تورنتون را به اشتراک گذاشتند.

À mesure que Buck devenait plus fort, ils l'ont attiré dans des jeux de chiens stupides.

همین‌طور که باک قوی‌تر می‌شد، آن‌ها او را به بازی‌های احمقانه‌ی سگ‌ها می‌کشاندند.

Thornton jouait souvent avec eux aussi, incapable de résister à leur joie.

تورنتون هم اغلب با آن‌ها بازی می‌کرد، و نمی‌توانست در برابر شادی آن‌ها مقاومت کند.

De cette manière ludique, Buck est passé de la maladie à une nouvelle vie.

با این روش بازیگوشانه، باک از بیماری به زندگی جدیدی روی آورد.

L'amour – un amour véritable, brûlant et passionné – était enfin à lui.

عشق – عشق حقیقی، سوزان و پرشور – سرانجام از آن او شد.

Il n'avait jamais connu ce genre d'amour dans le domaine de Miller.

او هرگز این نوع عشق را در ملک میلر تجربه نکرده بود.

Avec les fils du juge, il avait partagé le travail et l'aventure.

او با پسران قاضی، کار و ماجراجویی را به اشتراک گذاشته بود.

Chez les petits-fils, il vit une fierté raide et vantarde.

در کنار نوه‌ها، او غرور و تکبر متکبرانه‌ای را دید.

Il entretenait avec le juge Miller lui-même une amitié respectueuse.

با خود قاضی میلر، او دوستی محترمانه‌ای داشت.

Mais l'amour qui était feu, folie et adoration est venu avec Thornton.

اما عشقی که آتش، جنون و پرستش بود، با تورنتون از راه رسید.

Cet homme avait sauvé la vie de Buck, et cela seul signifiait beaucoup.

این مرد جان باک را نجات داده بود، و همین به تنهایی معنای زیادی داشت.

Mais plus que cela, John Thornton était le type de maître idéal.

اما فراتر از آن، جان تورنتون نمونه‌ی ایده‌آلی از یک استاد بود.

D'autres hommes s'occupaient de chiens par devoir ou par nécessité professionnelle.

مردان دیگر از روی وظیفه یا ضرورت کاری از سگ‌ها مراقبت می‌کردند.

John Thornton prenait soin de ses chiens comme s'ils étaient ses enfants.

جان تورنتون از سگ‌هایش طوری مراقبت می‌کرد که انگار فرزندانش بودند.

Il prenait soin d'eux parce qu'il les aimait et qu'il ne pouvait tout simplement pas s'en empêcher.

او از آنها مراقبت می‌کرد چون آنها را دوست داشت و نمی‌توانست کاری از دستش بربیاید.

John Thornton a vu encore plus loin que la plupart des hommes n'ont jamais réussi à voir.

جان تورنتون حتی فراتر از آنچه اکثر انسان‌ها تا به حال دیده‌اند، می‌دید.

Il n'oubliait jamais de les saluer gentiment ou de leur adresser un mot d'encouragement.

او هرگز فراموش نمی‌کرد که با مهربانی به آنها سلام کند یا کلمه‌ای دلگرم‌کننده بگوید.

Il adorait s'asseoir avec les chiens pour de longues conversations, ou « gazeuses », comme il disait.

او عاشق نشستن با سگ‌ها برای صحبت‌های طولانی یا به قول خودش گُنده‌دار «بود».

Il aimait saisir brutalement la tête de Buck entre ses mains fortes.

او دوست داشت سر باک را با خشونت بین دستان قوی‌اش بگیرد.

Puis il posa sa tête contre celle de Buck et le secoua doucement.

سپس سرش را به سر باک تکیه داد و او را به آرامی تکان داد.

Pendant tout ce temps, il traitait Buck de noms grossiers qui signifiaient de l'amour pour Buck.

در تمام این مدت، او باک را با القاب رکیکی صدا می‌زد که برای باک به معنای عشق بود.

Pour Buck, cette étreinte brutale et ces mots ont apporté une joie profonde.

برای باک، آن آغوش خشن و آن کلمات شادی عمیقی به ارمغان آورد.

Son cœur semblait se déchaîner de bonheur à chaque mouvement.

با هر حرکت، انگار قلبش از شادی می‌لرزید.

Lorsqu'il se releva ensuite, sa bouche semblait rire.

وقتی بعدش از جا پرید، دهانش طوری به نظر می‌رسید که انگار می‌خندد.

Ses yeux brillaient et sa gorge tremblait d'une joie inexprimée.

چشمانش برق می‌زد و گلویش از شادی ناگفته‌ای می‌لرزید.

Son sourire resta figé dans cet état d'émotion et d'affection rayonnante.

لبخندش در آن حالت تأثر و محبت درخشان، بی‌حرکت ماند.

Thornton s'exclama alors pensivement : « Mon Dieu ! Il peut presque parler ! »

سپس تورنتون با حالتی متفکرانه فریاد زد: «خدایا.او تقریباً می‌تواند صحبت کند.»

Buck avait une étrange façon d'exprimer son amour qui causait presque de la douleur.

باک روش عجیبی برای ابراز عشق داشت که تقریباً باعث درد می‌شد.

Il serrait souvent très fort la main de Thornton entre ses dents.

او اغلب دست تورنتون را محکم با دندان‌هایش می‌فشرد.

La morsure allait laisser des marques profondes qui resteraient un certain temps après.

جای نیش، رد عمیقی از خود به جا گذاشت که تا مدتی بعد هم باقی ماند.

Buck croyait que ces serments étaient de l'amour, et Thornton savait la même chose.

باک معتقد بود که آن سوگندها عشق هستند، و تورنتون هم همین را می‌دانست.

Le plus souvent, l'amour de Buck se manifestait par une adoration silencieuse, presque silencieuse.

بیشتر اوقات، عشق باک در ستایشی آرام و تقریباً خاموش نشان داده می‌شد.

Bien qu'il soit ravi lorsqu'on le touche ou qu'on lui parle, il ne cherche pas à attirer l'attention.

اگرچه وقتی کسی او را لمس می‌کرد یا با او صحبت می‌کرد، هیجان‌زده می‌شد، اما دنبال جلب توجه نبود.

Skeet a poussé son nez sous la main de Thornton jusqu'à ce qu'il la caresse.

اسکیت بینی‌اش را زیر دست تورنتون تکان داد تا اینکه تورنتون او را نوازش کرد۔

Nig s'approcha tranquillement et posa sa grosse tête sur le genou de Thornton.

نیگ آرام جلو آمد و سر بزرگش را روی زانوی تورنتون گذاشت۔

Buck, au contraire, se contentait d'aimer à distance respectueuse.

در مقابل، باک از عشق ورزیدن از فاصله‌ای محترمانه راضی بود۔

Il resta allongé pendant des heures aux pieds de Thornton, alerte et observant attentivement.

او ساعت‌ها، هوشیار و با دقت، کنار تورنتون دراز کشیده بود و اوضاع را زیر نظر داشت۔

Buck étudiait chaque détail du visage de son maître et le moindre mouvement.

باک تمام جزئیات صورت و کوچکترین حرکات اربابش را بررسی کرد۔

Ou bien il était allongé plus loin, étudiant la silhouette de l'homme en silence.

یا دورتر دراز می‌کشید و در سکوت، هیکل مرد را بررسی می‌کرد۔

Buck observait chaque petit mouvement, chaque changement de posture ou de geste.

باک هر حرکت کوچک، هر تغییر در حالت یا ژست را زیر نظر داشت۔

Ce lien était si puissant qu'il attirait souvent le regard de Thornton.

این ارتباط آنقدر قوی بود که اغلب نگاه تورنتون را به خود جلب می‌کرد۔

Il rencontra les yeux de Buck sans un mot, l'amour brillant clairement à travers.

او بدون هیچ کلامی به چشمان باک نگاه کرد، عشق به وضوح از میان آنها می‌درخشید۔

Pendant longtemps après avoir été sauvé, Buck n'a jamais laissé Thornton hors de vue.

باک تا مدت‌ها پس از نجات، هرگز تورنتون را از نظر دور نکرد۔

Chaque fois que Thornton quittait la tente, Buck le suivait de près à l'extérieur.

هر وقت تورنتون چادر را ترک می‌کرد، باک او را از چادر بیرون دنبال می‌کرد.

Tous les maîtres sévères du Northland avaient fait que Buck avait peur de faire confiance.

تمام اربابان خشن سرزمین شمالی، باک را از اعتماد کردن می‌ترساندند.

Il craignait qu'aucun homme ne puisse rester son maître plus d'un court instant.

او می‌ترسید که هیچ‌کس نتواند بیش از مدت کوتاهی ارباب او بماند.

Il craignait que John Thornton ne disparaisse comme Perrault et François.

او می‌ترسید که جان تورنتون هم مثل پرو و فرانسوا ناپدید شود.

Même la nuit, la peur de le perdre hantait le sommeil agité de Buck.

حتی شب‌ها، ترس از دست دادن او خواب ناآرام باک را آزار می‌داد.

Quand Buck se réveilla, il se glissa dehors dans le froid et se dirigea vers la tente.

وقتی باک از خواب بیدار شد، یواشکی به دل سرما زد و به چادر رفت.

Il écoutait attentivement le doux bruit de la respiration à l'intérieur.

با دقت به صدای آرام نفس کشیدن درونش گوش داد.

Malgré l'amour profond de Buck pour John Thornton, la nature sauvage est restée vivante.

با وجود عشق عمیق باک به جان تورنتون، حیات وحش همچنان زنده ماند.

Cet instinct primitif, éveillé dans le Nord, n'a pas disparu.

آن غریزه‌ی بدوی که در شمال بیدار شده بود، از بین نرفت.

L'amour a apporté la dévotion, la loyauté et le lien chaleureux du coin du feu.

عشق، فداکاری، وفاداری و پیوند گرم کنارِ آتش را به ارمغان آورد.

Mais Buck a également conservé son instinct sauvage, vif et toujours en alerte.

اما باک غرایز وحشی خود را نیز حفظ کرد، تیز و همیشه هوشیار.

Il n'était pas seulement un animal de compagnie apprivoisé venu des terres douces de la civilisation.

او فقط یک حیوان خانگی رام شده از سرزمین‌های نرم تمدن نبود.

Buck était un être sauvage qui était venu s'asseoir près du feu de Thornton.

باک موجودی وحشی بود که آمده بود کنار آتش تورنتون بنشیند.

Il ressemblait à un chien du Southland, mais la sauvagerie vivait en lui.

او شبیه سگ‌های ساوتلند بود، اما در درونش وحشیگری موج می‌زد.

Son amour pour Thornton était trop grand pour permettre de voler cet homme.

عشق او به تورنتون آنقدر زیاد بود که اجازه دزدی از آن مرد را نمی‌داد.

Mais dans n'importe quel autre camp, il volerait avec audace et sans relâche.

اما در هر اردوی دیگری، او جسورانه و بدون مکث دزدی می‌کرد.

Il était si habile à voler que personne ne pouvait l'attraper ou l'accuser.

او در دزدی آنقدر زیرک بود که هیچ کس نمی‌توانست او را دستگیر یا متهم کند.

Son visage et son corps étaient couverts de cicatrices dues à de nombreux combats passés.

صورت و بدنش پر از زخم‌های ناشی از دعواهای گذشته بود.

Buck se battait toujours avec acharnement, mais maintenant il se battait avec plus de ruse.

باک هنوز هم با شدت می‌جنگید، اما حالا با حیله‌گری بیشتری می‌جنگید.

Skeet et Nig étaient trop doux pour se battre, et ils appartenaient à Thornton.

اسکیت و نیگ برای دعوا کردن زیادی ملایم بودند، و آنها مال تورنتون بودند.

Mais tout chien étranger, aussi fort ou courageux soit-il, cédait.

اما هر سگ غریبه‌ای، هر چقدر هم قوی یا شجاع، تسلیم می‌شد.

Sinon, le chien se retrouvait à lutter contre Buck, à se battre pour sa vie.

در غیر این صورت، سگ خود را در حال نبرد با باک می‌یافت؛ نبردی برای نجات جانش.

Buck n'a eu aucune pitié une fois qu'il a choisi de se battre contre un autre chien.

باک وقتی تصمیم گرفت با سگ دیگری بجنگد، دیگر رحم نکرد.

Il avait bien appris la loi du gourdin et des crocs dans le Nord.

او قانون چماق و دندان نیش را در سرزمین شمالی به خوبی آموخته بود.

Il n'a jamais abandonné un avantage et n'a jamais reculé devant la bataille.

او هرگز از هیچ مزیتی دست نکشید و هرگز از نبرد عقب‌نشینی نکرد.

Il avait étudié les Spitz et les chiens les plus féroces de la poste et de la police.

او سگ‌های اسپیتز و وحشی‌ترین سگ‌های پستچی و پلیس را مطالعه کرده بود.

Il savait clairement qu'il n'y avait pas de juste milieu dans un combat sauvage.

او به وضوح می‌دانست که در نبرد وحشیانه هیچ حد وسطی وجود ندارد.

Il doit gouverner ou être gouverné ; faire preuve de miséricorde signifie faire preuve de faiblesse.

او یا باید حکومت می‌کرد یا بر او حکومت می‌شد؛ نشان دادن رحم و شفقت به معنای نشان دادن ضعف بود.

La miséricorde était inconnue dans le monde brut et brutal de la survie.

رحمت در دنیای خام و بی‌رحم بقا ناشناخته بود.

Faire preuve de miséricorde était perçu comme de la peur, et la peur menait rapidement à la mort.

نشان دادن رحم و شفقت به عنوان ترس تلقی می‌شد، و ترس به سرعت به مرگ منجر می‌شد.

L'ancienne loi était simple : tuer ou être tué, manger ou être mangé.

قانون قدیمی ساده بود :بکش یا کشته شو، بخور یا خورده شو.

Cette loi venait des profondeurs du temps, et Buck la suivait pleinement.

آن قانون از اعماق زمان آمده بود، و باک کاملاً از آن پیروی می‌کرد.

Buck était plus vieux que son âge et que le nombre de respirations qu'il prenait.

باک از سن و تعداد نفس‌هایی که می‌کشید، پیرتر بود.

Il a clairement relié le passé ancien au moment présent.

او گذشته باستانی را به روشنی با لحظه حال پیوند داد.

Les rythmes profonds des âges le traversaient comme les marées.

ریتم‌های عمیق اعصار مانند جزر و مد از او عبور می‌کردند.

Le temps pulsait dans son sang aussi sûrement que les saisons faisaient bouger la terre.

زمان در خونش می‌جوشید، همان‌گونه که فصل‌ها زمین را به حرکت درمی‌آوردند.

Il était assis près du feu de Thornton, la poitrine forte et les crocs blancs.

او با سینه‌ای قوی و دندان‌هایی سپید، کنار آتش تورنتون نشسته بود.

Sa longue fourrure ondulait, mais derrière lui, les esprits des chiens sauvages observaient.

خز بلندش تکان می‌خورد، اما پشت سرش ارواح سگ‌های وحشی تماشا می‌کردند.

Des demi-loups et des loups à part entière s'agitaient dans son cœur et dans ses sens.

نیمه گرگ‌ها و گرگ‌های کامل در قلب و حواس او به جنبش درآمدند.

Ils goûtèrent sa viande et burent la même eau que lui.

آنها گوشت او را چشیدند و از همان آبی که او نوشید، نوشیدند.

Ils reniflaient le vent à ses côtés et écoutaient la forêt.

آنها در کنار او باد را بو کشیدند و به جنگل گوش دادند.

Ils murmuraient la signification des sons sauvages dans l'obscurité.

آنها معانی صداهای وحشی را در تاریکی زمزمه می‌کردند.

Ils façonnaient ses humeurs et guidaient chacune de ses réactions silencieuses.

آنها خلق و خوی او را شکل می‌دادند و هر یک از واکنش‌های آرام او را هدایت می‌کردند.

Ils se sont couchés avec lui pendant son sommeil et sont devenus une partie de ses rêves profonds.

آنها هنگام خواب در کنار او دراز کشیده بودند و بخشی از رویاهای عمیق او شده بودند.

Ils rêvaient avec lui, au-delà de lui, et constituaient son esprit même.

آنها با او، فراتر از او، رویا دیدند و روح او را ساختند.

Les esprits de la nature appelèrent si fort que Buck se sentit attiré.

ارواح وحشی چنان با قدرت فریاد می‌زدند که باک احساس کرد به سمت آنها کشیده می‌شود.

Chaque jour, l'humanité et ses revendications
s'affaiblissaient dans le cœur de Buck.

هر روز، بشر و ادعاهایش در قلب باک ضعیف‌تر می‌شدند.

Au plus profond de la forêt, un appel étrange et palpitant
allait s'élever.

در اعماق جنگل، ندایی عجیب و هیجان‌انگیز در شرف برخاستن بود.

Chaque fois qu'il entendait l'appel, Buck ressentait une
envie à laquelle il ne pouvait résister.

هر بار که باک این ندا را می‌شنید، میلی غیرقابل مقاومت در خود
احساس می‌کرد.

Il allait se détourner du feu et des sentiers battus des
humains.

او می‌خواست از آتش و از مسیرهای انسانی ناپسند روی برگرداند.

Il allait s'enfoncer dans la forêt, avançant sans savoir
pourquoi.

او می‌خواست بدون اینکه بداند چرا، به درون جنگل شیرجه بزند و به
جلو برود.

Il ne remettait pas en question cette attraction, car l'appel
était profond et puissant.

او این کشش را زیر سوال نبرد، زیرا این فراخوان عمیق و قدرتمند بود.

Souvent, il atteignait l'ombre verte et la terre douce et intacte

اغلب، او به سایه سبز و زمین نرم و دست نخورده می‌رسید

Mais ensuite, son amour profond pour John Thornton l'a
ramené vers le feu.

اما عشق شدید به جان تورنتون او را دوباره به سمت آتش کشاند.

Seul John Thornton tenait véritablement le cœur sauvage de
Buck entre ses mains.

فقط جان تورنتون بود که واقعاً قلب وحشی باک را در چنگ خود داشت.

Le reste de l'humanité n'avait aucune valeur ni signification
durable pour Buck.

بقیه‌ی نوع بشر هیچ ارزش یا معنای ماندگاری برای باک نداشتند.

Les étrangers pourraient le féliciter ou caresser sa fourrure
avec des mains amicales.

غریبه‌ها ممکن است او را تحسین کنند یا با دست‌های دوستانه‌اش
خزهایش را نوازش کنند.

Buck resta impassible et s'éloigna à cause de trop d'affection.

باک بی‌حرکت ماند و از شدت محبت، راهش را کشید و رفت.

Hans et Pete sont arrivés avec le radeau qu'ils attendaient depuis longtemps

هانس و پیت با قایقی که مدت‌ها انتظارش را کشیده بودند، رسیدند.

Buck les a ignorés jusqu'à ce qu'il apprenne qu'ils étaient proches de Thornton.

باک آنها را نادیده گرفت تا اینکه فهمید به تورنتون نزدیک شده‌اند.

Après cela, il les a tolérés, mais ne leur a jamais montré toute sa chaleur.

پس از آن، او آنها را تحمل کرد، اما هرگز به آنها گرمی کامل نشان نداد.

Il prenait de la nourriture ou des marques de gentillesse de leur part comme s'il leur rendait service.

او از آنها غذا یا مهربانی می‌گرفت، انگار که به آنها لطفی می‌کرد.

Ils étaient comme Thornton : simples, honnêtes et clairs dans leurs pensées.

آنها مانند تورنتون بودند ـ ساده، صادق و با افکاری روشن.

Tous ensemble, ils se rendirent à la scierie de Dawson et au grand tourbillon

همه آنها با هم به کارخانه اره کشی داوسون و گرداب بزرگ سفر کردند

Au cours de leur voyage, ils ont appris à comprendre profondément la nature de Buck.

در سفرشان، آنها آموختند که طبیعت باک را عمیقاً درک کنند.

Ils n'ont pas essayé de se rapprocher comme Skeet et Nig l'avaient fait.

آنها سعی نکردند مثل اسکیت و نیگ به هم نزدیک شوند.

Mais l'amour de Buck pour John Thornton n'a fait que s'approfondir avec le temps.

اما عشق باک به جان تورنتون با گذشت زمان عمیق‌تر شد.

Seul Thornton pouvait placer un sac sur le dos de Buck en été.

فقط تورنتون می‌توانست کوله‌باری را روی دوش باک بگذارد.

Quoi que Thornton ordonne, Buck était prêt à l'exécuter pleinement.

هر چه تورنتون دستور می‌داد، باک با کمال میل انجام می‌داد.

Un jour, après avoir quitté Dawson pour les sources du Tanana,

یک روز، پس از آنکه آنها داوسون را به مقصد سرچشمه‌های تانانا ترک کردند،

le groupe était assis sur une falaise qui descendait d'un mètre jusqu'au substrat rocheux nu.

گروه روی صخره‌ای نشستند که تا عمق یک متری سنگ بستر خالی پایین می‌رفت.

John Thornton était assis près du bord et Buck se reposait à côté de lui.

جان تورنتون نزدیک لبه نشست و باک کنارش استراحت کرد.

Thornton eut une pensée soudaine et attira l'attention des hommes.

ناگهان فکری به ذهن تورنتون رسید و توجه مردان را جلب کرد.

Il désigna le gouffre et donna un seul ordre à Buck.

او به آن سوی شکاف اشاره کرد و به باک یک فرمان واحد داد.

« Saute, Buck ! » dit-il en balançant son bras au-dessus de la chute.

«بپر، باک»گفت و دستش را از روی پرتگاه بالا برد.

En un instant, il dut attraper Buck, qui sautait pour obéir.

در یک لحظه، مجبور شد باک را که برای اطاعت کردن از جا می‌پرید، بگیرد.

Hans et Pete se sont précipités en avant et ont ramené les deux hommes en sécurité.

هانس و پیت به جلو دویدند و هر دو را به جای امنی عقب کشیدند.

Une fois que tout fut terminé et qu'ils eurent repris leur souffle, Pete prit la parole.

بعد از اینکه همه چیز تمام شد و آنها نفس تازه کردند، پیت شروع به صحبت کرد.

« L'amour est étrange », dit-il, secoué par la dévotion féroce du chien.

او که از فداکاری شدید سگ به لرزه افتاده بود، گفت: «عشق وصف‌ناپذیر است.»

Thornton secoua la tête et répondit avec un sérieux calme.

تورنتون سرش را تکان داد و با جدیت و آرامش پاسخ داد.

« Non, l'amour est splendide », dit-il, « mais aussi terrible. »

او گفت: «نه، عشق باشکوه است، اما وحشتناک هم هست.»

« Parfois, je dois l'admettre, ce genre d'amour me fait peur. »

«»ـ«گاهی اوقات، باید اعتراف کنم، این نوع عشق مرا می‌ترساند».

Pete hocha la tête et dit : « Je détesterais être l'homme qui te touche. »

پیت سر تکان داد و گفت: «از اینکه کسی باشم که به تو دست می‌زند متنفرم».«»

Il regarda Buck pendant qu'il parlait, sérieux et plein de respect.

او هنگام صحبت، جدی و سرشار از احترام به باک نگاه می‌کرد.

« Py Jingo ! » s'empressa de dire Hans. « Moi non plus, non monsieur. »

هانس سریع گفت: «پی جینگو!ـمن هم، نه آقا ».«»

Avant la fin de l'année, les craintes de Pete se sont réalisées à Circle City.

قبل از پایان سال، ترس‌های پیت در سیرکل سیتی به حقیقت پیوست.

Un homme cruel nommé Black Burton a provoqué une bagarre dans le bar.

مرد بی‌رحمی به نام بلک برتون در بار دعوا راه انداخت.

Il était en colère et malveillant, s'en prenant à un nouveau tendre.

او عصبانی و بدخواه بود و به یک آدم بی‌عرضه جدید پرخاش می‌کرد.

John Thornton est intervenu, calme et de bonne humeur comme toujours.

جان تورنتون مثل همیشه آرام و خوش‌خلق وارد شد.

Buck était allongé dans un coin, la tête baissée, observant Thornton de près.

باک در گوشه‌ای دراز کشیده بود، سرش را پایین انداخته بود و از نزدیک تورنتون را تماشا می‌کرد.

Burton frappa soudainement, son coup envoyant Thornton tourner.

برتون ناگهان ضربه‌ای زد و مشتش باعث شد تورنتون به خود بپیچد.

Seule la barre du bar l'a empêché de s'écraser violemment au sol.

فقط نرده‌ی میله مانع از برخورد محکم او به زمین شد.

Les observateurs ont entendu un son qui n'était ni un aboiement ni un cri.

ناظران صدایی شنیدند که نه پارس بود و نه واق واق

un rugissement profond sortit de Buck alors qu'il se lançait vers l'homme.

باک غرش عمیقی کرد و به سمت مرد دوید.

Burton a levé le bras et a sauvé sa vie de justesse.

برتون دستش را بالا برد و به سختی جان خودش را نجات داد.

Buck l'a percuté, le faisant tomber à plat sur le sol.

باک به او برخورد کرد و او را به زمین انداخت.

Buck mordit profondément le bras de l'homme, puis se jeta à la gorge.

باک بازوی مرد را عمیقاً گاز گرفت، سپس به سمت گلویش حمله کرد.

Burton n'a pu bloquer que partiellement et son cou a été déchiré.

برتون فقط توانست تا حدی مانع شود و گردنش پاره شد.

Des hommes se sont précipités, les bâtons levés, et ont chassé Buck de l'homme ensanglanté.

مردان هجوم آوردند، چماق‌ها را بالا بردند و باک را از روی مرد خونین دور کردند.

Un chirurgien est intervenu rapidement pour arrêter l'écoulement du sang.

یک جراح به سرعت برای جلوگیری از خروج خون اقدام کرد.

Buck marchait de long en large et grognait, essayant d'attaquer encore et encore.

باک قدم می‌زد و غرغر می‌کرد، و بارها و بارها سعی در حمله داشت.

Seuls les coups de massue l'ont empêché d'atteindre Burton.

فقط چوب‌های گلف او را از رسیدن به برتون باز داشتند.

Une réunion de mineurs a été convoquée et tenue sur place.

جلسه‌ای از سوی معدنچیان تشکیل و همانجا برگزار شد.

Ils ont convenu que Buck avait été provoqué et ont voté pour le libérer.

آنها موافقت کردند که باک تحریک شده است و به آزادی او رأی دادند.

Mais le nom féroce de Buck résonnait désormais dans tous les camps d'Alaska.

اما نام پر صلابت باک حالا در تمام اردوگاه‌های آلاسکا طنین‌انداز بود.

Plus tard cet automne-là, Buck sauva à nouveau Thornton d'une nouvelle manière.

اواخر همان پاییز، باک دوباره تورنتون را به روشی جدید نجات داد.

Les trois hommes guidaient un long bateau sur des rapides impétueux.

آن سه مرد داشتند یک قایق دراز را به سمت تندآب‌های خروشان هدایت می‌کردند.

Thornton dirigeait le bateau et donnait des indications pour se rendre sur le rivage.

تورنتون قایق را هدایت می‌کرد و مسیرهای منتهی به ساحل را صدا می‌زد.

Hans et Pete couraient sur terre, tenant une corde d'arbre en arbre.

هانس و پیت در حالی که طنابی را از درختی به درخت دیگر گرفته بودند، روی زمین می‌دویدند.

Buck suivait le rythme sur la rive, surveillant toujours son maître.

باک در ساحل قدم می‌زد و همیشه اربابش را زیر نظر داشت.

À un endroit désagréable, des rochers surplombaient les eaux vives.

در یک جای بد، صخره‌ها از زیر آب خروشان بیرون زده بودند.

Hans lâcha la corde et Thornton dirigea le bateau vers le large.

هانس طناب را رها کرد و تورنتون قایق را به جلو هدایت کرد.

Hans sprinta pour rattraper le bateau en passant devant les rochers dangereux.

هانس با سرعت دوید تا دوباره به قایق برسد و از میان صخره‌های خطرناک گذشت.

Le bateau a franchi le rebord mais a heurté une partie plus forte du courant.

قایق از لبه‌ی آب عبور کرد اما به بخش قوی‌تری از جریان آب برخورد کرد.

Hans a attrapé la corde trop vite et a déséquilibré le bateau.

هانس خیلی سریع طناب را گرفت و تعادل قایق را از دست داد.

Le bateau s'est retourné et a heurté la berge, cul en l'air.

قایق واژگون شد و از پایین به بالا به ساحل برخورد کرد.

Thornton a été jeté dehors et emporté dans la partie la plus sauvage de l'eau.

تورنتون به بیرون پرتاب شد و به وحشی‌ترین قسمت آب کشیده شد.

Aucun nageur n'aurait pu survivre dans ces eaux mortelles et tumultueuses.

هیچ شناگری نمی‌توانست در آن آب‌های مرگبار و خروشان زنده بماند.

Buck sauta instantanément et poursuivit son maître sur la rivière.

باک فوراً پرید و اربابش را تا پایین رودخانه تعقیب کرد.

Après trois cents mètres, il atteignit enfin Thornton.

بعد از سیصد یارد، بالاخره به تورنتون رسید.

Thornton attrapa la queue de Buck, et Buck se tourna vers le rivage.

تورنتون دم باک را گرفت و باک به سمت ساحل برگشت.

Il nageait de toutes ses forces, luttant contre la force de l'eau.

او با تمام قدرت شنا می‌کرد و با نیروی وحشی آب مبارزه می‌کرد.

Ils se déplaçaient en aval plus vite qu'ils ne pouvaient atteindre le rivage.

آنها سریع‌تر از آنکه بتوانند به ساحل برسند، به سمت پایین دست رودخانه حرکت کردند.

Plus loin, la rivière rugissait plus fort alors qu'elle tombait dans des rapides mortels.

جلوتر، رودخانه با غرش بلندتری به درون تندآب‌های مرگبار فرو می‌رفت.

Les rochers fendaient l'eau comme les dents d'un énorme peigne.

صخره‌ها مانند دندانه‌های یک شانه‌ی بزرگ، آب را شکافتند.

L'attraction de l'eau près de la chute était sauvage et inévitable.

کشش آب در نزدیکی قطره، وحشیانه و گریزناپذیر بود.

Thornton savait qu'ils ne pourraient jamais atteindre le rivage à temps.

تورنتون می‌دانست که آنها هرگز نمی‌توانند به موقع به ساحل برسند.

Il a gratté un rocher, s'est écrasé sur un deuxième,

او روی یک سنگ خراشید، سنگ دیگری را خرد کرد،

Et puis il s'est écrasé contre un troisième rocher, l'attrapant à deux mains.

و سپس به سنگ سوم برخورد کرد و آن را با هر دو دست گرفت.

Il lâcha Buck et cria par-dessus le rugissement : « Vas-y, Buck ! Vas-y ! »

«برو باک،برو :زد فریاد گرفته صدایی با و کرد رها را باک او
Buck n'a pas pu rester à flot et a été emporté par le courant.

کشید. پایین به را او آب جریان و بماند آب روی نتوانست باک

Il s'est battu avec acharnement, s'efforçant de se retourner,
mais n'a fait aucun progrès.

نکرد. پیشرفتی اصلاً اما برگردد، تا کرد تقلا جنگید، سخت او

Puis il entendit Thornton répéter l'ordre par-dessus le
rugissement de la rivière.

کرد. تکرار رودخانه غرش وجود با را فرمان تورنتون که شنید سپس

Buck sortit de l'eau et leva la tête comme pour un dernier
regard.

نگاه آخرین می‌خواست انگار آورد، بالا را سرش آمد، بیرون آب از باک
بیندازد. را

puis il se retourna et obéit, nageant vers la rive avec
résolution.

کرد. شنا ساحل سمت به راسخ عزمی با و کرد اطاعت و برگشت سپس

Pete et Hans l'ont tiré à terre au dernier moment possible.

کشیدند. ساحل به ممکن لحظه آخرین در را او هانس و پیت

Ils savaient que Thornton ne pourrait s'accrocher au rocher
que quelques minutes de plus.

بچسبد. سنگ به می‌تواند دیگر دقیقه چند فقط تورنتون که می‌دانستند آنها

Ils coururent sur la berge jusqu'à un endroit bien au-dessus
de l'endroit où il était suspendu.

آویزان او که جایی از بالاتر بسیار نقطه‌ای به رودخانه کناره‌ی از آنها
دویدند. بود،

Ils ont soigneusement attaché la ligne du bateau au cou et
aux épaules de Buck.

بستند. باک شانه‌های و گردن به دقت با را قایق طناب آنها

La corde était serrée mais suffisamment lâche pour
permettre la respiration et le mouvement.

حرکت و کشید نفس بتوان که بود شل اندازه به اما بود محکم طناب
کرد.

Puis ils le jetèrent à nouveau dans la rivière tumultueuse et
mortelle.

انداختند. مرگبار و خروشان رودخانه درون به را او دوباره سپس

Buck nageait avec audace mais manquait son angle face à la
force du courant.

باک با جسارت شنا کرد اما زاویه‌اش را به دلیل نیروی جریان از دست داد.

Il a vu trop tard qu'il allait dépasser Thornton.

او خیلی دیر متوجه شد که قرار است از تورنتون سبقت بگیرد.

Hans tira fort sur la corde, comme si Buck était un bateau en train de chavirer.

هانس طناب را محکم کشید، انگار باک قایقی در حال واژگون شدن بود.

Le courant l'a entraîné vers le fond et il a disparu sous la surface.

جریان آب او را به زیر خود کشید و او در زیر سطح آب ناپدید شد.

Son corps a heurté la berge avant que Hans et Pete ne le sortent.

قبل از اینکه هانس و پیت او را بیرون بکشند، بدنش به ساحل برخورد کرد.

Il était à moitié noyé et ils l'ont chassé de l'eau.

او تا نیمه غرق شده بود و آنها آب را از او بیرون کشیدند.

Buck se leva, tituba et s'effondra à nouveau sur le sol.

باک ایستاد، تلوتلو خورد و دوباره روی زمین افتاد.

Puis ils entendirent la voix de Thornton faiblement portée par le vent.

سپس صدای ضعیف تورنتون را شنیدند که باد آن را با خود می‌برد.

Même si les mots n'étaient pas clairs, ils savaient qu'il était proche de la mort.

اگرچه کلمات نامفهوم بودند، اما آنها می‌دانستند که او در آستانه مرگ است.

Le son de la voix de Thornton frappa Buck comme une décharge électrique.

صدای تورنتون مثل برق گرفتگی به باک برخورد کرد.

Il sauta et courut sur la berge, retournant au point de lancement.

از جا پرید و از روی صخره بالا دوید و به نقطه شروع برگشت.

Ils attachèrent à nouveau la corde à Buck, et il entra à nouveau dans le ruisseau.

دوباره طناب را به باک بستند و او دوباره وارد نهر شد.

Cette fois, il nagea directement et fermement dans l'eau tumultueuse.

این بار، او مستقیماً و محکم به درون آب خروشان شنا کرد.

Hans laissa sortir la corde régulièrement tandis que Pete l'empêchait de s'emmêler.

هانس طناب را محکم رها کرد در حالی که پیت مانع از گره خوردن آن می‌شد.

Buck a nagé avec acharnement jusqu'à ce qu'il soit aligné juste au-dessus de Thornton.

باک با تمام قوا شنا کرد تا اینکه درست بالای سر تورنتون در یک خط قرار گرفت.

Puis il s'est retourné et a foncé comme un train à toute vitesse.

سپس برگشت و مانند قطاری با سرعت تمام به سمت پایین حمله کرد.

Thornton le vit arriver, se redressa et entoura son cou de ses bras.

تورنتون آمدنش را دید، آماده شد و دستانش را دور گردنش قفل کرد.

Hans a attaché la corde fermement autour d'un arbre alors qu'ils étaient tous les deux entraînés sous l'eau.

هانس طناب را محکم دور درختی بست، در حالی که هر دو به زیر درخت کشیده می‌شدند.

Ils ont dégringolé sous l'eau, s'écrasant contre des rochers et des débris de la rivière.

آنها زیر آب غلتیدند و به سنگ‌ها و بقایای رودخانه برخورد کردند.

Un instant, Buck était au sommet, l'instant d'après, Thornton se levait en haletant.

یک لحظه باک در اوج بود، لحظه‌ای بعد تورنتون نفس زنان از جا بلند شد.

Battus et étouffés, ils se dirigèrent vers la rive et la sécurité.

آنها که کتک خورده و در حال خفگی بودند، به سمت ساحل و جای امنی تغییر مسیر دادند.

Thornton a repris connaissance, allongé sur un tronc d'arbre.

تورنتون به هوش آمد، در حالی که روی یک کنده درخت افتاده بود.

Hans et Pete ont travaillé dur pour lui redonner souffle et vie.

هانس و پیت سخت تلاش کردند تا نفس و زندگی را به او برگردانند.

Sa première pensée fut pour Buck, qui gisait immobile et mou.

اولین فکری که به ذهنش رسید، باک بود که بی‌حرکت و شل افتاده بود.

Nig hurla sur le corps de Buck et Skeet lui lécha doucement le visage.

نیگ بالای سر باک زوزه می‌کشید و اسکیت به آرامی صورتش را لیس می‌زد.

Thornton, endolori et meurtri, examina Buck avec des mains prudentes.

تورنتون، زخمی و کبود، با دستانی محتاط باک را معاینه کرد.

Il a trouvé trois côtes cassées, mais aucune blessure mortelle chez le chien.

او سه دنده شکسته پیدا کرد، اما هیچ زخم کشنده‌ای در سگ وجود نداشت.

« C'est réglé », dit Thornton. « On campe ici. » Et c'est ce qu'ils firent.

تورنتون گفت: «همین کافی است. ما اینجا اردو می‌زنیم.» و آنها این کار را کردند.

Ils sont restés jusqu'à ce que les côtes de Buck soient guéries et qu'il puisse à nouveau marcher.

آنها ماندند تا دنده‌های باک خوب شد و دوباره توانست راه برود.

Cet hiver-là, Buck accomplit un exploit qui augmenta encore sa renommée.

زمستان آن سال، باک شاهکاری را به نمایش گذاشت که شهرتش را بیش از پیش افزایش داد.

C'était moins héroïque que de sauver Thornton, mais tout aussi impressionnant.

این کار به اندازه نجات دادن تورنتون قهرمانانه نبود، اما به همان اندازه تأثیرگذار بود.

À Dawson, les partenaires avaient besoin de provisions pour un long voyage.

در داوسون، شرکا برای یک سفر دور به تدارکات نیاز داشتند.

Ils voulaient voyager vers l'Est, dans des terres sauvages et intactes.

آنها می‌خواستند به شرق سفر کنند، به سرزمین‌های بکر و دست‌نخورده.

L'acte de Buck dans l'Eldorado Saloon a rendu ce voyage possible.

سند مالکیت باک در سالن الدورادو، آن سفر را ممکن ساخت.

Tout a commencé avec des hommes qui se vantaient de leurs chiens en buvant un verre.

این ماجرا با رجزخوانی مردانی در مورد سگ‌هایشان هنگام نوشیدن شروع شد.

La renommée de Buck a fait de lui la cible de défis et de doutes.

شهرت باک او را هدف چالش‌ها و تردیدها قرار داد.

Thornton, fier et calme, resta ferme dans la défense du nom de Buck.

تورنتون، مغرور و آرام، محکم و استوار از نام باک دفاع کرد.

Un homme a déclaré que son chien pouvait facilement tirer deux cents kilos.

مردی گفت سگش می‌تواند به راحتی پانصد پوند را بکشد.

Un autre a dit six cents, et un troisième s'est vanté d'en avoir sept cents.

دیگری گفت ششصد و سومی به هفتصد لاف زد.

« Pfft ! » dit John Thornton, « Buck peut tirer un traîneau de mille livres. »

جان تورنتون گفت» :پوووف‌باک می‌تونه یه سورتمه هزار پوندی رو بکشه.«

Matthewson, un roi de Bonanza, s'est penché en avant et l'a défié.

متیوسون، یک پادشاه بونانزا، به جلو خم شد و او را به چالش کشید.

« Tu penses qu'il peut mettre autant de poids en mouvement ? »

«فکر می‌کنی می‌تونه انقدر وزن رو به حرکت دربیاره؟»

« Et tu penses qu'il peut tirer le poids sur une centaine de mètres ? »

«و فکر می‌کنی می‌تونه وزنه رو صد یارد کامل بکشه؟»

Thornton répondit froidement : « Oui. Buck est assez doué pour le faire. »

تورنتون با خونسردی پاسخ داد» :بله‌باک آنقدر عاقل است که این کار را انجام دهد.«

« Il mettra mille livres en mouvement et le tirera sur une centaine de mètres. »

او هزار پوند را به حرکت درمی‌آورد و آن را صد یارد می‌کشد»«.

Matthewson sourit lentement et s'assura que tous les hommes entendaient ses paroles.

متیسون به آرامی لبخند زد و مطمئن شد که همه حرف‌هایش را شنیده‌اند۔

« J'ai mille dollars qui disent qu'il ne peut pas. Le voilà. »

من هزار دلار دارم که می‌گوید او نمی‌تواند»۔این هم از این ۔«

Il a claqué un sac de poussière d'or de la taille d'une saucisse sur le bar.

او یک کیسه خاک طلا به اندازه سوسیس را روی پیشخوان کوبید۔

Personne ne dit un mot. Le silence devint pesant et tendu autour d'eux.

هیچ‌کس کلمه‌ای نگفت۔سکوت سنگین و پرتنشی اطراف‌شان را فرا گرفت۔

Le bluff de Thornton – s'il en était un – avait été pris au sérieux.

بلوف تورنتون - اگر بلوف بود - جدی گرفته شده بود۔

Il sentit la chaleur monter sur son visage tandis que le sang affluait sur ses joues.

احساس کرد صورتش داغ شد و خون به گونه‌هایش هجوم آورد۔

Sa langue avait pris le pas sur sa raison à ce moment-là.

در آن لحظه زبانش از عقلش پیشی گرفته بود۔

Il ne savait vraiment pas si Buck pouvait déplacer mille livres.

او واقعاً نمی‌دانست که آیا باک می‌تواند هزار پوند را جابجا کند یا نه۔

Une demi-tonne ! Rien que sa taille lui pesait le cœur.

نیم تُن فقط حجم آن باعث می‌شد دلش سنگین شود ۔

Il avait foi en la force de Buck et le pensait capable.

او به قدرت باک ایمان داشت و او را توانمند می‌دانست۔

Mais il n'avait jamais été confronté à ce genre de défi, pas comme celui-ci.

اما او هرگز با این نوع چالش، نه مثل این، روبرو نشده بود۔

Une douzaine d'hommes l'observaient tranquillement, attendant de voir ce qu'il allait faire.

دوازده مرد بی‌صدا او را تماشا می‌کردند و منتظر بودند ببینند چه می‌کند۔

Il n'avait pas d'argent, ni Hans ni Pete.

او پول نداشت - هانس یا پیت هم نداشتند۔

« J'ai un traîneau dehors », dit Matthewson froidement et directement.

متیسون با سردی و صراحت گفت: «من بیرون یک سورتمه دارم.»

« Il est chargé de vingt sacs de cinquante livres chacun, tous de farine.

پر از بیست گونی آرد است، هر کدام پنجاه پوند».»

« Alors ne laissez pas un traîneau manquant devenir votre excuse maintenant », a-t-il ajouté.

پس نگذارید گم شدن سورتمه بهانه‌ای برای شما باشد.»

Thornton resta silencieux. Il ne savait pas quels mots lui dire.

تورنتون ساکت ماند،نمی‌دانست چه کلماتی را به کار ببرد ـ

Il regarda les visages autour de lui sans les voir clairement.

او به چهره‌ها نگاه کرد، اما آنها را به وضوح ندید.

Il ressemblait à un homme figé dans ses pensées, essayant de redémarrer.

او شبیه مردی بود که در افکارش منجمد شده و سعی دارد دوباره شروع کند.

Puis il a vu Jim O'Brien, un ami de l'époque Mastodon.

سپس جیم أبرایان، دوست دوران ماستودون، را دید.

Ce visage familier lui a donné un courage qu'il ne savait pas avoir.

آن چهره آشنا به او شجاعتی داد که از وجودش بی‌خبر بود.

Il se tourna et demanda à voix basse : « Peux-tu me prêter mille ? »

برگشت و با صدای آهسته پرسید» :می‌توانی هزار تا به من قرض بدهی؟»

« Bien sûr », dit O'Brien, laissant déjà tomber un lourd sac près de l'or.

أبراین گفت» :البته.و کیسه‌ی سنگینی را که از قبل کنار طلاها انداخته بود، انداخت.

« Mais honnêtement, John, je ne crois pas que la bête puisse faire ça. »

اما راستش را بخواهی، جان، من باور نمی‌کنم که آن هیولا بتواند این کار را بکند.»

Tout le monde dans le Saloon Eldorado s'est précipité dehors pour voir l'événement.

همه در سالن الدورادو برای دیدن این رویداد به بیرون هجوم آوردند.

Ils ont laissé les tables et les boissons, et même les jeux ont été interrompus.

آنها میزها و نوشیدنی‌ها را ترک کردند و حتی بازی‌ها متوقف شد.

Les croupiers et les joueurs sont venus assister à la fin de ce pari audacieux.

دلالان و قماربازان آمدند تا شاهد پایان شرط‌بندی جسورانه باشند.

Des centaines de personnes se sont rassemblées autour du traîneau dans la rue glacée.

صدها نفر در خیابان یخزده دور سورتمه جمع شده بودند.

Le traîneau de Matthewson était chargé d'une charge complète de sacs de farine.

سورتمه متیسون با بار پر از کیسه‌های آرد ایستاده بود.

Le traîneau était resté immobile pendant des heures à des températures négatives.

سورتمه ساعت‌ها در دمای منفی یک درجه مانده بود.

Les patins du traîneau étaient gelés et collés à la neige tassée.

کفی‌های سورتمه کاملاً در برف فشرده یخ زده بودند.

Les hommes ont offert une cote de deux contre un que Buck ne pourrait pas déplacer le traîneau.

مردان شانس دو به یک را پیشنهاد دادند که باک نمی‌تواند سورتمه را حرکت دهد.

Une dispute a éclaté sur ce que signifiait réellement « sortir ».

اختلافی بر سر معنای واقعی «گریز «درگرفت.

O'Brien a déclaré que Thornton devrait desserrer la base gelée du traîneau.

اُبراین گفت تورنتون باید پایه یخزده سورتمه را شل کند.

Buck pourrait alors « sortir » d'un départ solide et immobile.

«سپس باک می‌توانست از یک شروع محکم و بی‌حرکت «بیرون بزند.

Matthewson a soutenu que le chien devait également libérer les coureurs.

متیوسون استدلال کرد که سگ باید دونده‌ها را نیز آزاد کند.

Les hommes qui avaient entendu le pari étaient d'accord avec le point de vue de Matthewson.

مردانی که شرط را شنیده بودند با نظر متیسون موافق بودند.

Avec cette décision, les chances sont passées à trois contre
un contre Buck.

با آن حکم، شانس برد باک به سه به یک افزایش یافت.

Personne ne s'est manifesté pour prendre en compte les
chances croissantes de trois contre un.

هیچ کس برای پذیرفتن شانس رو به رشد سه به یک را پیش نگذاشت.

Pas un seul homme ne croyait que Buck pouvait accomplir
un tel exploit.

حتی یک نفر هم باور نداشت که باک بتواند این شاهکار بزرگ را انجام
دهد.

Thornton s'était précipité dans le pari, lourd de doutes.

تورنتون با عجله و در حالی که سرشار از شک و تردید بود، وارد
شرط‌بندی شد.

Il regarda alors le traîneau et l'attelage de dix chiens à côté.

حالا به سورتمه و گروه ده سگ کنارش نگاه کرد.

En voyant la réalité de la tâche, elle semblait encore plus
impossible.

دیدن واقعیتِ کار، آن را غیرممکن‌تر جلوه می‌داد.

Matthewson était plein de fierté et de confiance à ce
moment-là.

متیسون در آن لحظه سرشار از غرور و اعتماد به نفس بود.

« Trois contre un ! » cria-t-il. « Je parie mille de plus,
Thornton !

سه به یک».او فریاد زد «تورنتون، من هزارِ تای دیگه شرط »
می‌بندم.»

« Que dites-vous ? » ajouta-t-il, assez fort pour que tout le
monde l'entende.

«با صدای بلند که همه بشنوند، اضافه کرد» :چی می‌گی؟

Le visage de Thornton exprimait ses doutes, mais son esprit
s'était élevé.

چهره تورنتون تردیدهایش را نشان می‌داد، اما روحش برخاسته بود.

Cet esprit combatif ignorait les probabilités et ne craignait
rien du tout.

آن روحیه‌ی مبارزه‌جویانه، هیچ چیز را نادیده نمی‌گرفت و از هیچ چیز
نمی‌ترسید.

Il a appelé Hans et Pete pour apporter tout leur argent sur la
table.

او هانس و پیت را صدا زد تا تمام پولشان را سر میز بیاورند.

Il ne leur restait plus grand-chose : seulement deux cents dollars au total.

پول کمی برایشان مانده بود - روی هم رفته فقط دویست دلار.

Cette petite somme représentait toute leur fortune pendant les temps difficiles.

این مبلغ ناچیز، تمام دارایی آنها در دوران سخت بود.

Pourtant, ils ont misé toute leur fortune contre le pari de Matthewson.

با این حال، آنها تمام ثروت خود را در مقابل شرط متیسون قرار دادند.

L'attelage de dix chiens a été dételé et éloigné du traîneau.

تیم ده سگ از سورتمه جدا شد و از آن فاصله گرفت.

Buck a été placé dans les rênes, portant son harnais familier.

باک در حالی که افسار آشنایش را به گردن داشت، افسار را به دست گرفت.

Il avait capté l'énergie de la foule et ressenti la tension.

او انرژی جمعیت را جذب کرده و تنش را حس کرده بود.

D'une manière ou d'une autre, il savait qu'il devait faire quelque chose pour John Thornton.

به نحوی، او می‌دانست که باید کاری برای جان تورنتون انجام دهد.

Les gens murmuraient avec admiration devant la fière silhouette du chien.

مردم با تحسین از هیکل مغرور سگ زمزمه می‌کردند.

Il était mince et fort, sans une seule once de chair supplémentaire.

او لاغر و قوی بود، بدون حتی یک اونس گوشت اضافه.

Son poids total de cent cinquante livres n'était que puissance et endurance.

تمام وزن صد و پنجاه پوندی او، قدرت و استقامت بود.

Le pelage de Buck brillait comme de la soie, épais de santé et de force.

پوشش باک مانند ابریشم می‌درخشید، ضخیم از سلامتی و قدرت.

La fourrure le long de son cou et de ses épaules semblait se soulever et se hérisser.

به نظر می‌رسید خزهای گردن و شانه‌هایش سیخ و بلند شده‌اند.

Sa crinière bougeait légèrement, chaque cheveu vivant de sa grande énergie.

یالش کمی تکان خورد، هر تار مویش از انرژی زیادش جان گرفته بود۔

Sa large poitrine et ses jambes fortes correspondaient à sa silhouette lourde et robuste.

سینه پهن و پاهای قوی‌اش با هیکل سنگین و خشنش هماهنگ بود۔

Des muscles ondulaient sous son manteau, tendus et fermes comme du fer lié.

عضلاتش زیر کتش موج می‌زدند، سفت و محکم مثل آهنِ به هم چسبیده۔

Les hommes le touchaient et juraient qu'il était bâti comme une machine en acier.

مردها او را لمس می‌کردند و قسم می‌خوردند که مثل یک ماشین فولادی ساخته شده است۔

Les chances ont légèrement baissé à deux contre un contre le grand chien.

شانس برد در برابر سگ بزرگ کمی کاهش یافت و به دو به یک رسید۔

Un homme des bancs de Skookum s'avança en bégayant.

مردی از نیمکت‌های اسکوکوم، با لکنت زبان، جلو آمد۔

« Bien, monsieur ! J'offre huit cents pour lui – avant l'examen, monsieur ! »

«خوبه آقا»من هشتصد تا براش پیشنهاد میدم - قبل از امتحان، آقا ۔«

« Huit cents, tel qu'il est en ce moment ! » insista l'homme.

مرد اصرار کرد» :هشتصد، همین الان که ایستاده۔«

Thornton s'avança, sourit et secoua calmement la tête.

تورنتون جلو آمد، لبخندی زد و سرش را با آرامش تکان داد۔

Matthewson est rapidement intervenu avec une voix d'avertissement et un froncement de sourcils.

متیوسون با صدای هشدار دهنده و اخم کردن به سرعت وارد عمل شد۔

« Éloignez-vous de lui », dit-il. « Laissez-lui de l'espace. »

باید از او فاصله بگیری»به او فضا بده ۔«

La foule se tut ; seuls les joueurs continuaient à miser deux contre un.

جمعیت ساکت شد؛ فقط قماربازها هنوز دو به یک پیشنهاد می‌دادند۔

Tout le monde admirait la carrure de Buck, mais la charge semblait trop lourde.

همه هیکل باک را تحسین می‌کردند، اما بار روی آن خیلی زیاد به نظر می‌رسید۔

Vingt sacs de farine, pesant chacun cinquante livres, semblaient beaucoup trop.

بیست کیسه آرد ـ هر کدام پنجاه پوند وزن ـ خیلی زیاد به نظر می‌رسید.

Personne n'était prêt à ouvrir sa bourse et à risquer son argent.

هیچ کس حاضر نبود کیسه‌اش را باز کند و پولش را به خطر بیندازد.

Thornton s'agenouilla à côté de Buck et prit sa tête à deux mains.

تورنتون کنار باک زانو زد و سرش را با هر دو دست گرفت.

Il pressa sa joue contre celle de Buck et lui parla à l'oreille.

گونه‌اش را به گونه‌ی باک چسباند و در گوشش چیزی گفت.

Il n'y avait plus de secousses enjouées ni d'insultes affectueuses murmurées.

حالا دیگر خبری از تکان دادن‌های بازیگوشانه یا نجواهای عاشقانه نبود.

Il murmura simplement doucement : « Autant que tu m'aimes, Buck. »

او فقط آرام زمزمه کرد» :هر چقدر هم که تو مرا دوست داشته باشی، باک.«

Buck émit un gémissement silencieux, son impatience à peine contenue.

باک ناله‌ی آرامی سر داد، اشتیاقش به زحمت مهار شده بود.

Les spectateurs observaient avec curiosité la tension qui emplissait l'air.

تماشاگران با کنجکاوی تماشا می‌کردند که تنش فضا را پر کرده است.

Le moment semblait presque irréel, comme quelque chose qui dépassait la raison.

آن لحظه تقریباً غیرواقعی به نظر می‌رسید، مثل چیزی فراتر از منطق.

Lorsque Thornton se leva, Buck prit doucement sa main dans ses mâchoires.

وقتی تورنتون ایستاد، باک به آرامی دستش را در آرواره‌هایش گرفت.

Il appuya avec ses dents, puis relâcha lentement et doucement.

با دندان‌هایش فشار داد، سپس به آرامی و با ملایمت رها کرد.

C'était une réponse silencieuse d'amour, non prononcée, mais comprise.

این پاسخی خاموش از عشق بود، نه به زبان، بلکه درک شده.

Thornton s'éloigna du chien et donna le signal.

تورنتون کاملاً از سگ فاصله گرفت و علامت داد.

« Maintenant, Buck », dit-il, et Buck répondit avec un calme concentré.

او گفت» :حالا، باک،و باک با آرامش متمرکزی پاسخ داد «.

Buck a resserré les traces, puis les a desserrées de quelques centimètres.

باک طناب‌ها را محکم کرد، سپس چند اینچ آنها را شل کرد.

C'était la méthode qu'il avait apprise ; sa façon de briser le traîneau.

این روشی بود که او یاد گرفته بود؛ راه او برای شکستن سورتمه.

« Tiens ! » cria Thornton, sa voix aiguë dans le silence pesant.

تورنتون فریاد زد» :وای،صدایش در سکوت سنگین، تیز بود «.

Buck se tourna vers la droite et se jeta de tout son poids.

باک به راست چرخید و با تمام وزنش به جلو خیز برداشت.

Le mou disparut et toute la masse de Buck heurta les lignes serrées.

سستی از بین رفت و تمام جرم باک به مسیر های تنگ برخورد کرد.

Le traîneau tremblait et les patins émettaient un bruit de crépitement.

سورتمه لرزید و دوندگان صدای ترق تروق تیزی ایجاد کردند.

« Haw ! » ordonna Thornton, changeant à nouveau la direction de Buck.

تورنتون دوباره جهت باک را تغییر داد و دستور داد» :ها.«

Buck répéta le mouvement, cette fois en tirant brusquement vers la gauche.

باک حرکت را تکرار کرد و این بار به شدت به سمت چپ کشید.

Le traîneau craquait plus fort, les patins claquaient et se déplaçaient.

سورتمه با صدای بلندتری تق‌تق کرد، دونده‌ها تق‌تق می‌کردند و جابه‌جا می‌شدند.

La lourde charge glissait légèrement latéralement sur la neige gelée.

بار سنگین روی برف یخ‌زده کمی به پهلو سر خورد.

Le traîneau s'était libéré de l'emprise du sentier glacé !

سورتمه از چنگ مسیر یخی رها شده بود.

Les hommes retenaient leur souffle, ignorant qu'ils ne respiraient même pas.

مردان نفس خود را حبس می‌کردند، بی‌خبر از اینکه حتی نفس نمی‌کشند.
« Maintenant, TIREZ ! » cria Thornton à travers le silence glacial.

تورنتون در سکوت یخ‌زده فریاد زد» :حالا، بکشید!«
L'ordre de Thornton résonna fort, comme le claquement d'un fouet.

فرمان تورنتون با صدایی تیز، مثل صدای شلاق، طنین‌انداز شد.
Buck se jeta en avant avec un mouvement violent et saccadé.

باک با یک حمله‌ی ناگهانی و شدید، خودش را به جلو پرتاب کرد.
Tout son corps se tendit et se contracta sous l'énorme tension.

تمام هیکلش از شدت فشار منقبض و جمع شده بود.
Des muscles ondulaient sous sa fourrure comme des serpents prenant vie.

ماهیچه‌ها زیر خزهایش مثل مارهایی که زنده می‌شوند، موج می‌زدند.
Sa large poitrine était basse, la tête tendue vers l'avant en direction du traîneau.

سینه‌ی ستبرش پایین بود و سرش به سمت سورتمه دراز شده بود.
Ses pattes bougeaient comme l'éclair, ses griffes tranchant le sol gelé.

پنجه‌هایش مثل برق حرکت می‌کردند، چنگال‌هایش زمین یخ‌زده را می‌شکافتند.
Des rainures ont été creusées profondément alors qu'il luttait pour chaque centimètre de traction.

شیارها عمیقاً کنده شده بودند، زیرا او برای هر اینچ از کشش می‌جنگید.
Le traîneau se balança, trembla et commença un mouvement lent et agité.

سورتمه تکان خورد، لرزید و حرکتی آهسته و ناآرام را آغاز کرد.
Un pied a glissé et un homme dans la foule a gémi à haute voix.

یک پا لیز خورد و مردی از میان جمعیت با صدای بلند ناله کرد.
Puis le traîneau s'élança en avant dans un mouvement saccadé et brusque.

سپس سورتمه با حرکتی تند و خشن به جلو خیز برداشت.
Cela ne s'est pas arrêté à nouveau - un demi-pouce... un pouce... deux pouces de plus.

دوباره متوقف نشد—نیم اینچ—یک اینچ—دو اینچ دیگر.

Les secousses devinrent plus faibles à mesure que le traîneau commençait à prendre de la vitesse.

با افزایش سرعت سورتمه، تکان‌ها کمتر شدند.

Bientôt, Buck tirait avec une puissance douce et régulière.

خیلی زود باک با قدرت غلتشی نرم، یکنواخت و مداوم شروع به کشیدن کرد.

Les hommes haletèrent et finirent par se rappeler de respirer à nouveau.

مردان نفس نفس می‌زدند و بالاخره یادشان می‌آمد که دوباره نفس بکشند.

Ils n'avaient pas remarqué que leur souffle s'était arrêté de stupeur.

آنها متوجه نشده بودند که نفسشان از شدت حیرت بند آمده است.

Thornton courait derrière, lançant des ordres courts et joyeux.

تورنتون پشت سر او می‌دوید و با لحنی شاد و کوتاه دستورهایی می‌داد.

Devant nous se trouvait une pile de bois de chauffage qui marquait la distance.

جلوتر، پشته‌ای از هیزم بود که فاصله را مشخص می‌کرد.

Alors que Buck s'approchait du tas, les acclamations devenaient de plus en plus fortes.

همین‌طور که باک به توده نزدیک می‌شد، تشویق‌ها بلندتر و بلندتر می‌شد.

Les acclamations se sont transformées en rugissement lorsque Buck a dépassé le point d'arrivée.

با عبور باک از نقطه پایان، تشویق‌ها به غرش تبدیل شد.

Les hommes ont sauté et crié, même Matthewson a esquissé un sourire.

مردها از جا پریدند و فریاد زدند، حتی متیوسون هم پوزخندی زد.

Les chapeaux volaient dans les airs, les mitaines étaient lancées sans réfléchir ni viser.

کلاه‌ها به هوا پرتاب می‌شدند، دستکش‌ها بدون فکر یا هدف پرتاب می‌شدند.

Les hommes se sont attrapés et se sont serré la main sans savoir à qui.

مردها همدیگر را گرفتند و بدون اینکه بدانند چه کسی است، با هم دست دادند.

Toute la foule bourdonnait d'une célébration folle et
joyeuse.

تمام جمعیت با شور و شوق و شادی فراوان جشن گرفتند.

Thornton tomba à genoux à côté de Buck, les mains
tremblantes.

تورنتون با دستان لرزان کنار باک زانو زد.

Il pressa sa tête contre celle de Buck et le secoua doucement
d'avant en arrière.

سرش را به سر باک چسباند و او را به آرامی تکان داد.

Ceux qui s'approchaient l'entendaient maudire le chien avec
un amour silencieux.

کسانی که نزدیک می‌شدند، می‌شنیدند که او با عشقی آرام سگ را نفرین
می‌کرد.

Il a insulté Buck pendant un long moment, doucement,
chaleureusement, avec émotion.

او مدت زیادی به باک فحش داد ـ آرام، گرم و با احساس.

« Bien, monsieur ! Bien, monsieur ! » s'écria précipitamment
le roi du Banc Skookum.

رئیس نیمکت اسکوکوم با عجله فریاد زد: «خوبه، آقا.خوبم آقا ـ»

« Je vous donne mille, non, douze cents, pour ce chien,
monsieur ! »

«آقا، من برای آن سگ هزار ـ نه، هزار و دویست ـ به شما می‌دهم».

Thornton se leva lentement, les yeux brillants d'émotion.

تورنتون به آرامی از جایش بلند شد، چشمانش از شدت احساسات برق
می‌زد.

Les larmes coulaient ouvertement sur ses joues sans aucune
honte.

اشک‌هایش بی‌هیچ شرمی، آشکارا از گونه‌هایش سرازیر شدند.

« Monsieur », dit-il au roi du banc Skookum, ferme et posé.

«او با قاطعیت و آرامش به پادشاه سکوکوم گفت» :آقا

« Non, monsieur. Allez au diable, monsieur. C'est ma
réponse définitive. »

«نه، آقا»می‌توانید بروید به جهنم، آقا ـاین آخرین جواب من است ـ».

Buck attrapa doucement la main de Thornton dans ses
mâchoires puissantes.

باک دست تورنتون را به آرامی با آرواره‌های قوی‌اش گرفت.

Thornton le secoua de manière enjouée, leur lien étant plus profond que jamais.

تورنتون با شیطنت او را تکان داد، پیوندشان مثل همیشه عمیق بود۔

La foule, émue par l'instant, recula en silence.

جمعیت که لحظه به لحظه تحت تأثیر قرار گرفته بودند، در سکوت قدمی به عقب برداشتند۔

Dès lors, personne n'osa interrompre cette affection si sacrée.

از آن به بعد، هیچ کس جرأت نکرد چنین محبت مقدسی را قطع کند۔

*Le son de l'appel
صدای اذان*

Buck avait gagné seize cents dollars en cinq minutes.

باک در عرض پنج دقیقه هزار و ششصد دلار به دست آورده بود۔

Cet argent a permis à John Thornton de payer une partie de ses dettes.

این پول به جان تورنتون اجازه داد تا بخشی از بدهی‌هایش را پرداخت کند۔

Avec le reste de l'argent, il se dirigea vers l'Est avec ses partenaires.

با بقیه پول، او به همراه شرکایش به سمت شرق حرکت کرد۔

Ils cherchaient une mine perdue légendaire, aussi vieille que le pays lui-même.

آنها به دنبال یک معدن گمشده افسانه‌ای بودند، به قدمت خود کشور۔

Beaucoup d'hommes avaient cherché la mine, mais peu l'avaient trouvée.

بسیاری از مردان به دنبال معدن گشته بودند، اما تعداد کمی آن را پیدا کرده بودند۔

Plus d'un homme avait disparu au cours de cette quête dangereuse.

بیش از چند مرد در طول این جستجوی خطرناک ناپدید شده بودند۔

Cette mine perdue était enveloppée à la fois de mystère et d'une vieille tragédie.

این معدن گمشده، هم در رمز و راز و هم در تراژدی قدیمی پیچیده شده بود۔

Personne ne savait qui avait été le premier homme à découvrir la mine.

هیچ‌کس نمی‌دانست اولین کسی که معدن را پیدا کرد چه کسی بود۔

Les histoires les plus anciennes ne mentionnent personne par son nom.

قدیمی‌ترین داستان‌ها از کسی به نام یاد نمی‌کنند۔

Il y avait toujours eu là une vieille cabane délabrée.

همیشه یک کلبه‌ی قدیمی و فرسوده آنجا وجود داشت۔

Des hommes mourants avaient juré qu'il y avait une mine à côté de cette vieille cabane.

مردان در حال مرگ قسم خورده بودند که معدنی در کنار آن کلبه قدیمی وجود دارد.

Ils ont prouvé leurs histoires avec de l'or comme on n'en trouve nulle part ailleurs.

آنها داستان‌های خود را با طلایی اثبات کردند که هیچ جای دیگری پیدا نمی‌شود.

Aucune âme vivante n'avait jamais pillé le trésor de cet endroit.

هیچ موجود زنده‌ای تا به حال گنج آن مکان را غارت نکرده بود.

Les morts étaient morts, et les morts ne racontent pas d'histoires.

مردگان، مردگان بودند و مردگان قصه نمی‌گویند.

Thornton et ses amis se dirigèrent donc vers l'Est.

بنابراین تورنتون و دوستانش به سمت شرق حرکت کردند.

Pete et Hans se sont joints à eux, amenant Buck et six chiens forts.

پیت و هانس به آنها ملحق شدند و باک و شش سگ قوی هیکل را نیز با خود آوردند.

Ils se sont lancés sur un chemin inconnu là où d'autres avaient échoué.

آنها در مسیری ناشناخته قدم گذاشتند که دیگران در آن شکست خورده بودند.

Ils ont parcouru soixante-dix milles en traîneau sur le fleuve Yukon gelé.

آنها هفتاد مایل روی رودخانه یخزده یوکان سورتمه‌سواری کردند.

Ils tournèrent à gauche et suivirent le sentier jusqu'au Stewart.

آنها به چپ پیچیدند و مسیر را تا داخل رودخانه استوارت دنبال کردند.

Ils passèrent le Mayo et le McQuestion, poursuivant leur route.

آنها از کنار مایو و مک‌کویستین گذشتند و بیشتر به جلو رفتند.

Le Stewart s'est rétréci en un ruisseau, traversant des pics déchiquetés.

استوارت به نهری تبدیل شد که قله‌های ناهموارش را به هم پیوند می‌داد.

Ces pics acérés marquaient l'épine dorsale même du continent.

این قله‌های تیز، ستون فقرات قاره را مشخص می‌کردند.

John Thornton exigeait peu des hommes ou de la nature
sauvage.

جان تورنتون از انسان‌ها یا سرزمین وحشی چیز زیادی نمی‌خواست.

Il ne craignait rien dans la nature et affrontait la nature
sauvage avec aisance.

او در طبیعت از هیچ چیز نمی‌ترسید و با سهولت با طبیعت وحشی
روبرو می‌شد.

Avec seulement du sel et un fusil, il pouvait voyager où il le
souhaitait.

او فقط با نمک و یک تفنگ می‌توانست به هر کجا که می‌خواست سفر
کند.

Comme les indigènes, il chassait de la nourriture pendant
ses voyages.

مانند بومیان، او در طول سفر غذا شکار می‌کرد.

S'il n'attrapait rien, il continuait, confiant en la chance qui
l'attendait.

اگر چیزی گیرش نمی‌آمد، به راهش ادامه می‌داد و به شانس پیش رو
توکل می‌کرد.

Au cours de ce long voyage, la viande était la principale
nourriture qu'ils mangeaient.

در این سفر طولانی، گوشت غذای اصلی آنها بود.

Le traîneau contenait des outils et des munitions, mais
aucun horaire strict.

سورتمه حامل ابزار و مهمات بود، اما هیچ جدول زمانی دقیقی نداشت.

Buck adorait cette errance, la chasse et la pêche sans fin.

باک عاشق این پرسه زدن بود؛ شکار و ماهیگیری بی‌پایان.

Pendant des semaines, ils ont voyagé jour après jour.

هفته‌ها بود که آنها هر روز و هر روز به طور مداوم در سفر بودند.

D'autres fois, ils établissaient des camps et restaient
immobiles pendant des semaines.

بعضی وقت‌ها هم چادر می‌زدند و هفته‌ها بی‌حرکت می‌ماندند.

Les chiens se reposaient pendant que les hommes creusaient
dans la terre gelée.

سگ‌ها استراحت می‌کردند در حالی که مردان در میان خاک یخزده
کندوکاو می‌کردند.

Ils chauffaient des poêles sur des feux et cherchaient de l'or
caché.

آنها تابه‌ها را روی آتش گرم می‌کردند و به دنبال طلای پنهان می‌گشتند.

Certains jours, ils souffraient de faim, et d'autres jours, ils faisaient des festins.

بعضی روزها گرسنگی می‌کشیدند و بعضی روزها جشن می‌گرفتند.

Leurs repas dépendaient du gibier et de la chance de la chasse.

وعده‌های غذایی آنها به شکار و شانس شکار بستگی داشت.

Quand l'été arrivait, les hommes et les chiens chargeaient des charges sur leur dos.

وقتی تابستان از راه رسید، مردان و سگ‌ها بارها را بر پشت خود بستند.

Ils ont fait du rafting sur des lacs bleus cachés dans des forêts de montagne.

آنها با قایق از میان دریاچه‌های آبی پنهان در جنگل‌های کوهستانی عبور کردند.

Ils naviguaient sur des bateaux minces sur des rivières qu'aucun homme n'avait jamais cartographiées.

آنها با قایق‌های باریک بر روی رودخانه‌هایی حرکت می‌کردند که هیچ‌کس تا به حال نقشه آنها را ترسیم نکرده بود.

Ces bateaux ont été construits à partir d'arbres sciés dans la nature.

آن قایق‌ها از درختانی ساخته شده بودند که در طبیعت اره کرده بودند.

Les mois passèrent et ils sillonnèrent des terres sauvages et inconnues.

ماه‌ها گذشت و آنها در سرزمین‌های وحشی و ناشناخته پیچ و تاب می‌خوردند.

Il n'y avait pas d'hommes là-bas, mais de vieilles traces suggéraient qu'il y en avait eu.

هیچ مردی آنجا نبود، اما آثار قدیمی نشان می‌داد که مردانی آنجا بوده‌اند.

Si la Cabane Perdue était réelle, alors d'autres étaient déjà passés par là.

اگر کلبه گمشده واقعی بود، پس دیگران هم زمانی از این مسیر آمده بودند.

Ils traversaient des cols élevés dans des blizzards, même pendant l'été.

آنها حتی در طول تابستان، در کولاک از گردنه‌های مرتفع عبور می‌کردند.

Ils frissonnaient sous le soleil de minuit sur les pentes nues des montagnes.

آنها زیر آفتاب نیمه‌شب، در دامنه‌های برهنه کوهستان، از سرما می‌لرزیدند.

Entre la limite des arbres et les champs de neige, ils montaient lentement.

بین خط درختان و زمین‌های برفی، آنها به آرامی می‌رفتند.

Dans les vallées chaudes, ils écrasaient des nuages de moucherons et de mouches.

در دره‌های گرم، آنها به سمت ابرهای پشه و مگس حمله می‌کردند.

Ils cueillaient des baies sucrées près des glaciers en pleine floraison estivale.

آنها در تابستان، در نزدیکی یخچال‌های طبیعی، توت‌های شیرین می‌چیدند.

Les fleurs qu'ils ont trouvées étaient aussi belles que celles du Southland.

گل‌هایی که پیدا کردند به زیبایی گل‌های سرزمین جنوبی بودند.

Cet automne-là, ils atteignirent une région solitaire remplie de lacs silencieux.

پاییز آن سال، آنها به منطقه‌ای خلوت و پر از دریاچه‌های خاموش رسیدند.

La terre était triste et vide, autrefois pleine d'oiseaux et de bêtes.

سرزمینی غمگین و خالی بود، سرزمینی که زمانی پر از پرندگان و جانوران بود.

Il n'y avait plus de vie, seulement le vent et la glace qui se formait dans les flaques.

حالا دیگر هیچ حیاتی وجود نداشت، فقط باد و یخ‌هایی که در گودال‌ها تشکیل می‌شدند.

Les vagues s'écrasaient sur les rivages déserts avec un son doux et lugubre.

امواج با صدایی نرم و حزن‌انگیز به سواحل خالی برخورد می‌کردند.

Un autre hiver arriva et ils suivirent à nouveau de vieux sentiers lointains.

زمستان دیگری از راه رسید و آنها دوباره از مسیرهای قدیمی و کمرمق عبور کردند.

C'étaient les traces d'hommes qui les avaient cherchés bien avant eux.

اینها رد پای مردانی بود که مدت‌ها پیش از آنها جستجو کرده بودند.

Un jour, ils trouvèrent un chemin creusé profondément dans la forêt sombre.

یک روز آنها مسیری را پیدا کردند که در اعماق جنگل تاریک بریده شده بود.

C'était un vieux sentier, et ils sentaient que la cabane perdue était proche.

مسیر قدیمی بود و آنها احساس می‌کردند کلبه گمشده نزدیک است.

Mais le sentier ne menait nulle part et s'enfonçait dans les bois épais.

اما رد پا به جایی نرسید و در میان انبوه درختان محو شد.

Personne ne savait qui avait fait ce sentier et pourquoi.

هیچ‌کس نمی‌دانست چه کسی این مسیر را ساخته و چرا آن را ساخته است.

Plus tard, ils ont trouvé l'épave d'un lodge caché parmi les arbres.

بعداً، آنها لاشه یک کلبه را که در میان درختان پنهان شده بود، پیدا کردند.

Des couvertures pourries gisaient éparpillées là où quelqu'un avait dormi.

پتوهای پوسیده، جایی که زمانی کسی خوابیده بود، پخش و پلا بودند.

John Thornton a trouvé un fusil à silex à long canon enterré à l'intérieur.

جان تورنتون یک تفنگ چخماقی لوله بلند را که در داخل دفن شده بود، پیدا کرد.

Il savait qu'il s'agissait d'un fusil de la Baie d'Hudson depuis les premiers jours de son commerce.

او از همان روزهای اول معاملات می‌دانست که این اسلحه متعلق به هادسون بی است.

À cette époque, ces armes étaient échangées contre des piles de peaux de castor.

در آن روزها چنین اسلحه‌هایی با انبوهی از پوست سگ آبی معامله می‌شدند.

C'était tout : il ne restait aucune trace de l'homme qui avait construit le lodge.

همین بود - هیچ سرنخی از مردی که کلبه را ساخته بود، باقی نمانده بود.

Le printemps est revenu et ils n'ont trouvé aucun signe de la Cabane Perdue.

بهار دوباره از راه رسید و آنها هیچ نشانه‌ای از کلبه گمشده پیدا نکردند.

Au lieu de cela, ils trouvèrent une large vallée avec un ruisseau peu profond.

در عوض، آنها دره‌ای وسیع با جویباری کم‌عمق یافتند.

L'or recouvrait le fond des casseroles comme du beurre jaune et lisse.

طلا مثل کره‌ی زرد و نرم، کف ماهیتابه‌ها را پوشانده بود.

Ils s'arrêtèrent là et ne cherchèrent plus la cabane.

آنها آنجا توقف کردند و دیگر دنبال کلبه نگشتند.

Chaque jour, ils travaillaient et trouvaient des milliers de pièces d'or en poudre.

هر روز آنها کار می‌کردند و هزاران طلا در خاک طلا پیدا می‌کردند.

Ils ont emballé l'or dans des sacs de peau d'élan, de cinquante livres chacun.

آنها طلاها را در کیسه‌های پوست گوزن شمالی، هر کدام به وزن پنجاه پوند، بسته‌بندی کردند.

Les sacs étaient empilés comme du bois de chauffage à l'extérieur de leur petite loge.

کیسه‌ها مثل هیزم بیرون کلبه‌ی کوچکشان روی هم چیده شده بودند.

Ils travaillaient comme des géants et les jours passaient comme des rêves rapides.

آنها مثل غول‌ها کار می‌کردند و روزها مثل رویاهای سریع می‌گذشتند.

Ils ont amassé des trésors au fil des jours sans fin.

آنها همچنان که روزهای بی‌پایان به سرعت می‌گذشتند، گنج‌ها را انباشته می‌کردند.

Les chiens n'avaient pas grand-chose à faire, à part transporter de la viande de temps en temps.

سگ‌ها کار زیادی نداشتند جز اینکه هر از گاهی گوشت جمع کنند.

Thornton chassait et tuait le gibier, et Buck restait allongé près du feu.

تورنتون شکار را شکار کرد و کشت، و باک کنار آتش دراز کشیده بود.

Il a passé de longues heures en silence, perdu dans ses pensées et ses souvenirs.

او ساعت‌های طولانی را در سکوت، غرق در فکر و خاطره گذراند.

L'image de l'homme poilu revenait de plus en plus souvent à l'esprit de Buck.

تصویر مرد پشمالو بیشتر به ذهن باک خطور می‌کرد.

Maintenant que le travail se faisait rare, Buck rêvait en clignant des yeux devant le feu.

حالا که کار کم بود، باک در حالی که به آتش چشمک می‌زد، رویا می‌دید.

Dans ces rêves, Buck errait avec l'homme dans un autre monde.

در آن خواب‌ها، باک به همراه آن مرد در دنیای دیگری پرسه می‌زد.

La peur semblait être le sentiment le plus fort dans ce monde lointain.

ترس، قوی‌ترین احساس در آن دنیای دوردست به نظر می‌رسید.

Buck vit l'homme poilu dormir avec la tête baissée.

باک مرد پشمالو را دید که با سری خمیده خوابیده بود.

Ses mains étaient jointes et son sommeil était agité et interrompu.

دستانش در هم گره خورده بود و خوابش آشفته و بریده بریده بود.

Il se réveillait en sursaut et regardait avec crainte dans le noir.

او قبلاً با تکان از خواب بیدار می‌شد و با ترس به تاریکی خیره می‌شد.

Ensuite, il jetait plus de bois sur le feu pour garder la flamme vive.

سپس چوب بیشتری روی آتش می‌ریخت تا شعله را روشن نگه دارد.

Parfois, ils marchaient le long d'une plage au bord d'une mer grise et infinie.

گاهی اوقات آنها در امتداد ساحلی کنار دریایی خاکستری و بی‌کران قدم می‌زدند.

L'homme poilu ramassait des coquillages et les mangeait en marchant.

مرد پشمالو صدف می‌چید و همانطور که راه می‌رفت آنها را می‌خورد.

Ses yeux cherchaient toujours des dangers cachés dans l'ombre.

چشمانش همیشه در تاریکی‌ها به دنبال خطرات پنهان می‌گشت.

Ses jambes étaient toujours prêtes à sprinter au premier signe de menace.

پاهایش همیشه آماده بودند تا با اولین نشانه‌ی تهدید، با سرعت بدوند.

Ils rampaient à travers la forêt, silencieux et méfiants, côte à côte.

آنها در جنگل، ساکت و محتاط، در کنار هم، یواشکی پیش می‌رفتند.

Buck le suivit sur ses talons, et tous deux restèrent vigilants.

باک پشت سر او رفت و هر دو هوشیار ماندند.

Leurs oreilles frémissaient et bougeaient, leurs nez reniflaient l'air.

گوش‌هایشان تکان می‌خورد و حرکت می‌کرد، بینی‌هایشان هوا را بو می‌کشید.

L'homme pouvait entendre et sentir la forêt aussi intensément que Buck.

آن مرد می‌توانست به تیزی باک، صدای جنگل را بشنود و بو بکشد.

L'homme poilu se balançait à travers les arbres avec une vitesse soudaine.

مرد پشمالو با سرعتی ناگهانی از میان درختان گذشت.

Il sautait de branche en branche, sans jamais lâcher prise.

او از شاخه‌ای به شاخه‌ی دیگر می‌پرید و لحظه‌ای دستش را از دست نمی‌داد.

Il se déplaçait aussi vite au-dessus du sol que sur celui-ci.

او با همان سرعتی که روی زمین حرکت می‌کرد، روی آن نیز حرکت می‌کرد.

Buck se souvenait des longues nuits passées sous les arbres, à veiller.

باک شب‌های طولانی زیر درختان را به یاد آورد که در آنها نگهبانی می‌داد.

L'homme dormait perché dans les branches, s'accrochant fermement.

مرد در حالی که محکم به شاخه‌ها چسبیده بود، در میان آنها لانه کرده و خوابیده بود.

Cette vision de l'homme poilu était étroitement liée à l'appel des profondeurs.

این رؤیای مرد پشمالو ارتباط نزدیکی با ندای عمیق داشت.

L'appel résonnait toujours à travers la forêt avec une force
obsédante.

آن صدا هنوز با نیرویی وهم‌آور در جنگل طنین‌انداز بود.

L'appel remplit Buck de désir et d'un sentiment de joie
incessant.

این تماس، باک را سرشار از اشتیاق و حس شادی بی‌قراری کرد.

Il ressentait d'étranges pulsions et des frémissements qu'il
ne pouvait nommer.

او امیال و هیجانات عجیبی را احساس می‌کرد که نمی‌توانست نامی برای
آنها بگذارد.

Parfois, il suivait l'appel au plus profond des bois
tranquilles.

گاهی اوقات او این ندا را تا اعماق جنگل آرام دنبال می‌کرد.

Il cherchait l'appel, aboyant doucement ou fort au fur et à
mesure.

او به دنبال صدا می‌گشت، و در حین رفتن، آرام یا تند پارس می‌کرد.

Il renifla la mousse et la terre noire où poussaient les herbes.

او خزه و خاک سیاهی را که علف‌ها روییده بودند، بو کشید.

Il renifla de plaisir aux riches odeurs de la terre profonde.

او با لذت از بوهای غنی اعماق زمین پوزخندی زد.

Il s'est accroupi pendant des heures derrière des troncs
couverts de champignons.

او ساعت‌ها پشت تنه‌های پوشیده از قارچ چمباتمه زد.

Il resta immobile, écoutant les yeux écarquillés chaque petit
bruit.

او بی‌حرکت ماند و با چشمانی گشاد شده به هر صدای کوچکی گوش
داد.

Il espérait peut-être surprendre la chose qui avait lancé
l'appel.

شاید امیدوار بود موجودی که این تماس را برقرار کرده بود، غافلگیر
کند.

Il ne savait pas pourquoi il agissait de cette façon, il le faisait
simplement.

او نمی‌دانست چرا این‌طور رفتار می‌کند - او صرفاً این کار را می‌کرد.

Les pulsions venaient du plus profond de moi, au-delà de la
pensée ou de la raison.

این تمایلات از اعماق وجودم، فراتر از فکر یا عقل، می‌آمدند.

Des envies irrésistibles s'emparèrent de Buck sans avertissement ni raison.

میل و اشتیاقی مقاومت‌ناپذیر، بدون هیچ هشدار یا دلیلی، باک را فرا گرفت.

Parfois, il somnolait paresseusement dans le camp sous la chaleur de midi.

گاهی اوقات او در اردوگاه، زیر گرمای ظهر، تنبلانه چرت می‌زد.

Soudain, sa tête se releva et ses oreilles se dressèrent en alerte.

ناگهان سرش را بالا آورد و گوش‌هایش تیز شد و به هوش آمد.

Puis il se leva d'un bond et se précipita dans la nature sans s'arrêter.

سپس از جا پرید و بدون مکث به دل طبیعت وحشی زد.

Il a couru pendant des heures à travers les sentiers forestiers et les espaces ouverts.

او ساعت‌ها در مسیرهای جنگلی و فضاهای باز دوید.

Il aimait suivre les lits des ruisseaux asséchés et espionner les oiseaux dans les arbres.

او عاشق دنبال کردن بسترهای خشک نهرها و جاسوسی کردن از پرندگان روی درختان بود.

Il pouvait rester caché toute la journée, à regarder les perdrix se pavaner.

او می‌توانست تمام روز پنهان بماند و کبک‌هایی را که در اطراف می‌غریدند تماشا کند.

Ils tambourinaient et marchaient, inconscients de la présence de Buck.

آنها طبل می‌زدند و رژه می‌رفتند، بی‌خبر از حضور بی‌حرکت باک.

Mais ce qu'il aimait le plus, c'était courir au crépuscule en été.

اما چیزی که او بیش از همه دوست داشت، دویدن در گرگ و میش تابستان بود.

La faible lumière et les bruits endormis de la forêt le remplissaient de joie.

نور کم و صداهای خواب‌آلود جنگل او را سرشار از شادی کرد.

Il lisait les panneaux forestiers aussi clairement qu'un homme lit un livre.

او تابلوهای جنگل را به وضوحی که یک نفر کتاب می‌خواند، می‌خواند.

Et il cherchait toujours la chose étrange qui l'appelait.

و او همیشه به دنبال آن چیز عجیب که او را صدا می‌زد، می‌گشت.

Cet appel ne s'est jamais arrêté : il l'atteignait qu'il soit éveillé ou endormi.

آن ندا هرگز متوقف نشد - چه در خواب و چه در بیداری به گوش او می‌رسید.

Une nuit, il se réveilla en sursaut, les yeux perçants et les oreilles hautes.

یک شب، با وحشت از خواب پرید، چشمانش تیزبین و گوش‌هایش تیز شده بود.

Ses narines se contractaient tandis que sa crinière se dressait en vagues.

سوراخ‌های بینی‌اش تکان می‌خوردند، در حالی که یال‌هایش موج می‌زدند و سیخ می‌شدند.

Du plus profond de la forêt, le son résonna à nouveau, le vieil appel.

از اعماق جنگل دوباره صدا آمد، همان ندای قدیمی-

Cette fois, le son résonnait clairement, un hurlement long, obsédant et familier.

این بار صدا به وضوح طنین انداز شد، زوزه ای طولانی، دلهره آور و آشنا.

C'était comme le cri d'un husky, mais d'un ton étrange et sauvage.

مثل جیغ هاسکی بود، اما لحنی عجیب و وحشی داشت.

Buck reconnut immédiatement le son – il avait entendu exactement le même son depuis longtemps.

باک فوراً صدا را شناخت - او دقیقاً همان صدا را مدت‌ها پیش شنیده بود-

Il sauta à travers le camp et disparut rapidement dans les bois.

او از میان اردوگاه پرید و به سرعت در جنگل ناپدید شد.

Alors qu'il s'approchait du bruit, il ralentit et se déplaça avec précaution.

همین که به صدا نزدیک شد، سرعتش را کم کرد و با احتیاط حرکت کرد.

Bientôt, il atteignit une clairière entre d'épais pins.

خیلی زود به فضای بازی بین درختان کاج انبوه رسید.

Là, debout sur ses pattes arrière, était assis un loup des bois grand et maigre.

آنجا، یک گرگ جنگلی قدبلند و لاغر، روی پاهایش ایستاده بود.

Le nez du loup pointait vers le ciel, résonnant toujours de l'appel.

بینی گرگ رو به آسمان بود و هنوز صدایش را منعکس می‌کرد.

Buck n'avait émis aucun son, mais le loup s'arrêta et écouta.

باک هیچ صدایی از خودش درنیاورده بود، با این حال گرگ ایستاد و گوش داد.

Sentant quelque chose, le loup se tendit, scrutant l'obscurité.

گرگ که چیزی را حس کرده بود، منقبض شد و در تاریکی به جستجو پرداخت.

Buck apparut en rampant, le corps bas, les pieds immobiles sur le sol.

باک، با بدنی خمیده و پاهایی آرام روی زمین، یواشکی وارد میدان دید شد.

Sa queue était droite, son corps enroulé sous la tension.

دمش صاف بود و بدنش از شدت فشار، محکم در هم پیچیده بود.

Il a montré à la fois une menace et une sorte d'amitié brutale.

او هم تهدید و هم نوعی دوستی خشن را نشان داد.

C'était le salut prudent partagé par les bêtes sauvages.

این همان سلام و احوال‌پرسی محتاطانه‌ای بود که حیوانات وحشی با هم رد و بدل می‌کردند.

Mais le loup se retourna et s'enfuit dès qu'il vit Buck.

اما گرگ به محض دیدن باک برگشت و فرار کرد.

Buck se lança à sa poursuite, sautant sauvagement, désireux de le rattraper.

باک، در حالی که وحشیانه می‌پرید و مشتاق بود از آن سبقت بگیرد، به دنبالش دوید.

Il suivit le loup dans un ruisseau asséché bloqué par un embâcle.

او گرگ را تا نهر خشکی که با توده‌ای از الوار مسدود شده بود، دنبال کرد.

Acculé, le loup se retourna et tint bon.

گرگ که در گوشه‌ای گیر افتاده بود، چرخید و سر جایش ایستاد.

Le loup grognait et claquait comme un chien husky pris au piège dans un combat.

گرگ مثل یک سگ هاسکی که در دام دعوا گرفتار شده باشد، غرید و جیغ کشید.

Les dents du loup claquaient rapidement, son corps se hérissant d'une fureur sauvage.

دندان‌های گرگ به سرعت به هم می‌خوردند و بدنش از خشم وحشی‌اش مورمور می‌شد.

Buck n'attaqua pas mais encercla le loup avec une gentillesse prudente.

باک حمله نکرد، اما با احتیاط و دوستانه دور گرگ حلقه زد.

Il a essayé de bloquer sa fuite par des mouvements lents et inoffensifs.

او سعی کرد با حرکات آهسته و بی‌ضرر، راه فرارش را سد کند.

Le loup était méfiant et effrayé : Buck le dépassait trois fois.

گرگ محتاط و ترسیده بود—باک سه برابر از او سنگین‌تر بود.

La tête du loup atteignait à peine l'épaule massive de Buck.

سر گرگ به زحمت به شانه‌ی عظیم باک می‌رسید.

À l'affût d'une brèche, le loup s'est enfui et la poursuite a repris.

گرگ که به دنبال جایی برای باز شدن می‌گشت، فرار کرد و تعقیب و گریز دوباره آغاز شد.

Plusieurs fois, Buck l'a coincé et la danse s'est répétée.

باک چندین بار او را گیر انداخت و رقص تکرار شد.

Le loup était maigre et faible, sinon Buck n'aurait pas pu l'attraper.

گرگ لاغر و ضعیف بود، وگرنه باک نمی‌توانست او را بگیرد.

Chaque fois que Buck s'approchait, le loup se retournait et lui faisait face avec peur.

هر بار که باک نزدیک می‌شد، گرگ می‌چرخید و با ترس به او نزدیک می‌شد.

Puis, à la première occasion, il s'est précipité dans les bois une fois de plus.

سپس در اولین فرصتی که به دست آورد، دوباره به جنگل دوید.

Mais Buck n'a pas abandonné et finalement le loup a fini par lui faire confiance.

اما باک تسلیم نشد و بالاخره گرگ به او اعتماد کرد.

Il renifla le nez de Buck, et les deux devinrent joueurs et alertes.

او بینی باک را بو کشید و هر دو بازیگوش و هوشیار شدند.

Ils jouaient comme des animaux sauvages, féroces mais timides dans leur joie.

آنها مثل حیوانات وحشی بازی می‌کردند، در عین حال که در شادی خود خجالتی بودند، درنده نیز بودند.

Au bout d'un moment, le loup s'éloigna au trot avec un calme déterminé.

بعد از مدتی، گرگ با آرامش و هدفی مشخص، یورتمه رفت.

Il a clairement montré à Buck qu'il voulait être suivi.

او به وضوح به باک نشان داد که قصد دارد از او پیروی شود.

Ils couraient côte à côte dans l'obscurité du crépuscule.

آنها در تاریکی گرگ و میش، دوشادوش هم می‌دویدند.

Ils suivirent le lit du ruisseau jusqu'à la gorge rocheuse.

آنها بستر نهر را تا بالای تنگه سنگی دنبال کردند.

Ils traversèrent une ligne de partage des eaux froide où le ruisseau avait pris sa source.

آنها از یک شکاف سرد، جایی که جویبار شروع می‌شد، عبور کردند.

Sur la pente la plus éloignée, ils trouvèrent une vaste forêt et de nombreux ruisseaux.

در دامنه دوردست، جنگل وسیع و نهرهای زیادی یافتند.

À travers ce vaste territoire, ils ont couru pendant des heures sans s'arrêter.

آنها ساعت‌ها بدون توقف در این سرزمین پهناور دویدند.

Le soleil se leva plus haut, l'air devint chaud, mais ils continuèrent à courir.

خورشید بالاتر آمد، هوا گرم شد، اما آنها به دویدن ادامه دادند.

Buck était rempli de joie : il savait qu'il répondait à son appel.

باک سرشار از شادی بود - می‌دانست که به ندای درونش پاسخ می‌دهد.

Il courut à côté de son frère de la forêt, plus près de la source de l'appel.

او در کنار برادر جنگلی‌اش دوید و به منبع صدا نزدیک‌تر شد.

De vieux sentiments sont revenus, puissants et difficiles à ignorer.

احساسات قدیمی برگشتند، قدرتمند و غیرقابل چشم‌پوشی۔

C'étaient les vérités derrière les souvenirs de ses rêves.

اینها حقایق پشت خاطرات رویاهایش بودند۔

Il avait déjà fait tout cela auparavant, dans un monde lointain et obscur.

او همه این کارها را قبلاً در دنیایی دور و سایه‌وار انجام داده بود.

Il recommença alors, courant librement avec le ciel ouvert au-dessus.

حالا او دوباره این کار را انجام داد، و با سرعتی دیوانه‌وار در آسمان باز بالای سرش می‌دوید۔

Ils s'arrêtèrent près d'un ruisseau pour boire l'eau froide qui coulait.

آنها کنار جویباری توقف کردند تا از آب خنک و روان آن بنوشند.

Alors qu'il buvait, Buck se souvint soudain de John Thornton.

باک همین‌طور که داشت جرعه جرعه می‌نوشید، ناگهان به یاد جان تورنتون افتاد۔

Il s'assit en silence, déchiré par l'attrait de la loyauté et de l'appel.

او در سکوت نشست، در حالی که کشش وفاداری و رسالت وجودش را فرا گرفته بود۔

Le loup continua à trotter, mais revint pour pousser Buck à avancer.

گرگ به راهش ادامه داد، اما برگشت تا باک را به جلو هل دهد.

Il renifla son nez et essaya de le cajoler avec des gestes doux.

بینی‌اش را بالا کشید و سعی کرد با حرکات نرم او را اغوا کند.

Mais Buck se retourna et reprit le chemin par lequel il était venu.

اما باک برگشت و از همان راهی که آمده بود، شروع به بازگشت کرد۔

Le loup courut à côté de lui pendant un long moment, gémissant doucement.

گرگ مدت زیادی در کنارش دوید و آرام ناله می‌کرد.

Puis il s'assit, leva le nez et poussa un long hurlement.

سپس نشست، دماغش را بالا کشید و زوزه بلندی کشید.

C'était un cri lugubre, qui s'adoucit à mesure que Buck s'éloignait.

نالهای سوزناک بود که با دور شدن باک، آرامتر شد.

Buck écouta le son du cri s'estomper lentement dans le silence de la forêt.

باک گوش داد که صدای گریه به آرامی در سکوت جنگل محو شد.

John Thornton était en train de dîner lorsque Buck a fait irruption dans le camp.

جان تورنتون داشت شام می‌خورد که باک ناگهان وارد اردوگاه شد.

Buck sauta sauvagement sur lui, le léchant, le mordant et le faisant culbuter.

باک وحشیانه به سمت او پرید، او را لیس زد، گاز گرفت و غلتاند.

Il l'a renversé, s'est hissé dessus et l'a embrassé sur le visage.

او را برانداز کرد، رویش پرید و صورتش را بوسید.

Thornton appelait cela avec affection « jouer le fou du commun ».

تورنتون این کار را «بازی کردن نقش ژنرال با محبت «نامید.

Pendant tout ce temps, il maudissait doucement Buck et le secouait d'avant en arrière.

در تمام این مدت، او به آرامی باک را نفرین می‌کرد و او را به عقب و جلو تکان می‌داد.

Pendant deux jours et deux nuits entières, Buck n'a pas quitté le camp une seule fois.

باک دو شبانه‌روز تمام، حتی یک بار هم از اردوگاه بیرون نرفت.

Il est resté proche de Thornton et ne l'a jamais quitté des yeux.

او همیشه نزدیک تورنتون بود و هرگز او را از نظر دور نمی‌کرد.

Il le suivait pendant qu'il travaillait et le regardait pendant qu'il mangeait.

او هنگام کار او را دنبال می‌کرد و هنگام غذا خوردن او را تماشا می‌کرد.

Il voyait Thornton dans ses couvertures la nuit et dehors chaque matin.

او تورنتون را می‌دید که شب‌ها پتوهایش را می‌پوشید و هر روز صبح بیرون می‌آمد.

Mais bientôt l'appel de la forêt revint, plus fort que jamais.

اما خیلی زود آوای جنگل، بلندتر از همیشه، بازگشت.

Buck devint à nouveau agité, agité par les pensées du loup sauvage.

باک دوباره بی‌قرار شد، افکار گرگ وحشی او را به تکاپو انداخته بود.

Il se souvenait de la terre ouverte et de la course côte à côte.

او زمین باز و دویدن در کنار هم را به یاد آورد.

Il commença à errer à nouveau dans la forêt, seul et alerte.

او دوباره، تنها و هوشیار، شروع به پرسه زدن در جنگل کرد.

Mais le frère sauvage ne revint pas et le hurlement ne fut pas entendu.

اما برادر وحشی برنگشت و زوزه هم شنیده نشد.

Buck a commencé à dormir dehors, restant absent pendant des jours.

باک شروع به خوابیدن در فضای باز کرد و گاهی اوقات چند روز از خانه بیرون می‌رفت.

Une fois, il traversa la haute ligne de partage des eaux où le ruisseau commençait.

یک بار از شکاف بلندی که نهر از آن شروع می‌شد، عبور کرد.

Il entra dans le pays des bois sombres et des larges ruisseaux.

او وارد سرزمین جنگل‌های تیره و نهرهای پهن و روان شد.

Pendant une semaine, il a erré, à la recherche de signes de son frère sauvage.

او یک هفته پرسه زد و به دنبال نشانه‌ای از برادر وحشی گشت.

Il tuait sa propre viande et voyageait à grands pas, sans relâche.

او گوشت خودش را شکار می‌کرد و با گام‌های بلند و خستگی‌ناپذیر سفر می‌کرد.

Il pêchait le saumon dans une large rivière qui se jetait dans la mer.

او در رودخانه‌ای وسیع که به دریا می‌رسید، ماهی قزل‌آلا صید می‌کرد.

Là, il combattit et tua un ours noir rendu fou par les insectes.

در آنجا، او با یک خرس سیاه که از حشرات دیوانه شده بود، جنگید و او را کشت.

L'ours était en train de pêcher et courait aveuglément à travers les arbres.

خرس مشغول ماهیگیری بود و کورکورانه از میان درختان می‌دوید.

La bataille fut féroce, réveillant le profond esprit combatif de Buck.

نبرد، نبردی سهمگین بود و روحیه‌ی جنگندگی عمیق باک را بیدار کرد.

Deux jours plus tard, Buck est revenu et a trouvé des carcajous près de sa proie.

دو روز بعد، باک برگشت و دید که ولورین‌ها در شکارگاهش هستند.

Une douzaine d'entre eux se disputaient la viande avec une fureur bruyante.

دوازده نفر از آنها با خشم و هیاهو بر سر گوشت دعوا می‌کردند.

Buck chargea et les dispersa comme des feuilles dans le vent.

باک حمله کرد و آنها را مانند برگ‌هایی در باد پراکنده کرد.

Deux loups restèrent derrière, silencieux, sans vie et immobiles pour toujours.

دو گرگ پشت سر ماندند - ساکت، بی‌جان و بی‌حرکت برای همیشه.

La soif de sang était plus forte que jamais.

عطش خون بیش از پیش در او شعله‌ور شد.

Buck était un chasseur, un tueur, se nourrissant de créatures vivantes.

باک یک شکارچی بود، یک قاتل، که از موجودات زنده تغذیه می‌کرد.

Il a survécu seul, en s'appuyant sur sa force et ses sens aiguisés.

او به تنهایی و با تکیه بر قدرت و حواس تیز خود زنده ماند.

Il prospérait dans la nature, où seuls les plus résistants pouvaient vivre.

او در طبیعت وحشی، جایی که فقط سرسخت‌ترین‌ها می‌توانستند زندگی کنند، رشد کرد.

De là, une grande fierté s'éleva et remplit tout l'être de Buck.

از این رو، غروری عظیم برخاست و تمام وجود باک را فرا گرفت.

Sa fierté se reflétait dans chacun de ses pas, dans le mouvement de chacun de ses muscles.

غرورش در هر قدمش، در موج هر عضله‌اش نمایان بود.

Sa fierté était aussi claire qu'un discours, visible dans la façon dont il se comportait.

غرورش به روشنی کلامش بود، و از رفتارش پیدا بود.

Même son épais pelage semblait plus majestueux et brillait davantage.

حتی کت ضخیمش هم باشکوهتر به نظر می‌رسید و برق بیشتری می‌زد۔

Buck aurait pu être confondu avec un loup géant.

ممکن بود باک را با یک گرگ جنگلی غول‌پیکر اشتباه گرفته باشند۔

À l'exception du brun sur son museau et des taches au-
dessus de ses yeux.

به جز قهوه‌ای روی پوزه و لکه‌های بالای چشمانش۔

Et la traînée de fourrure blanche qui courait au milieu de sa
poitrine.

و رگه سفید خز که از وسط سینه‌اش پایین می‌آمد۔

Il était encore plus grand que le plus grand loup de cette race
féroce.

او حتی از بزرگترین گرگ آن نژاد درنده هم بزرگتر بود۔

Son père, un Saint-Bernard, lui a donné de la taille et une
ossature lourde.

پدرش، یک سنت برنارد، به او جثه بزرگ و هیکل درشتی داد۔

Sa mère, une bergère, a façonné cette masse en forme de
loup.

مادرش، که یک چوپان بود، آن جثه را به شکل گرگ درآورد۔

Il avait le long museau d'un loup, bien que plus lourd et
plus large.

او پوزه بلند گرگ را داشت، هرچند سنگین‌تر و پهن‌تر بود۔

Sa tête était celle d'un loup, mais construite à une échelle
massive et majestueuse.

سرش به شکل سر گرگ بود، اما در مقیاسی عظیم و باشکوه ساخته شده
بود۔

La ruse de Buck était la ruse du loup et de la nature.

حیله‌گری باک، حیله‌گری گرگ و حیات وحش بود۔

Son intelligence lui vient à la fois du berger allemand et du
Saint-Bernard.

هوش او هم از سگ ژرمن شپرد و هم از سگ سنت برنارد نشأت
می‌گرفت۔

Tout cela, ajouté à une expérience difficile, faisait de lui une
créature redoutable.

همه اینها، به علاوه تجربیات سخت، او را به موجودی ترسناک تبدیل
کرده بود۔

Il était aussi redoutable que n'importe quelle bête qui
parcourait les régions sauvages du nord.

او به اندازه هر جانوری که در طبیعت وحشی شمال پرسه می‌زد، مهیب بود.

Ne se nourrissant que de viande, Buck a atteint le sommet de sa force.

باک که فقط با گوشت زندگی می‌کرد، به اوج قدرت خود رسید.

Il débordait de puissance et de force masculine dans chaque fibre de son être.

او در هر ذره وجودش سرشار از قدرت و نیروی مردانه بود.

Lorsque Thornton lui caressait le dos, ses poils brillaient d'énergie.

وقتی تورنتون پشتش را نوازش کرد، موهایش از انرژی برق زدند.

Chaque cheveu crépitait, chargé du contact du magnétisme vivant.

هر تار مو، با لمس مغناطیس زنده، خش خش می‌کرد.

Son corps et son cerveau étaient réglés sur le ton le plus fin possible.

بدن و مغز او با بهترین زیر و بمی ممکن تنظیم شده بود.

Chaque nerf, chaque fibre et chaque muscle fonctionnaient en parfaite harmonie.

هر عصب، فیبر و عضله با هماهنگی کامل کار می‌کرد.

À tout son ou toute vue nécessitant une action, il répondait instantanément.

به هر صدا یا منظره‌ای که نیاز به اقدام داشت، فوراً واکنش نشان می‌داد.

Si un husky sautait pour attaquer, Buck pouvait sauter deux fois plus vite.

اگر یک سگ هاسکی برای حمله می‌پرید، باک می‌توانست دو برابر سریع‌تر بپرد.

Il a réagi plus vite que les autres ne pouvaient le voir ou l'entendre.

او سریع‌تر از آنچه دیگران می‌توانستند ببینند یا بشنوند، واکنش نشان داد.

La perception, la décision et l'action se sont produites en un seul instant fluide.

ادراک، تصمیم و عمل، همه در یک لحظه سیال رخ دادند.

En vérité, ces actes étaient distincts, mais trop rapides pour être remarqués.

در حقیقت، این اعمال از هم جدا بودند، اما خیلی سریع اتفاق می‌افتادند و قابل تشخیص نبودند.

Les intervalles entre ces actes étaient si brefs qu'ils semblaient n'en faire qu'un.

فاصله‌ی بین این دو پرده آنقدر کوتاه بود که گویی یکی بودند.

Ses muscles et son être étaient comme des ressorts étroitement enroulés.

عضلات و وجودش مانند فنرهایی بودند که محکم به هم پیچیده شده بودند.

Son corps débordait de vie, sauvage et joyeux dans sa puissance.

بدنش سرشار از زندگی بود، وحشی و شاد در قدرتش.

Parfois, il avait l'impression que la force allait jaillir de lui entièrement.

گاهی اوقات احساس می‌کرد که این نیرو می‌خواهد کاملاً از وجودش بیرون بپرد.

« Il n'y a jamais eu un tel chien », a déclaré Thornton un jour tranquille.

تورنتون یک روز آرام گفت: «هیچ‌وقت چنین سگی وجود نداشته است.»

Les partenaires regardaient Buck sortir fièrement du camp.

شرکا باک را تماشا می‌کردند که با غرور و افتخار از اردوگاه خارج می‌شد.

« Lorsqu'il a été créé, il a changé ce que pouvait être un chien », a déclaré Pete.

پیت گفت: «وقتی او ساخته شد، ماهیت یک سگ را تغییر داد.»

« Par Jésus ! Je le pense moi-même », acquiesça rapidement Hans.

هانس فوراً موافقت کرد: «به عیسی مسیح قسم، خودم هم همین فکر را می‌کنم.»

Ils l'ont vu s'éloigner, mais pas le changement qui s'est produit après.

آنها رفتن او را دیدند، اما تغییری که پس از آن رخ داد را ندیدند.

Dès qu'il est entré dans les bois, Buck s'est complètement transformé.

به محض اینکه باک وارد جنگل شد، کاملاً دگرگون شد.

Il ne marchait plus, mais se déplaçait comme un fantôme sauvage parmi les arbres.

او دیگر رژه نمی‌رفت، بلکه مانند روحی وحشی در میان درختان حرکت می‌کرد.

Il devint silencieux, les pieds comme un chat, une lueur traversant les ombres.

او ساکت شد، مثل گربه راه می‌رفت، مثل سوسویی که از میان سایه‌ها عبور می‌کرد۔

Il utilisait la couverture avec habileté, rampant sur le ventre comme un serpent.

او با مهارت از پوشش استفاده می‌کرد و مانند مار روی شکمش می‌خزید۔

Et comme un serpent, il pouvait bondir en avant et frapper en silence.

و مانند یک مار، می‌توانست به جلو بپرد و در سکوت حمله کند۔

Il pourrait voler un lagopède directement dans son nid caché.

او می‌توانست یک مرغ باران را مستقیماً از لانه پنهانش بدزدد۔

Il a tué des lapins endormis sans un seul bruit.

او خرگوش‌های خوابیده را بدون هیچ صدایی کشت۔

Il pouvait attraper des tamias en plein vol alors qu'ils fuyaient trop lentement.

او می‌توانست سنجاب‌ها را در هوا بگیرد، چون خیلی آهسته فرار می‌کردند۔

Même les poissons dans les bassins ne pouvaient échapper à ses attaques soudaines.

حتی ماهی‌های توی برکه‌ها هم نمی‌توانستند از ضربات ناگهانی او در امان بمانند۔

Même les castors astucieux qui réparaient les barrages n'étaient pas à l'abri de lui.

حتی سگ‌های آبی باهوش که سدها را تعمیر می‌کردند هم از دست او در امان نبودند۔

Il tuait pour se nourrir, pas pour le plaisir, mais il préférait tuer ses propres victimes.

او برای غذا می‌کُشت، نه برای تفریح - اما شکارهای خودش را بیشتر دوست داشت۔

Pourtant, un humour sournois traversait certaines de ses chasses silencieuses.

با این حال، نوعی طنز زیرکانه در برخی از شکارهای خاموش او موج می‌زد۔

Il s'est approché des écureuils, mais les a laissés s'échapper.

او یواشکی به سنجاب‌ها نزدیک شد، اما آنها را فراری داد.

Ils allaient fuir vers les arbres, bavardant dans une rage effrayée.

آنها در حالی که از ترس و خشم با هم پچ پچ می‌کردند، می‌خواستند به سمت درختان فرار کنند.

À l'arrivée de l'automne, les orignaux ont commencé à apparaître en plus grand nombre.

با فرا رسیدن پاییز، تعداد گوزن‌های شمالی بیشتر شد.

Ils se sont déplacés lentement vers les basses vallées pour affronter l'hiver.

آنها به آرامی به سمت دره‌های پست حرکت کردند تا به استقبال زمستان بروند.

Buck avait déjà abattu un jeune veau errant.

باک قبلاً یک گوساله جوان و ولگرد را از پا درآورده بود.

Mais il aspirait à affronter des proies plus grandes et plus dangereuses.

اما او آرزو داشت با طعمه‌های بزرگ‌تر و خطرناک‌تری روبرو شود.

Un jour, à la ligne de partage des eaux, à la tête du ruisseau, il trouva sa chance.

روزی در سراشیبی رودخانه، در ابتدای نهر، فرصت مناسبی پیدا کرد.

Un troupeau de vingt orignaux avait traversé des terres boisées.

گله ای متشکل از بیست گوزن شمالی از سرزمین های جنگلی عبور کرده بودند.

Parmi eux se trouvait un puissant taureau, le chef du groupe.

در میان آنها یک گاو نر قدرتمند بود؛ رهبر گروه.

Le taureau mesurait plus de six pieds de haut et avait l'air féroce et sauvage.

گاو نر بیش از شش فوت قد داشت و وحشی و درنده به نظر می‌رسید.

Il lança ses larges bois, quatorze pointes se ramifiant vers l'extérieur.

شاخهای پهنش را که چهارده نوکشان به بیرون منشعب شده بود، پرتاب کرد.

Les extrémités de ces bois s'étendaient sur sept pieds de large.

نوک آن شاخها هفت فوت)حدود دو متر (امتداد داشت.

Ses petits yeux brûlaient de rage lorsqu'il aperçut Buck à proximité.

وقتی باک را در همان نزدیکی دید، چشمان کوچکش از خشم سوختند.

Il poussa un rugissement furieux, tremblant de fureur et de douleur.

او غرش خشمگینی سر داد و از خشم و درد می‌لرزید.

Une pointe de flèche sortait près de son flanc, empennée et pointue.

نوک پیکانی نزدیک پهلویش بیرون زده بود، پردار و تیز.

Cette blessure a contribué à expliquer son humeur sauvage et amère.

این زخم به توضیح خلق و خوی وحشی و تلخ او کمک کرد.

Buck, guidé par un ancien instinct de chasseur, a fait son mouvement.

باک، که غریزه شکار باستانی‌اش او را هدایت می‌کرد، حرکتش را انجام داد.

Son objectif était de séparer le taureau du reste du troupeau.

او قصد داشت گاو نر را از بقیه گله جدا کند.

Ce n'était pas une tâche facile : il fallait de la rapidité et une ruse féroce.

این کار آسانی نبود ـ به سرعت و زیرکی شدید نیاز داشت.

Il aboyait et dansait près du taureau, juste hors de portée.

او نزدیک گاو نر، درست خارج از محدوده‌ی دیدش، پارس کرد و رقصید.

L'élan s'est précipité avec d'énormes sabots et des bois mortels.

گوزن شمالی با سم‌های عظیم و شاخ‌های کشنده‌اش به سرعت حمله کرد.

Un seul coup aurait pu mettre fin à la vie de Buck en un clin d'œil.

یک ضربه می‌توانست در یک چشم به هم زدن به زندگی باک پایان دهد.

Incapable de laisser la menace derrière lui, le taureau devint fou.

گاو نر که نمی‌توانست تهدید را پشت سر بگذارد، دیوانه شد.

Il chargea avec fureur, mais Buck s'échappa toujours.

او با خشم حمله کرد، اما باک همیشه فرار می‌کرد.

Buck simula une faiblesse, l'attirant plus loin du troupeau.

باک وانمود به ضعف کرد و او را از گله دورتر کشاند.

Mais les jeunes taureaux allaient charger pour protéger le leader.

اما گاوهای نر جوان قصد داشتند برای محافظت از رهبر، حمله کنند.

Ils ont forcé Buck à battre en retraite et le taureau à rejoindre le groupe.

آنها باک را مجبور به عقب‌نشینی و گاو نر را مجبور به پیوستن مجدد به گروه کردند.

Il y a une patience dans la nature, profonde et imparable.

در طبیعت وحشی، صبری عمیق و توقف‌ناپذیر وجود دارد.

Une araignée attend immobile dans sa toile pendant d'innombrables heures.

یک عنکبوت ساعت‌های بی‌شماری بی‌حرکت در تار خود منتظر می‌ماند.

Un serpent s'enroule sans tressaillement et attend que son heure soit venue.

مار بدون تکان خوردن چنبره می‌زند و منتظر می‌ماند تا زمانش فرا برسد.

Une panthère se tient en embuscade, jusqu'à ce que le moment arrive.

پلنگی در کمین است، تا لحظه موعود فرا رسد.

C'est la patience des prédateurs qui chassent pour survivre.

این صبر شکارچیانی است که برای بقا شکار می‌کنند.

Cette même patience brûlait à l'intérieur de Buck alors qu'il restait proche.

همان صبر و شکیبایی در درون باک شعله‌ور بود، همچنان که نزدیک او می‌ماند.

Il resta près du troupeau, ralentissant sa marche et suscitant la peur.

او نزدیک گله ماند، حرکتشان را کند کرد و ترس را در آنها برانگیخت.

Il taquinait les jeunes taureaux et harcelait les vaches mères.

او گاوهای نر جوان را اذیت می‌کرد و گاوهای ماده را آزار می‌داد.

Il a plongé le taureau blessé dans une rage encore plus profonde et impuissante.

او گاو نر زخمی را به خشمی عمیق‌تر و درمانده‌تر فرو برد.

Pendant une demi-journée, le combat s'est prolongé sans aucun répit.

نصف روز، جنگ بدون هیچ استراحتی ادامه یافت.

Buck attaquait sous tous les angles, rapide et féroce comme le vent.

باک از هر زاویه‌ای حمله کرد، سریع و خشمگین چون باد.

Il a empêché le taureau de se reposer ou de se cacher avec son troupeau.

او مانع از استراحت یا پنهان شدن گاو نر با گله‌اش شد.

Le cerf a épuisé la volonté de l'élan plus vite que son corps.

باک اراده‌ی گوزن را سریع‌تر از بدنش تحلیل برد.

La journée passa et le soleil se coucha bas dans le ciel du nord-ouest.

روز گذشت و خورشید در آسمان شمال غربی فرو رفت.

Les jeunes taureaux revinrent plus lentement pour aider leur chef.

گاوهای نر جوان آهسته‌تر برگشتند تا به رهبرشان کمک کنند.

Les nuits d'automne étaient revenues et l'obscurité durait désormais six heures.

شب‌های پاییزی دوباره برگشته بودند و تاریکی حالا شش ساعت طول می‌کشید.

L'hiver les poussait vers des vallées plus sûres et plus chaudes.

زمستان آنها را به سمت دره‌های امن‌تر و گرم‌تر هل می‌داد.

Mais ils ne pouvaient toujours pas échapper au chasseur qui les retenait.

اما هنوز هم نمی‌توانستند از شکارچی که آنها را عقب نگه داشته بود، فرار کنند.

Une seule vie était en jeu : pas celle du troupeau, mais celle de leur chef.

فقط یک جان در خطر بود - نه جان گله، فقط جان رهبرشان.

Cela rendait la menace lointaine et non leur préoccupation urgente.

این باعث شد تهدید دور از دسترس آنها باشد و دیگر دغدغه فوری آنها نباشد.

Au fil du temps, ils ont accepté ce prix et ont laissé Buck prendre le vieux taureau.

با گذشت زمان، آنها این هزینه را پذیرفتند و اجازه دادند باک گاو نر پیر را تصاحب کند.

Alors que le crépuscule s'installait, le vieux taureau se tenait debout, la tête baissée.

همین که گرگ و میش غروب فرا رسید، گاو نر پیر سرش را پایین انداخته بود و ایستاده بود.

Il regarda le troupeau qu'il avait conduit disparaître dans la lumière déclinante.

او ناپدید شدن گله ای را که هدایت کرده بود در نور رو به زوال تماشا کرد.

Il y avait des vaches qu'il avait connues, des veaux qu'il avait autrefois engendrés.

گاوهایی بودند که او می‌شناخت، گوساله‌هایی که زمانی پدرشان بود.

Il y avait des taureaux plus jeunes qu'il avait combattus et dominés au cours des saisons précédentes.

گاوهای نر جوان‌تری هم بودند که او در فصل‌های گذشته با آنها جنگیده و پیروز شده بود.

Il ne pouvait pas les suivre, car Buck était à nouveau accroupi devant lui.

او نمی‌توانست آنها را دنبال کند - زیرا باک دوباره جلوی او چمباتمه زده بود.

La terreur impitoyable aux crocs bloquait tous les chemins qu'il pouvait emprunter.

وحشت بی‌رحم و نیش‌دار، هر مسیری را که او می‌توانست انتخاب کند، مسدود می‌کرد.

Le taureau pesait plus de trois cents livres de puissance dense.

گاو نر بیش از سیصد کیلوگرم وزن داشت و قدرت متراکمی داشت.

Il avait vécu longtemps et s'était battu avec acharnement dans un monde de luttes.

او عمری دراز کرده و در دنیایی از مبارزه، سخت جنگیده بود.

Mais maintenant, à la fin, la mort venait d'une bête bien en dessous de lui.

با این حال، اکنون، در پایان، مرگ از سوی هیولایی بسیار پایین‌تر از او فرا رسید.

La tête de Buck n'atteignait même pas les énormes genoux noueux du taureau.

سر باک حتی به زانوهای بزرگ و گره خورده‌ی گاو نر هم نرسید.

À partir de ce moment, Buck resta avec le taureau nuit et jour.

از آن لحظه به بعد، باک شب و روز در کنار گاو ماند.

Il ne lui a jamais laissé de repos, ne lui a jamais permis de brouter ou de boire.

او هرگز به او استراحت نداد، هرگز اجازه نداد علف بخورد یا آب بنوشد.

Le taureau a essayé de manger de jeunes pousses de bouleau et des feuilles de saule.

گاو نر سعی کرد شاخه‌های جوان توس و برگ‌های بید را بخورد.

Mais Buck le repoussa, toujours alerte et toujours attaquant.

اما باک او را از خود راند، همیشه هوشیار و همیشه در حال حمله.

Même dans les ruisseaux qui ruisselaient, Buck bloquait toute tentative assoiffée.

حتی در کنار جویبارهای جاری، باک هر تلاش تشنه‌ای را مسدود می‌کرد.

Parfois, par désespoir, le taureau s'enfuyait à toute vitesse.

گاهی اوقات، از روی ناچاری، گاو نر با تمام سرعت فرار می‌کرد.

Buck le laissa courir, galopant calmement juste derrière, jamais très loin.

باک گذاشت او بدود، و آرام و بی‌صدا، درست پشت سرش، بدون اینکه خیلی دور شود، جست و خیز می‌کرد.

Lorsque l'élan s'arrêta, Buck s'allongea, mais resta prêt.

وقتی گوزن مکث کرد، باک دراز کشید، اما آماده ماند.

Si le taureau essayait de manger ou de boire, Buck frappait avec une fureur totale.

اگر گاو نر سعی می‌کرد چیزی بخورد یا بنوشد، باک با خشم کامل او را می‌زد.

La grosse tête du taureau s'affaissait sous ses vastes bois.

سر بزرگ گاو نر زیر شاخ‌های پهنش پایین‌تر خم شده بود.

Son rythme ralentit, le trot devint lourd, une marche trébuchante.

قدم‌هایش کند شد، یورتمه سنگین شد؛ قدم‌هایی که تلوتلو می‌خوردند.

Il restait souvent immobile, les oreilles tombantes et le nez au sol.

او اغلب با گوش‌های افتاده و بینی به زمین، بی‌حرکت می‌ایستاد.

Pendant ces moments-là, Buck prenait le temps de boire et de se reposer.

در آن لحظات، باک زمانی را برای نوشیدن و استراحت اختصاص می‌داد.

La langue tirée, les yeux fixés, Buck sentait que la terre était en train de changer.

باک در حالی که زبانش را بیرون آورده بود و چشمانش خیره مانده بود، احساس کرد که زمین در حال تغییر است.

Il sentit quelque chose de nouveau se déplacer dans la forêt et dans le ciel.

او احساس کرد چیز جدیدی در جنگل و آسمان در حال حرکت است.

Avec le retour des orignaux, d'autres créatures sauvages ont fait de même.

همزمان با بازگشت گوزن شمالی، سایر موجودات وحشی نیز بازگشتند.

La terre semblait vivante, avec une présence invisible mais fortement connue.

سرزمین با حضور، نادیده اما کاملاً شناخته شده، زنده به نظر می‌رسید.

Ce n'était ni par l'ouïe, ni par la vue, ni par l'odorat que Buck le savait.

باک این را نه از طریق صدا، نه از طریق دید و نه از طریق بو نمی‌دانست.

Un sentiment plus profond lui disait que de nouvelles forces étaient en mouvement.

حسی عمیق‌تر به او می‌گفت که نیروهای جدیدی در راهند.

Une vie étrange s'agitait dans les bois et le long des ruisseaux.

زندگی عجیبی در جنگل‌ها و در امتداد نهرها موج می‌زد.

Il a décidé d'explorer cet esprit, une fois la chasse terminée.

او تصمیم گرفت پس از اتمام شکار، این روح را کشف کند.

Le quatrième jour, Buck a finalement abattu l'élan.

روز چهارم، باک بالاخره گوزن را پایین آورد.

Il est resté près de la proie pendant une journée et une nuit entières, se nourrissant et se reposant.

او یک شبانه‌روز کامل کنار شکار ماند، غذا خورد و استراحت کرد.

Il mangea, puis dormit, puis mangea à nouveau, jusqu'à ce qu'il soit fort et rassasié.

او غذا خورد، سپس خوابید، سپس دوباره غذا خورد، تا اینکه قوی و سیر شد۔

Lorsqu'il fut prêt, il retourna vers le camp et Thornton.

وقتی آماده شد، به سمت کمپ و تورنتون برگشت۔

D'un pas régulier, il commença le long voyage de retour vers la maison.

با سرعتی ثابت، سفر طولانی بازگشت به خانه را آغاز کرد۔

Il courait d'un pas infatigable, heure après heure, sans jamais s'égarer.

او با سرعت خستگی‌ناپذیرش، ساعت‌ها می‌دوید، و حتی یک لحظه هم از مسیر منحرف نمی‌شد۔

À travers des terres inconnues, il se déplaçait droit comme l'aiguille d'une boussole.

در سرزمین‌های ناشناخته، او همچون عقربه قطب‌نما، مستقیم حرکت می‌کرد۔

Son sens de l'orientation faisait paraître l'homme et la carte faibles en comparaison.

حس جهت‌یابی او باعث می‌شد که انسان و نقشه در مقایسه با او ضعیف به نظر برسند۔

Tandis que Buck courait, il sentait plus fortement l'agitation dans la terre sauvage.

باک همچنان که می‌دوید، جنب و جوش بیشتری را در آن سرزمین وحشی احساس می‌کرد۔

C'était un nouveau genre de vie, différent de celui des mois calmes de l'été.

این نوع جدیدی از زندگی بود، برخلاف زندگی ماه‌های آرام تابستان۔

Ce sentiment n'était plus un message subtil ou distant.

این احساس دیگر به عنوان یک پیام ظریف یا دور از دسترس به گوش نمی‌رسید۔

Maintenant, les oiseaux parlaient de cette vie et les écureuils en bavardaient.

حالا پرندگان از این زندگی صحبت می‌کردند و سنجاب‌ها در مورد آن پچ‌پچ می‌کردند۔

Même la brise murmurait des avertissements à travers les arbres silencieux.

حتی نسیم هم از میان درختان خاموش، هشدارهایی را زمزمه می‌کرد۔

Il s'arrêta à plusieurs reprises et respira l'air frais du matin.

چندین بار ایستاد و هوای تازه صبحگاهی را استنشاق کرد۔

Il y lut un message qui le fit bondir plus vite en avant.

او پیامی را آنجا خواند که باعث شد سریع‌تر به جلو بپرد۔

Un lourd sentiment de danger l'envahit, comme si quelque chose s'était mal passé.

احساس خطر شدیدی وجودش را فرا گرفت، انگار که اشتباهی رخ داده باشد۔

Il craignait qu'une catastrophe ne se produise – ou ne soit déjà arrivée.

او می‌ترسید که فاجعه‌ای در راه باشد - یا قبلاً اتفاق افتاده باشد۔

Il franchit la dernière crête et entra dans la vallée en contrebas.

از آخرین یال عبور کرد و وارد دره پایین دست شد۔

Il se déplaçait plus lentement, alerte et prudent à chaque pas.

او با هر قدم، آهسته‌تر، هوشیارتر و محتاط‌تر حرکت می‌کرد۔

À trois milles de là, il trouva une piste fraîche qui le fit se raidir.

سه مایل دورتر، رد تازه‌ای پیدا کرد که باعث شد خشکش بزند۔

Les cheveux le long de son cou ondulaient et se hérissaient d'alarme.

موهای گردنش از ترس سیخ و سیخ شدند۔

Le sentier menait directement au camp où Thornton attendait.

مسیر مستقیماً به سمت اردوگاهی که تورنتون منتظرش بود، منتهی می‌شد۔

Buck se déplaçait désormais plus rapidement, sa foulée à la fois silencieuse et rapide.

باک حالا سریع‌تر حرکت می‌کرد، گام‌هایش هم بی‌صدا و هم چابک بود۔

Ses nerfs se sont resserrés lorsqu'il a lu des signes que d'autres allaient manquer.

وقتی نشانه‌هایی را می‌خواند که دیگران از دست می‌دادند، اعصابش به هم می‌ریخت۔

Chaque détail du sentier racontait une histoire, sauf le dernier morceau.

هر جزئیات در مسیر، داستانی را روایت می‌کرد—به جز قطعه آخر۔

Son nez lui parlait de la vie qui s'était déroulée ici.

بینی‌اش از زندگی‌ای که به این شکل گذشته بود برایش می‌گفت.

L'odeur lui donnait une image changeante alors qu'il le suivait de près.

این بو تصویر متفاوتی به او داد، در حالی که با فاصله کمی پشت سر او را دنبال می‌کرد.

Mais la forêt elle-même était devenue silencieuse, anormalement immobile.

اما خود جنگل ساکت شده بود؛ به طرز غیرطبیعی ساکت.

Les oiseaux avaient disparu, les écureuils étaient cachés, silencieux et immobiles.

پرندگان ناپدید شده بودند، سنجاب‌ها پنهان شده بودند، ساکت و بی‌حرکت.

Il n'a vu qu'un seul écureuil gris, allongé sur un arbre mort.

او فقط یک سنجاب خاکستری دید که روی درختی خشک افتاده بود.

L'écureuil se fondait dans la masse, raide et immobile comme une partie de la forêt.

سنجاب، خشک و بی‌حرکت، مثل بخشی از جنگل، خودش را قاطی کرد.

Buck se déplaçait comme une ombre, silencieux et sûr à travers les arbres.

باک مثل سایه، ساکت و مطمئن از میان درختان حرکت می‌کرد.

Son nez se souleva sur le côté comme s'il était tiré par une main invisible.

بینی‌اش طوری به پهلو تکان خورد که انگار دستی نامرئی آن را می‌کشید.

Il se retourna et suivit la nouvelle odeur jusqu'au plus profond d'un fourré.

او برگشت و بوی جدید را تا اعماق بیشه دنبال کرد.

Là, il trouva Nig, étendu mort, transpercé par une flèche.

آنجا نیگ را یافت که مرده افتاده بود و تیری به بدنش خورده بود.

La flèche traversa son corps, laissant encore apparaître ses plumes.

چوب به وضوح از بدنش عبور کرد، پرهایش هنوز نمایان بودند.

Nig s'était traîné jusqu'ici, mais il était mort avant d'avoir pu obtenir de l'aide.

نیگ خودش را به آنجا کشانده بود، اما قبل از رسیدن کمک جان باخت.

Une centaine de mètres plus loin, Buck trouva un autre chien de traîneau.

صد یارد آن طرفـتر، باک یک سگ سوارتمهسوار دیگر پیدا کرد.

C'était un chien que Thornton avait racheté à Dawson City.

سگی بود که تورنتون از داوسون سیتی دوباره خریده بود.

Le chien était en proie à une lutte à mort, se débattant violemment sur le sentier.

سگ در حال تقلا برای مرگ بود و در مسیر به شدت تقلا میکرد.

Buck le contourna sans s'arrêter, les yeux fixés devant lui.

باک از کنارش گذشت، نایستاد و چشمانش را به روبرو دوخته بود.

Du côté du camp venait un chant lointain et rythmé.

از سمت اردوگاه، صدای آهنگین و آهنگینی از دوردستها میآمد.

Les voix s'élevaient et retombaient sur un ton étrange, inquiétant et chantant.

صداها با لحنی عجیب، وهمآور و آهنگین بالا و پایین میرفتند.

Buck rampa jusqu'au bord de la clairière en silence.

باک در سکوت به سمت لبهی محوطهی باز خزید.

Là, il vit Hans étendu face contre terre, percé de nombreuses flèches.

در آنجا هانس را دید که رو به زمین افتاده و تیرهای زیادی به بدنش خورده بود.

Son corps ressemblait à celui d'un porc-épic, hérissé de plumes.

بدنش شبیه جوجه تیغی بود، پوشیده از پرهای زبر.

Au même moment, Buck regarda vers le pavillon en ruine.

در همان لحظه، باک به سمت کلبهی ویرانشده نگاه کرد.

Cette vue lui fit dresser les cheveux sur la nuque et les épaules.

این منظره باعث شد مو به تن و شانههایش سیخ شود.

Une tempête de rage sauvage parcourut tout le corps de Buck.

طوفانی از خشم وحشی تمام وجود باک را فرا گرفت.

Il grogna à haute voix, même s'il ne savait pas qu'il l'avait fait.

او با صدای بلند غرید، هرچند خودش نمیدانست که این کار را کرده است.

Le son était brut, rempli d'une fureur terrifiante et sauvage.

صدا خام بود، پر از خشمی وحشتناک و وحشیانه.

Pour la dernière fois de sa vie, Buck a perdu la raison au profit de l'émotion.

برای آخرین بار در زندگی‌اش، باک منطق را به احساسات ترجیح داد.

C'est l'amour pour John Thornton qui a brisé son contrôle minutieux.

عشق به جان تورنتون بود که کنترل دقیق او را از بین برد.

Les Yeehats dansaient autour de la hutte en épicéa détruite.

یی‌هات‌ها دور کلبه‌ی صنوبر ویران‌شده می‌رقصیدند.

Puis un rugissement retentit et une bête inconnue chargea vers eux.

سپس غرشی آمد - و جانوری ناشناخته به سمت آنها حمله کرد.

C'était Buck ; une fureur en mouvement ; une tempête vivante de vengeance.

باک بود؛ خشمی در حرکت؛ طوفانی زنده از انتقام.

Il se jeta au milieu d'eux, fou du besoin de tuer.

او در حالی که از نیاز به کشتن دیوانه شده بود، خود را به میان آنها انداخت.

Il sauta sur le premier homme, le chef Yeehat, et frappa juste.

او به سمت اولین مرد، رئیس قبیله یی‌هات، پرید و ضربه‌اش واقعی بود.

Sa gorge fut déchirée et du sang jaillit à flots.

گلویش پاره شده بود و خون از گلویش فوران می‌کرد.

Buck ne s'arrêta pas, mais déchira la gorge de l'homme suivant d'un seul bond.

باک نایستاد، بلکه با یک جهش گلوی نفر بعدی را پاره کرد.

Il était inarrêtable : il déchirait, taillait, ne s'arrêtait jamais pour se reposer.

او توقف‌ناپذیر بود - می‌درید، تکه‌تکه می‌کرد، و هرگز برای استراحت مکث نمی‌کرد.

Il s'élança et bondit si vite que leurs flèches ne purent l'atteindre.

او آنقدر سریع و چابک می‌پرید که تیرهای آنها به او نمی‌رسید.

Les Yeehats étaient pris dans leur propre panique et confusion.

یی‌هات‌ها در وحشت و سردرگمی خود گرفتار شده بودند.

Leurs flèches manquèrent Buck et se frappèrent l'une l'autre à la place.

تیرهایشان به باک نخورد و به جای آن به یکدیگر برخورد کردند۔

Un jeune homme a lancé une lance sur Buck et a touché un autre homme.

یکی از جوانان نیزه‌ای به سمت باک پرتاب کرد و به مرد دیگری برخورد کرد۔

La lance lui transperça la poitrine, la pointe lui transperçant le dos.

نیزه از سینه‌اش گذشت و نوک آن به پشتش فرو رفت۔

La terreur s'empara des Yeehats et ils se mirent en retraite.

وحشت یی‌هات‌ها را فرا گرفت و آنها کاملاً عقب‌نشینی کردند۔

Ils crièrent à l'Esprit Maléfique et s'enfuirent dans les ombres de la forêt.

آنها از روح شیطانی فریاد زدند و به سایه‌های جنگل گریختند۔

Vraiment, Buck était comme un démon alors qu'il poursuivait les Yeehats.

واقعاً، باک مثل یک دیو بود وقتی که یی‌هات‌ها را تعقیب می‌کرد۔

Il les poursuivit à travers la forêt, les faisant tomber comme des cerfs.

او در جنگل به دنبال آنها دوید و آنها را مانند گوزن به زمین زد۔

Ce fut un jour de destin et de terreur pour les Yeehats effrayés.

آن روز، برای یی‌هات‌های وحشت‌زده، به روز سرنوشت و وحشت تبدیل شد۔

Ils se dispersèrent à travers le pays, fuyant au loin dans toutes les directions.

آنها در سراسر سرزمین پراکنده شدند و از هر سو گریختند۔

Une semaine entière s'est écoulée avant que les derniers survivants ne se retrouvent dans une vallée.

یک هفته کامل گذشت تا آخرین بازماندگان در دره‌ای به هم رسیدند۔

Ce n'est qu'alors qu'ils ont compté leurs pertes et parlé de ce qui s'était passé.

تنها در آن زمان بود که ضررهایشان را شمردند و از آنچه اتفاق افتاده بود صحبت کردند۔

Buck, après s'être lassé de la chasse, retourna au camp en ruine.

باک، پس از خسته شدن از تعقیب و گریز، به اردوگاه ویران‌شده بازگشت۔

Il a trouvé Pete, toujours dans ses couvertures, tué lors de la première attaque.

او پیت را در حالی که هنوز پتوهایش را به تن داشت و در حمله اول کشته شده بود، پیدا کرد.

Les signes du dernier combat de Thornton étaient marqués dans la terre à proximité.

نشانه‌هایی از آخرین تقلاهای تورنتون روی خاک‌های اطراف مشخص بود.

Buck a suivi chaque trace, reniflant chaque marque jusqu'à un point final.

باک هر ردی را دنبال می‌کرد و هر نشان را تا آخرین نقطه بو می‌کشید.

Au bord d'un bassin profond, il trouva le fidèle Skeet, allongé immobile.

در لبه‌ی برکه‌ای عمیق، او اسکیت وفادار را یافت که بی‌حرکت دراز کشیده بود.

La tête et les pattes avant de Skeet étaient dans l'eau, immobiles dans la mort.

سر و پنجه‌های جلوی اسکیت در آب بودند و بی‌حرکت، بی‌جان، بی‌حرکت.

La piscine était boueuse et contaminée par les eaux de ruissellement provenant des écluses.

استخر گل‌آلود و آلوده به رواناب از دریچه‌های آب‌بند بود.

Sa surface nuageuse cachait ce qui se trouvait en dessous, mais Buck connaissait la vérité.

سطح ابری آن، آنچه را که در زیر آن بود، پنهان می‌کرد، اما باک حقیقت را می‌دانست.

Il a suivi l'odeur de Thornton dans la piscine, mais l'odeur ne menait nulle part ailleurs.

او رد بوی تورنتون را تا داخل استخر دنبال کرد ـ اما آن بو به جای دیگری راه نداشت.

Aucune odeur ne menait à l'extérieur, seulement le silence des eaux profondes.

هیچ بویی به مشام نمی‌رسید ـ فقط سکوت آب‌های عمیق به مشام می‌رسید.

Toute la journée, Buck resta près de la piscine, arpentant le camp avec chagrin.

باک تمام روز نزدیک استخر ماند و با اندوه در اردوگاه قدم زد.

Il errait sans cesse ou restait assis, immobile, perdu dans ses pensées.

او بی‌قرار پرسه می‌زد یا در سکوت می‌نشست و غرق در افکار سنگین بود.

Il connaissait la mort, la fin de la vie, la disparition de tout mouvement.

او مرگ را می‌شناخت؛ پایان زندگی را؛ محو شدن تمام حرکت‌ها را.

Il comprit que John Thornton était parti et ne reviendrait jamais.

او فهمید که جان تورنتون رفته است و دیگر هرگز برنمی‌گردد.

La perte a laissé en lui un vide qui palpitait comme la faim.

این فقدان، فضایی خالی در او ایجاد کرد که مانند گرسنگی ضربان می‌زد.

Mais c'était une faim que la nourriture ne pouvait apaiser, peu importe la quantité qu'il mangeait.

اما این گرسنگی‌ای بود که غذا نمی‌توانست آن را تسکین دهد، مهم نبود چقدر می‌خورد.

Parfois, alors qu'il regardait les Yeehats morts, la douleur s'estompait.

گاهی اوقات، همین که به یی‌هات‌های مرده نگاه می‌کرد، دردش فروکش می‌کرد.

Et puis une étrange fierté monta en lui, féroce et complète.

و سپس غرور عجیبی در درونش جوانه زد، شدید و تمام عیار.

Il avait tué l'homme, le gibier le plus élevé et le plus dangereux de tous.

او انسان را کشته بود، که این بالاترین و خطرناک‌ترین شکار بود.

Il avait tué au mépris de l'ancienne loi du gourdin et des crocs.

او برخلاف قانون باستانی چماق و دندان نیش، مرتکب قتل شده بود.

Buck renifla leurs corps sans vie, curieux et pensif.

باک، کنجکاو و متفکر، بدن‌های بی‌جان آنها را بو کشید.

Ils étaient morts si facilement, bien plus facilement qu'un husky dans un combat.

آنها خیلی راحت مرده بودند—خیلی راحت‌تر از یک سگ هاسکی در یک دعوا.

Sans leurs armes, ils n'avaient aucune véritable force ni menace.

بدون سلاح‌هایشان، آنها هیچ قدرت یا تهدید واقعی نداشتند.

Buck n'aurait plus jamais peur d'eux, à moins qu'ils ne
soient armés.

باک دیگر هرگز از آنها نمی‌ترسید، مگر اینکه مسلح باشند.

Ce n'est que lorsqu'ils portaient des gourdins, des lances ou
des flèches qu'il se méfiait.

فقط وقتی چماق، نیزه یا تیر حمل می‌کردند، احتیاط می‌کرد.

La nuit tomba et une pleine lune se leva au-dessus de la
cime des arbres.

شب فرا رسید و ماه کامل از بالای درختان بالا آمد.

La pâle lumière de la lune baignait la terre d'une douce
lueur fantomatique, comme le jour.

نور کم‌رنگ ماه، زمین را در تابشی ملایم و شبح‌وار، مانند روز، غرق
کرده بود.

Alors que la nuit s'approfondissait, Buck pleurait toujours
au bord de la piscine silencieuse.

همچنان که شب عمیق‌تر می‌شد، باک هنوز در کنار برکه‌ی خاموش
سوگواری می‌کرد.

Puis il prit conscience d'un autre mouvement dans la forêt.

سپس او متوجه جنب و جوش متفاوتی در جنگل شد.

L'agitation ne venait pas des Yeehats, mais de quelque chose
de plus ancien et de plus profond.

این هیجان از سوی یی‌هات‌ها نبود، بلکه از چیزی قدیمی‌تر و عمیق‌تر
بود.

Il se leva, les oreilles dressées, le nez testant la brise avec
précaution.

او بلند شد، گوش‌هایش را بالا گرفت و با دقت نسیم را با بینی‌اش امتحان
کرد.

De loin, un cri faible et aigu perça le silence.

از دوردست‌ها، صدای ناله‌ای ضعیف و تیز آمد که سکوت را شکست.

Puis un chœur de cris similaires suivit de près le premier.

سپس، کمی پس از فریاد اول، صدای دسته‌جمعی فریادهای مشابهی
شنیده شد.

Le bruit se rapprochait, devenant plus fort à chaque instant
qui passait.

صدا نزدیکتر می‌شد و هر لحظه بلندتر می‌شد.

Buck connaissait ce cri : il venait de cet autre monde dans sa mémoire.

باک این فریاد را می‌شناخت - از آن دنیای دیگر در خاطراتش می‌آمد.

Il se dirigea vers le centre de l'espace ouvert et écouta attentivement.

او به مرکز فضای باز رفت و با دقت گوش داد.

L'appel retentit, multiple et plus puissant que jamais.

این فراخوان، بسیار مورد توجه قرار گرفت و قدرتمندتر از همیشه به گوش رسید.

Et maintenant, plus que jamais, Buck était prêt à répondre à son appel.

و حالا، بیش از هر زمان دیگری، باک آماده بود تا به ندای درونش پاسخ دهد.

John Thornton était mort et il ne lui restait plus aucun lien avec l'homme.

جان تورنتون مرده بود، و هیچ پیوندی با بشر در او باقی نمانده بود.

L'homme et toutes ses prétentions avaient disparu : il était enfin libre.

انسان و تمام ادعاهای انسانی از بین رفته بودند - او سرانجام آزاد شده بود.

La meute de loups chassait de la viande comme les Yeehats l'avaient fait autrefois.

گله گرگ‌ها مثل زمانی که یی‌هات‌ها دنبال گوشت بودند، دنبال گوشت می‌گشتند.

Ils avaient suivi les orignaux depuis les terres boisées.

آنها گوزن‌ها را از زمین‌های پوشیده از درخت دنبال کرده بودند.

Maintenant, sauvages et affamés de proies, ils traversèrent sa vallée.

حالا، وحشی و گرسنه برای شکار، از دره او عبور کردند.

Ils arrivèrent dans la clairière éclairée par la lune, coulant comme de l'eau argentée.

آنها به فضای باز مهتابی آمدند، همچون آب نقره‌ای روان.

Buck se tenait immobile au centre, les attendant.

باک بی‌حرکت در مرکز ایستاده بود و منتظر آنها بود.

Sa présence calme et imposante a stupéfié la meute et l'a plongée dans un bref silence.

حضور آرام و عظیم او، جمعیت را در سکوتی کوتاه فرو برد.

Alors le loup le plus audacieux sauta droit sur lui sans hésitation.

سپس جسورترین گرگ بدون هیچ تردیدی مستقیماً به سمت او پرید.

Buck frappa vite et brisa le cou du loup d'un seul coup.

باک سریع حمله کرد و گردن گرگ را با یک ضربه شکست.

Il resta immobile à nouveau tandis que le loup mourant se tordait derrière lui.

او دوباره بی‌حرکت ایستاد، در حالی که گرگ در حال مرگ پشت سرش می‌پیچید.

Trois autres loups ont attaqué rapidement, l'un après l'autre.

سه گرگ دیگر به سرعت، یکی پس از دیگری، حمله کردند.

Chacun d'eux s'est retiré en sang, la gorge ou les épaules tranchées.

هر کدام در حالی که خونریزی داشتند، عقب‌نشینی کردند، گلو یا شانه‌هایشان بریده شده بود.

Cela a suffi à déclencher une charge sauvage de toute la meute.

همین کافی بود تا تمام گروه به یک حمله‌ی وحشیانه دست بزنند.

Ils se précipitèrent ensemble, trop impatients et trop nombreux pour bien frapper.

آنها با هم هجوم آوردند، خیلی مشتاق و شلوغ بودند که نتوانند خوب حمله کنند.

La vitesse et l'habileté de Buck lui ont permis de rester en tête de l'attaque.

سرعت و مهارت باک به او اجازه می‌داد تا از حمله جلوتر بماند.

Il tournait sur ses pattes arrière, claquant et frappant dans toutes les directions.

او روی پاهای عقبش چرخید، تق‌تق می‌کرد و به همه جهات ضربه می‌زد.

Pour les loups, cela donnait l'impression que sa défense ne s'était jamais ouverte ou n'avait jamais faibli.

برای گرگ‌ها، این طوری به نظر می‌رسید که خط دفاعی او هرگز باز نشده یا متزلزل نشده است.

Il s'est retourné et a frappé si vite qu'ils ne pouvaient pas passer derrière lui.

او برگشت و آنقدر سریع حمله کرد که آنها نتوانستند از پشت سرش رد شوند.

Néanmoins, leur nombre l'obligea à céder du terrain et à reculer.

با این وجود، تعداد زیاد آنها او را مجبور به عقب‌نشینی و عقب‌نشینی کرد.

Il passa devant la piscine et descendit dans le lit rocheux du ruisseau.

او از کنار برکه گذشت و به بستر سنگی نهر رسید.

Là, il se heurta à un talus abrupt de gravier et de terre.

در آنجا به تپه‌ای شیب‌دار از شن و خاک رسید.

Il s'est retrouvé coincé dans un coin coupé lors des fouilles des mineurs.

او در حین حفاری قدیمی معدنچیان، به گوشه‌ای از زمین برخورد کرد.

Désormais protégé sur trois côtés, Buck ne faisait face qu'au loup de devant.

حالا، باک که از سه طرف محافظت می‌شد، فقط با گرگ جلویی روبرو بود.

Là, il se tenait à distance, prêt pour la prochaine vague d'assaut.

او آنجا، در موقعیتی امن، آماده برای موج بعدی حمله، ایستاده بود.

Buck a tenu bon si farouchement que les loups ont reculé.

باک چنان سرسختانه موضع خود را حفظ کرد که گرگ‌ها عقب‌نشینی کردند.

Au bout d'une demi-heure, ils étaient épuisés et visiblement vaincus.

بعد از نیم ساعت، آنها خسته و به وضوح شکست خورده بودند.

Leurs langues pendaient, leurs crocs blancs brillaient au clair de lune.

زبان‌هایشان بیرون بود و دندان‌های نیش سفیدشان در نور ماه می‌درخشید.

Certains loups se sont couchés, la tête levée, les oreilles dressées vers Buck.

چند گرگ دراز کشیدند، سرهایشان را بالا گرفتند و گوش‌هایشان را به سمت باک تیز کردند.

D'autres restaient immobiles, vigilants et observant chacun de ses mouvements.

دیگران بی‌حرکت، هوشیار و گوش به زنگ ایستاده بودند و تمام حرکات او را زیر نظر داشتند.

Quelques-uns se sont dirigés vers la piscine et ont bu de l'eau froide.

چند نفر به سمت استخر رفتند و آب سرد را سر کشیدند.

Puis un loup gris, long et maigre, s'avança doucement.

سپس یک گرگ خاکستری بلند و لاغر با ملایمت به جلو خزید.

Buck le reconnut : c'était le frère sauvage de tout à l'heure.

باک او را شناخت ـ همان برادر وحشی قبلی بود.

Le loup gris gémit doucement, et Buck répondit par un gémissement.

گرگ خاکستری ناله آرامی کرد و باک هم با ناله ای پاسخ داد.

Ils se touchèrent le nez, tranquillement et sans menace ni peur.

آنها بینی‌هایشان را لمس کردند، بی‌صدا و بدون تهدید یا ترس.

Ensuite est arrivé un loup plus âgé, maigre et marqué par de nombreuses batailles.

بعد گرگ پیرتری آمد، لاغر و زخمی از نبردهای بسیار.

Buck commença à grogner, mais s'arrêta et renifla le nez du vieux loup.

باک شروع به غرش کرد، اما مکثی کرد و بینی گرگ پیر را بو کشید.

Le vieux s'assit, leva le nez et hurla à la lune.

پیرمرد نشست، دماغش را بالا کشید و رو به ماه زوزه کشید.

Le reste de la meute s'assit et se joignit au long hurlement.

بقیه‌ی گله نشستند و به زوزه‌ی طولانی پیوستند.

Et maintenant, l'appel est venu à Buck, indubitable et fort.

و حالا باک را فراخواندند، بی‌چون و چرا و قوی.

Il s'assit, leva la tête et hurla avec les autres.

نشست، سرش را بلند کرد و با دیگران زوزه کشید.

Lorsque les hurlements ont cessé, Buck est sorti de son abri rocheux.

وقتی زوزه تمام شد، باک از پناهگاه سنگی‌اش بیرون آمد.

La meute se referma autour de lui, reniflant à la fois gentiment et avec prudence.

گله دور او جمع شد و با مهربانی و احتیاط بو کشید.

Les chefs ont alors poussé un cri et se sont précipités dans la forêt.

سپس رهبران فریاد زدند و به سمت جنگل دویدند.

Les autres loups suivirent, hurlant en chœur, sauvages et rapides dans la nuit.

گرگ‌های دیگر هم با زوزه‌های هماهنگ، وحشی و تند در دل شب، به دنبالش آمدند.

Buck courait avec eux, à côté de son frère sauvage, hurlant en courant.

باک در حالی که زوزه می‌کشید، در کنار برادر وحشی‌اش، با آنها می‌دوید.

Ici, l'histoire de Buck fait bien de se terminer.

اینجا، داستان باک به خوبی به پایان می‌رسد.

Dans les années qui suivirent, les Yeehats remarquèrent d'étranges loups.

در سال‌های بعد، یی‌هات‌ها متوجه گرگ‌های عجیبی شدند.

Certains avaient du brun sur la tête et le museau, du blanc sur la poitrine.

بعضی‌ها سر و پوزه‌شان قهوه‌ای و سینه‌شان سفید بود.

Mais plus encore, ils craignaient une silhouette fantomatique parmi les loups.

اما حتی بیشتر از آن، آنها از یک چهره شبح مانند در میان گرگ‌ها می‌ترسیدند.

Ils parlaient à voix basse du Chien Fantôme, chef de la meute.

آنها با زمزمه از گوست داگ، رهبر گروه، صحبت می‌کردند.

Ce chien fantôme était plus rusé que le plus audacieux des chasseurs Yeehat.

این گوست داگ از جسورترین شکارچی یی‌هات هم حیله‌گرتر بود.

Le chien fantôme a volé dans les camps en plein hiver et a déchiré leurs pièges.

سگ شبح در زمستان سخت از اردوگاه‌ها دزدی می‌کرد و تله‌هایشان را پاره می‌کرد.

Le chien fantôme a tué leurs chiens et a échappé à leurs flèches sans laisser de trace.

سگ شبح، سگ‌های آنها را کشت و بدون هیچ ردی از تیرهایشان فرار کرد.

Même leurs guerriers les plus courageux craignaient
d'affronter cet esprit sauvage.

حتی شجاع‌ترین جنگجویان آنها از رویارویی با این روح وحشی
می‌ترسیدند.

Non, l'histoire devient encore plus sombre à mesure que les
années passent dans la nature.

نه، داستان همچنان تاریک‌تر می‌شود، با گذشت سال‌ها در طبیعت
وحشی-

Certains chasseurs disparaissent et ne reviennent jamais
dans leurs camps éloignés.

بعضی از شکارچیان ناپدید می‌شوند و هرگز به اردوگاه‌های دوردست
خود باز نمی‌گردند.

D'autres sont retrouvés la gorge arrachée, tués dans la neige.

برخی دیگر با گلوی پاره شده و در حالی که در برف کشته شده بودند،
پیدا شدند.

Autour de leur corps se trouvent des traces plus grandes que
celles que n'importe quel loup pourrait laisser.

دور بدنشان ردپاهایی هست—بزرگ‌تر از هر گرگی که بتواند ردی ایجاد
کند.

Chaque automne, les Yeehats suivent la piste de l'élan.

هر پاییز، یی‌هات‌ها رد گوزن شمالی را دنبال می‌کنند.

Mais ils évitent une vallée avec la peur profondément gravée
dans leur cœur.

اما آنها از یک دره با ترسی که در اعماق قلبشان حک شده است،
اجتناب می‌کنند.

Ils disent que la vallée a été choisie par l'Esprit du Mal pour
y vivre.

آنها می‌گویند که این دره توسط روح شیطان برای خانه‌اش انتخاب شده
است.

Et quand l'histoire est racontée, certaines femmes pleurent
près du feu.

و وقتی داستان تعریف می‌شود، چند زن کنار آتش گریه می‌کنند.

Mais en été, un visiteur vient dans cette vallée tranquille et
sacrée.

اما در تابستان، یک بازدیدکننده به آن دره آرام و مقدس می‌آید.

Les Yeehats ne le connaissent pas et ne peuvent pas le
comprendre.

یی‌هات‌ها او را نمی‌شناسند و نمی‌توانند بفهمند.

Le loup est un grand loup, revêtu de gloire, comme aucun autre de son espèce.

گرگ، گرگی بزرگ و باشکوه است، که هیچ گرگ دیگری در نوع خود مانند آن را ندارد.

Lui seul traverse le bois vert et entre dans la clairière de la forêt.

او به تنهایی از میان درختان سبز عبور می‌کند و وارد پهنه جنگل می‌شود.

Là, la poussière dorée des sacs en peau d'élan s'infiltre dans le sol.

آنجا، غبار طلایی از کیسه‌های پوست گوزن شمالی به خاک نفوذ می‌کند.

L'herbe et les vieilles feuilles ont caché le jaune du soleil.

علف‌ها و برگ‌های پیر، رنگ زرد را از آفتاب پنهان کرده‌اند.

Ici, le loup se tient en silence, réfléchissant et se souvenant.

اینجا، گرگ در سکوت ایستاده، فکر می‌کند و به یاد می‌آورد.

Il hurle une fois, longuement et tristement, avant de se retourner pour partir.

قبل از اینکه برگردد و برود، یک بار زوزه می‌کشد - طولانی و غم‌انگیز.

Mais il n'est pas toujours seul au pays du froid et de la neige.

با این حال او همیشه در سرزمین سرما و برف تنها نیست.

Quand les longues nuits d'hiver descendent sur les basses vallées.

وقتی شب‌های طولانی زمستان بر دره‌های پست فرود می‌آیند.

Quand les loups suivent le gibier à travers le clair de lune et le gel.

وقتی گرگ‌ها در مهتاب و یخبندان شکار را دنبال می‌کنند.

Puis il court en tête du peloton, sautant haut et sauvagement.

سپس او در حالی که بالا و وحشی می‌پرد، به سمت جلوی گله می‌دود.

Sa silhouette domine les autres, sa gorge est animée par le chant.

هیکلش بر دیگران می‌چربد، گلویش از آواز زنده است.

C'est le chant du monde plus jeune, la voix de la meute.

این آهنگ دنیای جوان‌تر است، صدای گله.

Il chante en courant, fort, libre et toujours sauvage.

او هنگام دویدن آواز می‌خواند—قوی، آزاد و همیشه وحشی.

www.ingramcontent.com/pod-product-compliance
Lightning Source LLC
Chambersburg PA
CBHW011732020426
42333CB00024B/2854